8,00

IL ÉTAIT QUATRE FOIS...
est le cent quarante-septième livre
publié par Les éditions JCL inc.

Données de catalogage avant publication (Canada)

Vedette principale au titre:
   Il était quatre fois...
   Comprend des réf. bibliogr.
   ISBN 2-89431-147-8
   1. Contes - Québec (Province). 2. Canadiens français - Québec (Province) - Folklore. 3. Conteurs - Québec (Province). 4. Analyse du discours narratif. I. Bergeron, Bertrand, 1947-   .

GR113.7.F7314 1996   398.2'09714   C96-940937-0

© **Les éditions JCL inc., 1996**
Édition originale: septembre 1996

Il était
quatre fois...

Illustration de la page couverture:
Pierre Trépanier

© **Les éditions JCL inc., 1996**
930, rue Jacques-Cartier Est, CHICOUTIMI (Québec) G7H 2A9 Canada
Tél.: (418) 696-0536 – Téléc.: (418) 696-3132 – C. élec.: jcl@saglac.qc.ca
ISBN 2-89431-147-8

BERTRAND BERGERON

Il était
quatre fois...

LES ÉDITIONS JCL

DU MÊME AUTEUR:

Les Barbes-bleues, Montréal, Quinze, [Coll. *Mémoires d'homme*], 1980, 260 p.

Au royaume de la légende, Chicoutimi, JCL, 1988, 389 p.

«L'enfance croit ce qu'on lui raconte et ne le met pas en doute.
Elle croit qu'une rose qu'on cueille peut attirer des drames dans une famille.
Elle croit que les mains d'une bête humaine qui tue se mettent à fumer
et que cette bête en a honte lorsqu'une jeune fille habite sa maison.
Elle croit mille autres choses bien naïves.
C'est un peu de cette naïveté que je vous demande et,
pour nous porter chance à tous, laissez-moi vous dire
quatre mots magiques, véritable "Sésame, ouvre-toi" de l'enfance:
il était une fois.»

Jean Cocteau
La Belle et la Bête
[Prologue]

*Notre programme annuel de publications
est rendu possible grâce à l'aide
du ministère du Patrimoine canadien,
du Conseil des Arts du Canada
et de la SODEC.*

TABLE DES MATIÈRES

AVANT-PROPOS

«L'homme des milieux de Style écrit
est un œil qui lit et qui oublie.
L'homme des milieux de Style oral
est une bouche qui récite et qui retient.»

Marcel Jousse
Le style oral, p. 257

Avant que d'être une entreprise scientifique, la démarche ethnographique est une expérience humaine, *«une geste d'amitié»* pour reprendre la belle expression de Gaston Miron. Ce fait a trop souvent été occulté au profit d'une objectivité qui est une visée réelle du chercheur, mais celle-ci ne saurait atteindre la dureté adamantine des sciences exactes. Pierre Thuillier[1] a analysé avec perspicacité l'inanité de l'image idyllique que l'on se fait du savant impassible autant parmi la population que parmi la communauté scientifique. *«L'homme de science doit avant tout parvenir à la "self-élimination"»*, écrivait déjà Karl Pearson[2] en 1949. Cette profession de foi accule celui qui s'y plie à une forme d'autodestruction d'un genre nouveau: le suicide épistémologique.

L'ethnographie, précisément, a fait de son objet de recherche le «sujet» humain dans son être propre comme dans ses réalisations et ses manifestations. Si le métier exige de l'observation, il se fonde avant tout sur des rapports humains à tous les niveaux et nécessite, partant, qu'il y ait échange. L'ethnographe qui se barricaderait derrière la froideur scientifique découragerait vite ceux dont il espère obtenir qu'ils se livrent sans réserve.

---

1. Pierre Thuillier, *Le petit savant illustré*, Paris, Seuil, 1980, 120 p.
2. *Ibidem*, p. 86.

D'une certaine manière, il subit la double contrainte autrefois analysée par G. Bateson. Comme chercheur, il ne peut pas verser dans la subjectivité, mais s'intéressant à l'homme, son frère, il ne peut pas ne pas être subjectif, mais d'une subjectivité bien comprise, organisée, à cent lieues de l'irrationnel. Car il est partie prenante à l'aventure; il est engagé dans le même destin que son interlocuteur: vivre et mourir en espérant, qu'entre ces deux extrêmes, une étincelle allume quelque chose en lui qui l'incendie.

Recueillir des contes, des légendes apporte autant, sinon plus, de plaisir qu'au simple badaud qui les écoute pour sa propre satisfaction. Chercheur sûrement, mais auditeur privilégié avant tout! En cela, il ne doit pas bouder son plaisir, car le prix à payer serait trop lourd: décourager ceux à qui il destine ses trouvailles. Un vrai chercheur communique moins ce qu'il sait qu'il n'allume les autres au feu de son propre brasier.

Max Planck[3] a déjà écrit des choses capitales sur l'impossibilité de convaincre par les seules ressources de la raison froide et calculatrice. Il y faut la surabondance de l'intelligence du cœur.

Une vérité nouvelle, en science, n'arrive jamais à triompher en convainquant les adversaires et en les amenant à voir la lumière, mais plutôt parce que finalement ces adversaires meurent et qu'une nouvelle génération grandit, à qui cette vérité est familière.

Jonathan Swift[4] allait encore plus loin: «*Vous ne pouvez pas détacher quelqu'un par le raisonnement d'une conviction à laquelle il n'a pas été amené par le raisonnement.*» En résumé, il est plus difficile de désintégrer des préjugés que des atomes, ainsi que le prétendait Albert Einstein.

Des quelques conteurs, tous décédés aujourd'hui, dont j'eus le bonheur de recueillir le répertoire, il me reste le souvenir indélébile de rencontres chaleureuses et amicales, et je me présentais à

---

3. Max Planck, *Autobiographie scientifique*, Paris, Albin Michel, 1960, p. 84.
4. Jean-François Revel, *La connaissance inutile*, Paris, Grasset, 1988, p. 347.

eux davantage en auditeur spécialisé qu'en collecteur de traditions orales. J'étais d'abord un public avant d'être un cueilleur intéressé.

Cela dit, je ne nie pas que je suis poussé vers les conteurs par préoccupation professionnelle, mais ces préoccupations proviennent d'une attirance antécédente à laquelle je ne me fais jamais faute de succomber. Ces vivants dépositaires d'un imaginaire collectif, qui produisait ses propres formes à partir de ses propres matériaux, me fascinent. Aujourd'hui, alors que nous vivons sur la planète Terre dans le Village global annoncé par Marshall McLuhan, les formes locales de la créativité voient sans cesse leur droit de cité se rétrécir comme une peau de chagrin.

Que le répertoire des contes soit international, je n'en disconviens pas. Cependant, ceux qui, dans leurs récits, en réalisent des modalités narratives originales, l'ignorent et c'est tant mieux. Ils se les approprient encore plus intimement.

Des conteurs traditionnels, la race en paraît désormais éteinte. Parfois, on m'indique tel individu qui a la réputation d'un solide conteur. Je m'empresse de m'y rendre pour ne découvrir, bien souvent, que d'excellents raconteurs. La nuance, ici, est importante. Le vrai conteur excelle dans l'art traditionnel de narrer des récits qui n'ont rien à voir avec sa vie personnelle.

L'imaginaire y joue pour lui-même, pour le pur plaisir d'y explorer ses possibilités, à la manière du contorsionniste qui repousse les limites de la plasticité et de la flexibilité de sa structure osseuse. L'utilité pratique n'y est pas évidente, mais le plaisir, pour gratuit qu'il soit, y est sans mesure.

Les raconteurs pratiquent leur art à partir de leur propre vie. Ils font des récits de vie, ce qui est loin d'être négligeable. Ces autobiographies orales renferment une vision du monde, une organisation des événements et une conception de la durée qui ont une portée inépuisable pour l'histoire des mentalités, la sociologie et l'ethnologie. Elles montrent comment se structure et évolue une personnalité; à la limite, elles permettent d'observer les processus cognitifs traditionnels.

C'est devenu un truisme d'affirmer que le monde est tel qu'on se le représente et qu'on le construit tel qu'on le perçoit. Notre vision du monde est solidaire de notre point de vue. «*C'est parce que nous existons que nous voyons l'univers tel qu'il est.*»[5] La remémoration est une construction présente à partir d'événements et d'impressions amassés et entreposés tout au long d'une existence. Toutes ces propositions trouvent leur illustration dans ce que j'appelle les autobiographies orales. L'imaginaire s'y exerce à partir d'un matériau concret: la vie et la trame des événements qui la composent en une unité irréfragable.

Qu'il soit plus facile de trouver des raconteurs que des conteurs, la chose s'explique d'elle-même. Nous avons tous, logé quelque part dans notre mémoire, le brouillon informe de notre vie, auquel il ne manque que la prestation pour le douer d'une forme susceptible de traverser le temps. Pour peu qu'il se sente en confiance, quiconque est en mesure de raconter sa vie en procédant au décompte de ses joies et de ses misères. La popularité d'émissions de télévision où des quidams viennent, sans vergogne, mettre leur vie à nu avec force détails, en offrent d'éloquents exemples. Ces douloureuses autobiographies médiatiques confortent, la validité de leur impudeur crue, de la compassion intéressée qu'on cherche à susciter chez le spectateur, qui prête à ce jeu l'oreille complaisante du confesseur. Confessions sans secret de confession. La ligne qui démarque l'aire du privé de celle du public se trace dorénavant en pointillé.

Mais que dire du conteur, de celui qui fait profession de mentir tout en demeurant crédible? Peu de gens y parviennent parce que cette activité requiert un esprit autrement structuré. Oser faire croire à l'incroyable, à l'extraordinaire, ne serait-ce que pour un temps, exige un art consommé de la narration, une force de convic-

---

5. Stephen Hawking, *Une brève histoire du temps*, Paris, Flammarion, 1988, p. 156.

tion irrésistible susceptible d'assoupir temporairement l'activité critique de la raison. La raison critique n'est ni niée ni annihilée pour autant: on en diffère les effets en en ajournant l'action.

Mentir impunément sans ruiner sa réputation – qualité morale qu'on ne perd qu'une fois, irrémédiablement, et on s'en trouve brocardé pour longtemps – ne peut se faire que si une collectivité en tolère et en contrôle l'exercice. Le conte est une menterie autorisée. Ces conditions, je les ai analysées dans un chapitre liminaire intitulé *Le pacte narratif*. J'ai tenté d'y démontrer l'indispensable utilité des «*diseurs*» de menteries.

Puis des artistes de cet art subtil, j'en présente quatre, tous du Saguenay–Lac-Saint-Jean. D'eux, j'ai fait une brève biographie impressionniste, me préoccupant davantage des évocations que ma mémoire me restituait. Cette façon de faire, pour subjective qu'elle soit, me semble plus respectueuse de la personnalité des conteurs qu'une relation factuelle et fichée de leur vie. Ce faisant, je veux montrer qu'on ne peut recueillir les contes de quelqu'un sans qu'il se noue, obligatoirement, des relations d'amitié avec lui. L'ethnographe n'est pas le magnétophone dont il se sert. C'est cette «*geste d'amitié*» que j'ai essayé de ressusciter avec un inégal bonheur, je suis le premier à en convenir. Ce qu'il faut entendre, en somme, dans tout cela, c'est que, parlant d'eux, je parle de moi et que si, d'aventure, j'ai à parler de moi, c'est pour mieux parler d'eux.

Quant aux versions reproduites, elles épousent fidèlement l'enregistrement que j'en ai fait avec la nuance, toutefois, que formule Marcel Jousse: «*La "mise par écrit" n'est toujours qu'un aide-mémoire plus ou moins grossier et inexact de gestes laryngo-bucaux, vivants et complexes, préalablement connus dans un certain milieu social.*»[6] Et il est vrai que l'intonation, le timbre de la voix, les gestes du conteur, son débit, son expression corporelle et, plus immédiatement, faciale, n'ont pu être sauvés. Tout ce qui rend un mot vivant, vibrant, supporte difficilement le passage de l'oral à l'écrit.

---

6. Marcel Jousse, *Le style oral*, Paris, Fondation Marcel Jousse, 1981, p. 292.

Longtemps avant Marcel Jousse, Jean-Jacques Rousseau en convenait:

> *L'écriture, qui semble devoir fixer la langue, est précisément ce qui l'altère; elle n'en change pas les mots, mais le génie; elle substitue l'exactitude à l'expression. L'on rend ses sentiments quand on parle et ses idées quand on écrit. En écrivant, on est forcé de prendre tous les mots dans l'acception commune; mais celui qui parle varie les acceptions par les tons, il les détermine comme il lui plaît; moins gêné pour être clair, il donne plus à la force, et il n'est pas possible qu'une langue qu'on écrit garde longtemps la vivacité de celle qui n'est que parlée. On écrit les voix et non pas les sons: or, dans une langue accentuée, ce sont les sons, les accents, les inflexions de toute espèce qui font la plus grande énergie du langage, et rendent une phrase, d'ailleurs commune, propre seulement au lieu où elle est. Les moyens qu'on prend pour suppléer à celui-là étendent, allongent la langue écrite, et passant des livres dans le discours, énervent la parole même. En disant tout comme l'on écrirait, on ne fait que lire en parlant[7].*

Devant un tableau peint d'une aussi vigoureuse plume, le transcripteur se sent frappé d'impuissance. Mais s'il veut tout de même faire œuvre éditoriale, il lui faut bien se résoudre à trier, c'est-à-dire à sacrifier ceci pour transmettre cela. Puisque je ne pouvais être à la fois fidèle à la voix et au son, je m'en suis tenu scrupuleusement à la voix. En conséquence, la syntaxe des conteurs y est respectée ainsi que leur lexique et leurs tournures de phrase. Les récits y gagnent en rusticité et en saveur. Un glossaire, à la fin de l'ouvrage, définit certains termes ou expressions qui ne seraient pas familiers au lecteur. Ils sont en italique dans le texte.

Le lecteur ne sera pas sans remarquer, au fil de sa lecture, l'emploi abondant d'expressions maritimes [embarquer, débarquer, virer, amarres, etc.]. C'est un trait de notre «parlure» qui a frappé les voyageurs qui circulaient chez nous dès le dix-hui-

---

7. Jean-Jacques Rousseau, *Essai sur l'origine des langues*, Paris, Garnier-Flammarion, 1993, p. 73.

tième siècle, comme en témoignent les propos du militaire lan-
guedocien Aleyrac, en 1755:

> *Il n'y a pas de patois dans ce pays. Tous les Canadiens parlent un français pareil au nôtre. Hormis quelques mots qui leur sont particuliers, empruntés d'ordinaire au langage des matelots, comme amarrer pour attacher, hâler [sic] pour tirer non seulement une corde mais quelque autre chose. Ils en ont forgé quelques-uns comme une tuque ou une fourole pour dire un bonnet de laine rouge [dont ils se servent couramment]. Ils disent une poche pour un sac, un mantelet pour un casaquin sans pli [habillement ordinaire des femmes et des filles], une rafale pour beaucoup de vent, de pluie ou de neige; tanné au lieu d'ennuyé, chômer pour ne manquer de rien; la relevée pour l'après-midi; chance pour bonheur; miette pour moment; paré pour être prêt à. L'expression la plus ordinaire est: de valeur, pour signifier qu'une chose est pénible à faire ou trop fâcheuse. Ils ont pris cette expression aux sauvages. Les Canadiens donnent au mot sot la signification d'homme trompé par sa femme. Si employant celle [sic] adjectif, ils n'ajoutent honneur à ta femme ou à ta mère, – réserve qui montre qu'il s'agit d'un badinage, – il est tenu pour l'insulte la plus grave qui soit[8].*

D'une certaine manière, ce livre est une œuvre collective. Ici et là, j'ai sollicité, à des degrés divers, l'aide ou les services de quelques personnes. J'ai nommé, dans le désordre: Mario Boivin, Jean-Claude Martel, Yvan Gignac, Jean-Marc Bourdages, Eugène Bilodeau, André Hubert, Jean-Marc Ouellet, Francisca Côté, Nathalie Marcoux, Roger Hudon, Maurice Cadet, Margaret Low, Michel Légaré, Rémi Bouchard, Ghislain Fournier, Guylaine Simard et Janic Trépanier. Ils connaissent leur apport. Qu'ils trouvent ici l'expression de ma gratitude. Je m'en voudrais de passer sous silence le soutien et la collaboration indéfectibles de mon épouse, Denise. Ses conseils et ses suggestions d'écriture me furent d'un grand secours. J'inclus, dans mes remerciements, le

---

8. Robert-Lionel Séguin, *La civilisation traditionnelle de l'«habitant» aux 17e et 18e siècles*, Montréal, Fides, 1967, p. 32.

Cégep d'Alma qui m'a fourni, en maintes occasions, le support logistique pour mener à bien mes recherches.

En terminant, je ne puis formuler qu'un seul vœu: que cet ouvrage réponde au programme que Jean Cocteau souhaitait pour toute œuvre: «*À te lire dans de telles circonstances*, écrivait-il, le 16 juillet 1956 de Venise, à son ami André, *j'accorde le style de ton œuvre à celui d'un âge où "le livre" était encore un miracle, un secret, une bouche.*»[9]

Si «*dans le poète: l'oreille parle/la bouche écoute*», comme le souhaitait Paul Valéry, qu'ici l'œil écoute! Des conteurs m'ont fait le dépôt sacré de leur voix porteuse de tradition en même temps que de leur humanité. Pour un œil qui sait entendre, un mot est une bouche sonore d'où jaillit la voix comme une eau vive. Pour faire mienne la célèbre métaphore de Guillaume Apollinaire, un conte est un «*poisson rouge dans le bocal de* [la] *voix*». Ce livre en est l'aquarium.

---

9. Jean Cocteau, *Lettres de l'Oiseleur*, Paris, Du Rocher, 1989, p. 112.

LE PACTE NARRATIF OU L'INSTITUTION DE LA MENTERIE

«En vérité, il n'est pas de théorie qui ne soit un fragment,
soigneusement préparé, de quelque autobiographie.»

Paul Valéry

1. D'UN ROI PEU FIER DE SES OREILLES

«- Ma mère-grand, que vous avez de grandes oreilles!
- C'est pour mieux écouter, mon enfant.»

Charles Perrault
Le Petit Chaperon Rouge

Les aventures du roi Midas sont exemplaires à plus d'un titre.
On sait les désagréments qu'il encourut pour avoir souhaité que
tout ce qu'il touchait fût transformé en or: il manqua périr de
faim. Ce qu'on sait moins, c'est la punition qu'il encourut pour
avoir présomptueusement mécontenté Apollon, dont il sous-es-
tima les talents de flûtiste.

On raconte que le dieu irrité lui fit pousser des oreilles d'âne,
manière définitive de signaler le manque de jugement du roi. Que
les générations d'écoliers qui subirent l'affront de porter un bonnet d'âne se tiennent pour informées: c'est à Midas qu'elles en
sont redevables!

En ces époques qu'on dit heureuses parce que tout était encore possible de ce qui était souhaitable, il n'y avait malheureuse-
ment pas de chirurgie plastique, ce qui prouve assez que jamais
rien n'est parfait, même quand les dieux côtoient les hommes. Ce

qu'un déplaisir divin avait causé, seul un mouvement contraire pouvait le défaire. Aucune intervention humaine ne devait corriger ce qu'une juste colère divine avait opéré.

Comme de bien on pense, Midas fut outragé et mit tous ses soins à dissimuler les oreilles encombrantes sous son abondante chevelure. Cependant, tout monarque qu'il était, il ne pouvait laisser pousser impunément ses cheveux au point de devenir hirsute: c'eût été le signe évident d'un roi barbare et non le fait d'un autocrate rompu aux usages de la civilisation. Un roi se doit d'avoir des manières, de la prestance, de poser beau pour l'édification de ses sujets.

Midas manda donc son coiffeur personnel, qui fut vite au fait de la honte et du désespoir du monarque. S'il n'y a point de roi pour son valet de chambre, il n'y en a encore bien moins pour son coiffeur, surtout si l'on est, en l'occurrence, le coiffeur de Midas.

Midas interdit, sous peine des pires supplices, au coiffeur de parler. Ce que les oreilles montraient de l'esprit du roi, aucune bouche humaine ne le révélerait jamais. Obligation donc fut faite au malheureux coiffeur de garder pour lui le terrible secret qui diffamait son maître. Mais voilà, c'est connu, tout secret partagé est déjà à demi publicisé. Il ronge l'esprit de son dépositaire et lui brûle les lèvres. Le supplice du coiffeur était pire que celui du roi défiguré: il devait taire ce qui le démangeait de dire. Des secrets, comme chacun sait, il en est de deux sortes: ceux qui sont trop importants pour les garder pour soi seul et ceux qui ne le sont pas assez pour les celer. Il faut mettre au compte de l'étourderie de Midas le fait qu'il ait laissé vie sauve à son coiffeur.

Dans sa peine, le maître ès arts capillaires usa d'un expédient qui, jugea-t-il, soulagerait son supplice sans rompre son serment. Il s'en alla au loin dans la plaine, près des marais, et creusa, dans la boue, un trou qu'on dit profond. Dans cette oreille terraquée, le coiffeur était confiant de déposer son secret en toute sûreté. Il se purgea donc de ce qui lui incendiait l'esprit: «*Midas a des oreilles d'âne!*» Soulagé, il referma le trou puis s'en alla rasséréné.

Mais c'était compter sans cette vieille prescription des contes: il arrive que tout ce que l'on fait pour éviter qu'un chose se produise, c'est justement tout ce qu'il faut faire pour que cette chose se produise. Ce qui ne devait pas arriver arriva. Le temps passa d'autant plus vite qu'on est en plein mythe. À l'endroit même où le coiffeur s'était libéré de son dévorant secret, des quenouilles poussèrent qui, au moindre vent, répandaient la nouvelle: «*Midas a des oreilles d'âne! Midas a des oreilles d'âne!*» Avec les antennes qu'il avait, l'interpellé devait être sensible à la moindre rumeur qui se chuchotait parmi ses sujets.

Que fit Midas devant l'ampleur de la révélation? Trucida-t-il son coiffeur? Je me plais à penser que non, car ce n'était pas un méchant type au fond: il n'était qu'un despote, comme il s'en trouve parfois, qui ne savait pas mesurer les conséquences de ses décisions.

J'aime bien voir, dans ce récit instructif, à la fois l'origine mythique de la rumeur dont Virgile dit que le mouvement est sa vie et que la marche accroît ses forces, de même qu'une probable naissance de la littérature. Ce qu'il faut surtout retenir, je crois, de ce récit immémorial et plein d'enseignements, c'est, chez l'homme, l'irrépressible besoin de parler, de communiquer, de dire, de socialiser son information. Il n'y a pas de secret si bien gardé qui ne finit par se savoir. C'est la fatalité du genre. De même que l'on dit qu'un cadavre remonte toujours à la surface, ce que l'on cache finit toujours par percer.

L'exemple de Midas illustre éloquemment, si besoin est, la violence avec laquelle la parole se fraie un chemin à travers l'homme pour atteindre tous les hommes. C'est en ce sens qu'il faut comprendre les propos attribués à Jésus dans l'Évangile selon saint Luc: «*Je vous le dis, si eux se taisent, les pierres crieront.*» Transposés dans la situation du coiffeur, on pourrait dire: «*Ce que Midas m'ordonne de taire, les roseaux le crieront!*» Parler est définitoire de l'espèce humaine.

Maintenant qu'on a fait notre tour de terre des millions de fois plutôt qu'une, on n'a jamais rencontré de société humaine muette. Mettez deux hommes d'horizon, de culture et de langue différents, et aussitôt ils tenteront de prendre langue, d'échanger des mots, de se trouver une parole commune tant il est vrai que la parole se révèle un but atteint par l'homme dans l'aspiration universelle de l'échelle des êtres. «*Tout au monde existe pour aboutir à un livre*», professait Mallarmé.

Car tel semble notre destin: donner une voix et une cons-cience à cet univers sans voix et sans conscience. C'est ce qu'en astrophysique on appelle le principe anthropique que Brandon Carter, en 1974, définissait ainsi: «*L'univers se trouve avoir, très exactement, les propriétés requises pour engendrer un être capable de conscience et d'intelligence.*»[10] Refuser ce destin reviendrait à se ra-valer à un niveau inférieur à celui du règne minéral.

«*L'homme* [serait donc] *le vœu le plus fou des ténèbres*», selon la belle formule de René Char. La matière aspire au verbe. La moin-dre parole y prend des proportions cosmiques. Et puis Victor Hugo ne l'affirme-t-il pas magnifiquement: «*Le monde est sous les mots comme un champ sous les mouches.*»

2. D'UNE HISTOIRE DE SINGE À FAIRE HONNEUR À L'HOMME

> «*Au zoo – Toutes ces bêtes ont une tenue décente, hormis les singes. On sent que l'homme n'est pas loin.*»
>
> E. M. Cioran

Tous connaissent le roman de Pierre Boulle, *La planète des singes*[11], sinon pour l'avoir lu, du moins pour avoir vu l'adapta-tion cinématographique qu'Hollywood, flairant la bonne affaire, en a tirée. On sait la fortune que connut la version filmée, large-ment diffusée.

---

10. Jean Guitton, *Dieu et la science,* Paris, Grasset, 1991, p. 88.
11. Pierre Boulle, *La planète des singes*, Paris, Livre de Poche, 1987, 190 p.

Ramené à l'essentiel, l'argument en est le suivant: après avoir été réduits par l'homme au rôle de serviteurs, les singes acquirent la parole. La conséquence fut dramatique: si les singes se montraient capables de parler, que restait-il à l'homme de si radicalement essentiel pour le démarquer de l'animalité d'où le langage l'avait tiré? La rupture épistémologique entre l'homme et l'animal était, du coup, abolie.

Les hommes se désintéressèrent d'une fonction qui, croyaient-ils jusqu'alors, leur appartenait en propre et ils devinrent muets. Ils perdirent toute idée de culture matérielle, intellectuelle et spirituelle, vécurent nus et muets dans la forêt, servant tantôt de gibier aux singes loquaces, tantôt d'animaux de laboratoire. Les savants singes voulaient percer une énigme à l'inverse de la situation actuelle de l'homme: quel obstacle physiologique empêchait cet être autrefois beau phraseur de parler?

Dans son ouvrage, Pierre Boulle nous offre une belle fable moderne où désormais les hommes figurent dans les rôles tenus jadis par les animaux. Sa fiction n'est pas innocente, car elle interroge radicalement les fondements de notre culture: d'où vient que nous soyons ce que nous sommes et que nous ayons ajouté au réel naturel, une réalité née de notre relation cognitive au monde? La réponse est depuis longtemps connue: l'homme ne vit pas seulement de pain, enseignait il y a vingt siècles un certain Nazaréen, mais de parole. En fait, ce qu'il voulait surtout dire, c'est que tout ce que l'homme a pu accomplir, il l'a fait parce que, précisément, il parlait. Le pain existe parce que l'homme parle. Il est à peu près impensable d'imaginer une civilisation muette ayant produit du pain. «*L'homme a pris le réel dans ses mains avant de le porter dans sa voix.*»[12]

De nos jours, l'homme, dans ses rapports avec les primates supérieurs, se pose sensiblement la même question que se posaient les savants singes du roman de Boulle: comment pourrait-on apprendre aux singes à parler? En fait, le romancier tire les conclusions logiques d'une réponse positive à cette interrogation.

---

12. Marcel Jousse, *Le style oral*, p. 80.

Comme on n'arrive pas à produire un apprentissage vocal chez les chimpanzés, on recourt au langage gestuel utilisé par les muets. On va même plus loin: on élève des singes dans des situations et un environnement voisins de ceux de l'être humain.

Le cas de Nim Chimpsky[13] est instructif à cet égard. Terrace, le psychologue chargé de l'expérience, voulait donner tort au grand linguiste américain Noam Chomsky – d'où la déformation du nom attribué au chimpanzé choisi pour le démenti. Après quatre années d'efforts soutenus, Terrace mit fin à son expérience: il semblerait qu'elle aurait plutôt confirmé que réfuté les intuitions du génial linguiste.

Toutes les expériences tentées pour apprendre à parler à des singes – Washoe, Nim Chimpsky et tant d'autres – ont permis de dégager trois caractéristiques qui viennent étayer mon propos.

On s'est rendu compte que les singes, qui possédaient un vocabulaire de base plus ou moins étendu, étaient incapables – sauf à de rarissimes exceptions – de proférer des injonctions. Donner des ordres ne semble pas relever des qualités intellectuelles des singes.

De plus, on a constaté que jamais un singe n'a réussi à poser de questions. Quand un moniteur devait s'absenter, il signifiait son intention à son «élève», mais jamais, à son retour, ce dernier ne s'inquiétait de ce qu'avait fait son mentor pendant son absence (qui il avait rencontré, où il était allé), de telle sorte qu'on a conclu à une absence totale de curiosité intellectuelle chez les singes supérieurs, sérieux handicap pour l'apprentissage de la parole. Peut-être faut-il conclure, avec Claude Hagège[14], que si les primates ne parlent pas, c'est que leur situation individuelle et sociale fait en sorte qu'ils ont bien peu à dire et à se dire!

---

13. Hans et Michael Eysenck, *L'esprit nu*, Paris, Mercure de France, 1985, pp. 76-78.
14. Claude Hagège, *L'homme de paroles*, Paris, Gallimard [Coll. *Folio/Essais*], 1985, pp. 140-143.

Si on souscrit à la thèse de Noam Chomsky, la parole est avant tout un événement qui arrive à l'enfant plutôt que le fruit d'un apprentissage. «*Honneur des Hommes/Saint Langage*», écrivait superbement Paul Valéry. «*À qui donc céderions-nous l'honneur de notre temps?*» renchérissait Saint-John Perse. Sûrement pas à notre cousin phylogénétique. «*L'homme est l'avenir de l'homme*» [Francis Ponge], quoi qu'on en pense.

Enfin, – et c'est l'observation qui me retiendra, car ses conséquences sont lourdes de sens en regard de la faculté de parler de l'homme – les singes sont incapables de parler de ce qui n'existe pas.

Ce dernier trait me paraît plus essentiel que les deux autres au risque d'en choquer quelques-uns. Mais, dira-t-on, parler de ce qui n'existe pas, c'est fabuler, c'est mentir! Certes, oui! C'est mentir, mais c'est surtout faire preuve d'imagination et la faculté qu'on reconnaît à l'homme de parler de ce qui n'existe pas a des retombées sociales décisives.

3. PARLER DE CE QUI N'EXISTE PAS

> «*Téléphoner à la Grande Ourse*
> *Pour y louer un appartement,*
> *Et comme il faudra fair' nos courses,*
> *Mettre des rails au firmament.*»
>
> Léo Ferré
> *Les quatre cents coups*

D'entrée de jeu, il est nécessaire de circonscrire les limites de ce concept afin de le faire cadrer dans une introduction aux dimensions nécessairement restreintes.

Il est utile de distinguer le faux qui s'annonce comme du vrai, c'est-à-dire le mensonge, du faux qui se prétend tel, d'emblée, et ressortit à une dimension ludique des facultés humaines.

Je ne retiendrai que cette dernière facette de la dichotomie vérité/mensonge, le vrai mentir.

Mentir donc pour le plaisir de mentir, pour donner le change au vrai, pour exercer par jeu sa faculté d'inventer, de simuler le réel, de fabuler. Cette capacité est une composante essentielle de la créativité humaine et ses répercussions sociales sont incommensurables. Car elles finissent par modeler le réel, par ajouter au réel déjà existant du réel qu'on tenait pour impossible. L'homme est en mesure de faire surabonder la réalité parce que, précisément, il est capable de l'imaginer autre, et c'est en cela que se démarque le génie créateur qui laisse, à sa mort, le monde différent de celui qu'il a connu à sa naissance du fait de son activité. «*Seul l'homme a cette possibilité d'associer différemment des éléments empruntés à des structures-objets pour constituer un objet qui n'existe pas. C'est un processus imaginatif.*»[15]

Deux exemples, parmi cent mille autres, pourront nous convaincre du bon usage du vrai mentir.

Vers 180 de notre ère, un certain Lucien de Samosate écrivit ce qui peut être considéré comme l'ancêtre phylogénétique de la science-fiction contemporaine: *Histoire véritable [d'un voyage à la Lune]*[16]. Dans ce court roman, il y raconte un voyage jusqu'à la Lune, nous décrit les us et les coutumes des Séléniens, leur abracadabrante manière de se reproduire, et va jusqu'à anticiper ce qui est devenu la doctrine militaire de Ronald Reagan vulgarisée sous le nom de guerre des étoiles. En effet, le lecteur assiste à une bataille opposant les Séléniens aux habitants du Soleil – devrait-on les appeler les Héliens! Bien étranges aventures que celles-là! La croyance en une possible vie au-delà de la Terre ne date pas d'hier.

---

15. Henri Laborit, *Les bases biologiques des comportements sociaux*, Saint-Laurent, Fides, 1994, p. 33.
16. Lucien de Samosate, *Histoire véritable [d'un voyage à la Lune]*, in *Voyages aux pays de Nulle Part*, Paris, Laffont [Coll. *Bouquins*], 1990, pp. 1-33.

Revenons progressivement vers notre époque. Vers 1651, l'un des meilleurs écrivains d'alors, Savinien Cyrano de Bergerac, publia un récit d'anticipation sur le même sujet: *L'autre monde: les États et Empires de la Lune et du Soleil*.[17] Son moyen de locomotion paraît bien hétérodoxe en regard des lois actuelles de la physique. Cyrano recueillit de la rosée dans de minuscules fioles qu'il disposa partout sur la surface de son corps. L'évaporation faisant son œuvre au lever du soleil, il fut aspiré vers les régions supérieures de l'air pour atterrir en Nouvelle-France, la veille de la Saint-Jean. Il y rencontra le Gouverneur qui lui fit part de ses mécomptes avec les Iroquois et de son étonnement de le voir retomber à Québec alors que voilà peu il était dans la mère patrie. Une leçon surréaliste sur les causes de la rotation terrestre s'ensuivit, Cyrano expliquant que, si elle tourne, la Terre, c'est qu'en son centre brûlent des damnés qui veulent s'échapper en tentant d'en escalader les parois. Ils impriment ainsi un mouvement de rotation à la planète, à l'image d'un écureuil en cage évoluant dans son carrousel. Cyrano réussit à quitter la Terre en mettant à profit le feu d'artifice des fêtes de la Saint-Jean célébrées sur la Place Royale à Québec.

Au dix-neuvième siècle, Jules Verne y alla de sa version – *De la Terre à la Lune* [1865] – ainsi que H.G. Wells au seuil du vingtième siècle – *La guerre des mondes* [1898] – alors que l'action se déplace vers Mars. Je ne retiens, évidemment, que les classiques du genre. Tout cela jusqu'au 20 juillet 1969 où, effectivement, un Américain, Neil Armstrong, posa le pied du premier homme à avoir jamais marché sur la Lune, y imprimant l'empreinte de son pas pour un bon million d'années, l'érosion n'existant pratiquement pas sur notre satellite naturel.

Ainsi donc, pendant près de 1800 ans, des générations d'écrivains – 60 environ – ont rêvé d'aller sur la Lune pour voir s'ils y étaient. Quand ils publiaient leurs écrits, ils parlaient de ce qui n'existait pas. Mais tout en parlant de ce qui n'existait pas, ils

---

17. Savinien Cyrano de Bergerac, *L'autre monde: les États et Empires de la Lune et du Soleil*, in *Voyages aux pays de Nulle Part*, op. cit., pp. 277-506.

en supputaient le mode d'existence, ils entretenaient le désir qu'un jour, ce qu'ils imaginaient soit vrai pour de bon. Ils ont réussi au-delà de leurs espérances puisqu'ils mobilisèrent des milliers de savants qui mirent finalement tout en œuvre au point de vue technique pour que cela se réalise. Et c'est advenu en 1969. Ce qui n'existait pas, à force d'en parler, a fini par prendre forme, exister. Une réalité nouvelle peut désormais être comptée au nombre des réalités répertoriées. La prochaine étape de cette longue quête qui va de l'imaginaire au réel est, évidemment, Mars avec le même schéma intellectuel. «*L'homme aurait-il pris l'envol sans le mirage vers lequel il se dirige?*» [Bronislaw Baczko]

Le deuxième exemple suit de près celui que nous venons de décrire et ressortit à la même disposition d'esprit. Des centaines d'années avant notre ère, les Grecs ont élaboré un récit – que nous nommons mythe – dans lequel un certain Dédale, pour s'évader d'un labyrinthe qu'il avait construit pour le roi Minos dans lequel il était gardé prisonnier, se confectionna des ailes recouvertes de plumes maintenues à une armature mobile par de la cire d'abeille. Lui et son fils Icare purent s'enfuir par la voie des airs.

Icare, hélas! ne respecta pas les conseils stricts de son père et s'approcha trop du soleil qui fit fondre la cire d'abeille. Il tomba et se noya dans la mer Méditerranée. Cet épisode est connu sous le nom de la Chute d'Icare.

Dans ce récit qui raconte un événement qui n'a jamais existé, Dédale et son fils réalisèrent le plus vieux rêve de l'humanité: voler. Ils donnèrent même la recette que l'on s'acharna à reproduire tout au long des siècles qui suivirent.

Au quinzième siècle, Léonard de Vinci [1452-1519] testa le procédé icarien et construisit des ailes articulées que l'on endossait. Ceux qui essayaient ses machines en s'élançant du sommet d'un rocher ou en plongeant d'un escarpement prononcé, ne parvenaient qu'à tomber. En fait, de Vinci réitérait la Chute d'Icare. Invariablement, il ne mit au point que des machines à tomber.

Malgré de cuisants échecs, le peintre-mécanicien entretenait vivant le rêve qu'un jour, contre toute attente, on vole avec plus lourd que l'air malgré tous les pronostics contraires de la science officielle. Plusieurs physiciens, et non des moindres, à la fin du dix-neuvième siècle, taxaient l'entreprise de baliverne à ranger avec la panoplie des mécaniques douées du mouvement perpétuel. Simon Newcomb, astronome et physicien mort en 1909[18], était représentatif de cette école de pensée aux deux pieds irrémédiablement rivés au plancher des vaches.

Jusqu'au jour où les frères Orville et Wilbur Wright, le 17 décembre 1903, réussirent à faire s'élever un appareil plus lourd que l'air – à moins que ce ne soit le Français Clément Ader entre 1890 et 1897: une controverse entre spécialistes sévit à ce sujet. Ce qui paraissait incroyable jusqu'alors trouvait sa confirmation. Ce qui était impensable est devenu une banalité telle que c'est le contraire, maintenant, qui apparaît inconcevable, c'est-à-dire que l'homme n'ait jamais volé.

Encore une fois, nous est démontrée l'irrésistible conviction engendrée par ceux qui croient aux choses qui n'existent pas, qui en parlent, communiquent leur foi, y font rêver avec force et intensité, et arrivent à les faire tellement désirer qu'un jour ou l'autre se présente quelqu'un qui ne sait pas que c'est impossible qu'une telle chose ne puisse pas ne pas exister et qui la fait.

Le vrai mentir crée la fonction de l'imaginaire en quelque sorte. Ceux qui se contentent d'œuvrer au ras du réel se révèlent souvent des esprits sans envergure, médiocres, sans élévation ni grandeur souvent, car aucun rêve ne les habite. Ils existent sans surabonder d'existence, pour reprendre une formule chère à Gabriel Marcel. Les peuples incapables de menteries sont condamnés à végéter et à s'ennuyer d'un mortel ennui.

---

18. *Science et vie*, octobre 1992, no 901, p. 161.

4. A BEAU MENTIR QUI SAIT ÉCRIRE

> «Il faut ici inventer, créer, c'est-à-dire mentir.
> L'art du roman est de savoir mentir.»
>
> Louis Aragon
> J'abats mon jeu

Tous les grands artistes sont de grands menteurs. Les écrivains plus que tous les autres et particulièrement les plus accomplis. La comédie humaine de Balzac est une énorme fiction qui prétend concurrencer l'état civil. Elle renferme 2472 personnages doués d'une telle présence qu'on s'est même plu à les recenser et à en tirer des données statistiques concernant leur taux de suicide, notamment 21 pour 2472[19]. Ramené à l'échelle utilisée par les démographes, on obtient un taux de 849 pour 100 000 habitants, ce qui est nettement supérieur à ce que l'on rencontre dans une population réelle. Aussi paradoxal que cela puisse paraître, les romans de Balzac sont plus populeux que bien des municipalités du Lac-Saint-Jean, quatre fois plus que Saint-André de l'Épouvante [population chiffrée à 592 habitants en mars 1993], à titre de comparaison.

Sherlock Holmes vit avec une telle intensité qu'on croit qu'il existe vraiment et qu'il habite au 221 B Baker Street à Londres. On lui écrit pour lui soumettre des énigmes policières enchevêtrées et tortueuses. Un comité répond aux lettres les plus intéressantes, accréditant par le fait même son existence à la manière de l'enfant qui voit une confirmation de la réalité du père Noël dans la lettre qu'il reçoit de lui. Et puis n'a-t-il pas un code postal comme n'importe quel citoyen taxable et imposable en ce pays?

Lorsque Conan Doyle voulut se débarrasser d'un héros un peu trop vivant à son goût et qui était en train de le phagocyter, il

---

19. Laurent Laplante, Le suicide: les mythes, les tendances, les enjeux, Québec, I.Q.R.C., 1985, p. 19.

le fit tout bonnement mourir. Cet assassinat fictionnel provoqua la consternation et, pour certains, la commotion chez ses fidèles lecteurs. Un député prononça un éloge funèbre en l'honneur du très cher disparu en plein Parlement de Westminster. L'auteur reçut des menaces de mort s'il ne ressuscitait pas son héros. Préoccupé de sa propre sécurité, Conan Doyle obtempéra.

C'est à Georges Simenon que revient la palme d'avoir fait de son héros, le commissaire Maigret, un être plus vrai que le vrai. La femme du célèbre policier a publié un livre de recettes culinaires, bien réel celui-là. Maigret a rédigé des mémoires dans lesquels l'auteur – un certain Sim pour Simenon – apparaît comme un personnage. On pourrait multiplier ces exemples à l'envi.

Mais qu'on retienne seulement ceci: qu'est-ce que l'œuvre romanesque de Dostoïevski, de Mauriac, de Hemingway ou de Steinbeck? Mensonge, mensonge, mensonge! Tous les lecteurs le savent qui consentent à se faire mentir pour le plaisir de se faire abuser. C'est dire à quel point ces menteries-là ont quelque chose de jouissif, car elles ne piègent ni notre bonne foi ni notre confiance.

Et ces menteurs talentueux qui élèvent la menterie au rang d'un art noble, personne ne les accuse de mentir justement parce qu'ils ne s'en cachent ni ne s'en privent. Quand on leur reconnaît du génie en la matière, on leur remet le prestigieux prix Nobel de littérature qui les recouvre du même honneur que celui qui échoit à ceux qui reçoivent le Nobel de physique, de médecine ou de chimie, et dont la fonction est de dire vrai avec plus ou moins de bonheur parfois.

On réclame de ces menteurs nobélisés des entrevues, des opinions, des prises de position. On lit leurs moindres écrits comme s'il s'agissait d'oracles infaillibles. On commente leurs œuvres sans fin, on étudie leurs personnages comme s'ils étaient de chair et de sang. On les psychanalyse le plus sérieusement du monde. Et pourtant, tout cela n'est que fiction annoncée pour telle, mais mensonge porteur de vérité, outil précieux pour sonder le vrai ou pour le débusquer, comme en fait foi cet aphorisme: *prêcher le faux pour connaître le vrai*.

Rudyard Kipling l'avait admirablement compris quand il écrit, à la fin d'un de ses contes où il prétend s'en tenir à la plus stricte vérité:

> *Et j'en ai fait un mensonge en somme: car la Vérité est une dame toute nue, et si par accident elle se trouve arrachée du fond de la mer, il sied à un gentleman ou bien de lui donner un petit jupon imprimé ou de se tourner le nez vers le mur et de jurer qu'on n'a rien vu*[20].

Il avait compris, le bon maître, que, dans certaines circonstances, dire la vérité est le plus sûr moyen de ne pas être cru. Au contraire de la vérité, *«le mensonge, pensait Albert Camus, est un beau crépuscule qui met chaque objet en valeur»*[21].

Ces comportements aident à comprendre pourquoi l'imagination fut longtemps considérée comme une bête noire, même pour ceux qui y recouraient le plus volontiers. Blaise Pascal, le père du baromètre et de la calculatrice, auteur des célèbres *Pensées*[22], la tenait pour une *«maîtresse d'erreur et de fausseté»*. Pourtant, les inventions qu'on lui doit, encore fallut-il qu'il les imagine avant de les réaliser. Pour Malebranche, elle n'était que *«la folle du logis»*.

5. PROFESSION: MENTEUR OU LE PACTE NARRATIF

> *«Il faut mentir par nombre impair.»*
>
> Rabelais

Tous ces menteurs qui mentent impunément, qui s'en font gloire et dont on leur fait gloire, n'exercent leur art qu'en vertu d'une tolérance explicite du milieu – plus généralement de la société – dans lequel ils s'inscrivent.

---

20. Rudyard Kipling, *Un fait*, in *La plus belle histoire du monde*, Paris, Gallimard [Coll. Folio], 1974, p. 261.
21. Albert Camus, *La chute*, Paris, Livre de Poche, 1968, p. 130.
22. Blaise Pascal, *Pensées*, Paris, Livre de Poche, 1966, p. 65.

Je m'étais lié à un conteur particulièrement efficient en son art, illettré mais non pas ignorant. À sa mort, j'ai pu vérifier la justesse des propos du Malien Amadou Hampaté Bâ: «*En Afrique, un vieillard qui meurt, c'est une bibliothèque qui brûle.*»[23] Chaque mort est donc un autodafé et l'on peut mesurer l'ampleur du dilemme de tout détenteur d'un quelconque patrimoine oral, dramatiquement résumé par Claude Brémont: «*périr ou devenir littérature*»[24]. En fait, pour reprendre la formule concise de Paul Zumthor, «*la voix est nomade, alors que l'écriture est fixe*»[25]. «*L'encre la plus pâle vaut mieux que la mémoire la mieux exercée*», prévenait, non sans raison, Confucius. Le cas des druides, magnifiquement décrit par Jules César dans sa *Guerre des Gaules*, dont le savoir strictement oral s'est éteint avec leur caste, est exemplaire à cet égard. Car s'il peut y avoir des textes sans auteurs [nos chansons traditionnelles, par exemple, ou la *Bible* en partie], il se présente aussi des auteurs sans textes: nos conteurs traditionnels en sont une illustration éloquente.

Ce conteur, dont j'ai commencé à vous entretenir, était connu dans son village [Saint-Ludger-de-Milot] sous le sobriquet de Patry la Menterie. Il ne faut voir aucune intention malveillante dans un tel surnom. Il exerçait, le soir, après ses activités diurnes qui lui assuraient le pain et le logement, l'honorable et très belle fonction de menteur officiel de sa communauté. Et c'était un menteur couru: la qualité de ses menteries était renommée et appréciée de ses concitoyens.

Le soir donc, après le souper, c'était, chez lui, la procession de ceux qui sentaient le besoin de se décharger du poids du jour par une séance de menteries. Suprême remède! Émétique souverain qui purgeait de l'indigeste réalité dont l'irrécusable routine se révèle souvent intolérable.

Joseph Patry prenait volontiers le «*crachoir*» et mentait, men-

---

23. Claude Hagège, *L'homme de paroles*, p. 112.
24. Georges Jean, *Le pouvoir des contes*, Paris, Casterman, 1990, p. 106.
25. Paul Zumthor, *Écriture et nomadisme*, Montréal, L'Hexagone, 1990, p. 46.

tait si tant tellement bien qu'on finissait par croire à ses menteries ou qu'on arrivait à se dire: «*Si du moins ça pouvait être vrai!*» Un pacte implicite liait – ou mieux nouait – Joseph Patry à sa communauté; contrat non formulé, pacte narratif dont les termes pouvaient se comprendre comme suit:

> *Conteur, nous t'offrons tout loisir de nous mentir de belle manière, avec toutes les ressources de ton verbe savoureux et de ton art subtil, à la condition expresse que tu nous informes des limites extrêmes en deçà et au-delà desquelles tes menteries seront proscrites et non avenues. À l'intérieur de ces limites, il te sera loisible de mentir et il ne te sera imposé d'autres contraintes que celles voulues par ton art lui-même. Dès lors, nous saurons quand nous devrons ne plus te croire et à quel moment nous pourrons cesser de ne plus te croire. Entre temps, contre notre solide bon sens qui nous rebattra les oreilles de ne pas te croire, nous nous ferons violence pour faire semblant de te croire par respect pour toi et ta menterie.*

Ce pacte narratif, tacite mais opérant, est essentiel: il protège de part et d'autre le conteur et la société, les garantit tous deux de la prolifération incontrôlée des mensonges. Car une communauté se fonde avant tout sur la bonne foi de ses membres, une certaine franchise et de la sincérité dans les rapports humains. Si le mensonge s'élevait au rang des normes sociales, aucun groupe humain ne durerait longtemps. Quant au vrai, «*ondoyant et divers*», il résulte, en dernier ressort, d'un consensus social né d'une perception de la réalité variable selon les époques, les cultures et les lieux. Dans ce domaine mouvant, tout dépend de l'échelle d'observation avec laquelle on appréhende le réel. C'est cette échelle d'observation, ultimement, qui crée les phénomènes sur lesquels s'assoit la vérité. C'est dire le statut précaire et incertain du vrai en regard de la tranquille assurance de la menterie ludique.

Ce contrat narratif de gré à gré, il faut l'envisager comme un permis de mentir et, tout comme lui, il comporte des privilèges et des restrictions. Je ne dis pas des droits: on n'a pas le droit de mentir. On ne peut espérer tout au plus qu'une tolérance en raison de notre nature faillible: sur le chemin de la vérité, je puis faire un faux pas, commettre une erreur. En aucun cas, je ne dois revendiquer cette erreur comme un droit.

De même qu'un permis de chasse stipule quel animal tuer, en quelle saison, selon telle quantité et au moyen de telle arme, sous peine de se voir retirer le privilège de disposer de la vie de certaines bêtes; dans ces circonstances, on verrait mal quelqu'un chassant le lièvre avec un lance-roquettes dans une ruelle de Saint-Bruno. De même, un permis de mentir répond, lui aussi, à des considérations précises et rigoureuses: il concerne tel individu, indique les circonstances de temps et de lieu où l'activité s'exercera, et prescrit des mesures précises pour que la prestation se passe selon les règles établies par la communauté. La menterie est une activité dont l'usage est soigneusement contrôlé, une rhétorique populaire à utilisation restreinte. Si une collectivité n'exerce aucune surveillance sur les menteries qui circulent entre ses membres, elle risque des dérives sociales néfastes.

La circulation des menteries est un système régulé afin de départager le plus correctement possible le vrai du faux. Car il y a mensonge et mensonge, comme nous l'avons déjà mentionné. Il y a celui qui subvertit la vérité, qui en sape les fondements et la bat en brèche. C'est précisément celui-là que toute communauté traque incessamment comme son plus puissant ennemi, comme sa plus mortelle menace. Et loin de le favoriser, elle le réprime avec la dernière rigueur. La sanction sera éthique ou judiciaire, selon la portée et la gravité du cas.

Il y a l'autre qui parle de ce qui n'existe pas, pour soit le faire exister et ajouter au réel existant un surcroît de réalité, soit soulager le fardeau obligé de la vie, suspendre le joug de la raison critique un instant pour se divertir enfin au sens pascalien du terme, c'est-à-dire se détourner un peu de penser, car, étymologiquement, penser pèse et cela épuise. C'est de ce vrai mentir qu'il est question, et il constitue notre objet de réflexion.

Et comme ce pacte narratif, ce permis de mentir exige qu'il n'y ait ni trompeurs ni trompés, puisque le trompeur s'annonce

comme tel et les trompés ne le sont que s'ils s'abusent eux-mêmes, il n'est pas étonnant que le conteur s'entoure d'infinies pré-
cautions pour sauvegarder la valeur de vérité qui régit le monde
tout en permettant, à la frange, qu'on s'adonne au pur plaisir de
mentir. Cette précaution explique en partie la ritualisation initiale
et finale du récit: c'est un procédé langagier qui prend souvent
l'allure de véritables pirouettes verbales, comme en témoignent
ces quatre exemples:

[1] «*Cric, crac, les enfants! Parli, parlo, parlons! Pour en savoir le
court et le long, passez l'crachoir à Jos Violon. Sacatabi, sac-à-tabac! À
la porte, les ceuses qu'écouteront pas!*»[26]

[2] «*Une bonne fois, j'va's vous raconter tant d'vérités, tant
d'ment'ries; plus j'mens, plus j'veux mentir.*»[27]

[3] «*- Je vais vous dire un conte.
À quoi les assistants infailliblement répondent:
- Nâmoun! [ce qui veut dire: bien entendu!]
Le dialogue se poursuit:
- Nâmoun!
Mais tout n'y est pas faux.
- Nâmoun!*»[28]

[4] «*V'là un tour qui m' fut baillé
Par mon aïeu en droite lignée
Vivant du temps de l'empremier.
Soyez occis si ne m'en creyez.*»[29]

Le conteur n'est pas un menteur qui dit «*Je mens*» comme
dans la célèbre aporie d'Épiménide le Crétois, qui affirmait que

---

26. Louis Fréchette, *Les contes de Jos Violon*, Montréal, Aurore, 1974, p. 35.
27. Jean-Claude Dupont, *Le légendaire de la Beauce*, Québec, Garneau, 1974,
p. 109.
28. Jean Marcel, *Jacques Ferron malgré lui*, Montréal, Éditions du Jour, 1970,
p. 50.
29. Antonine Maillet, *Pélagie-la-Charrette*, Montréal, Leméac, 1979, p. 74.

tous les Crétois étaient des menteurs. Le conteur dit toujours la vérité parce que son objectif n'est pas d'induire qui que ce soit en erreur, sauf que son point de vue change lorsqu'il exerce son art: il dit des choses vraies à propos de ce qui n'existe pas alors que le vrai menteur dit des choses fausses à propos de ce qui existe ou, plus subtilement, il organise son discours d'un manière telle que chaque détail peut être vrai dans un ensemble qu'il sait, lui, ne pas être la vérité. Ce paradoxe apparent du conteur et du menteur mérite une brève explication.

Si je parle à mes proches de la maison que j'ai l'intention de construire et que je la leur décris en détail – elle aura telle sorte de fenêtres, de portes, de couleurs, d'architecture, etc. – bien qu'elle n'existe pas encore, tout ce que je dis de cette maison est vrai pour cette maison, puisque mon récit se réfère tout de même au réel [portes, fenêtres]. Mais ce réel devient l'élément d'une fabulation; la porte dont je parle s'inscrit bien dans la réalité, mais, pendue à une maison virtuelle, elle devient un objet imaginaire.

Ce que je dis cessera d'être vrai si je construis une maison qui diffère de celle que je décrivais à partir de la représentation que je m'en faisais, exactement comme le débarquement d'Armstrong sur la Lune a fait mentir Jules Verne et consorts. L'atterrissage s'inscrit désormais dans la réalité; en cela le vœu des auteurs évoqués s'est réalisé. Mais les conditions dans lesquelles s'est exécuté ledit voyage n'ont pas de rapport avec ce qu'en imaginaient ces créateurs. En faisant exister ce qui n'existait pas auparavant, mais qui appartenait tout de même au discours et à l'imaginaire, les cosmonautes ont révélé, après coup, le caractère mensonger des constructions des auteurs de science-fiction. À présent, pour continuer à parler impunément de ce qui n'existe pas sans être taxés de menteurs, les auteurs de science-fiction doivent repousser plus loin les lieux et l'époque de leurs aventures. Dès lors, aucun démenti formel, même scientifique, ne dérangera leur sérénité fabulatrice.

De même, pour en revenir à mon paradoxe, si je décris à d'autres la maison que j'habite et leur dis qu'elle a deux étages et qu'elle est blanche alors qu'il n'en est rien, je raconte des faussetés à propos d'une maison qui existe bel et bien. Ici, on me démasquera en confrontant mes propos à la réalité tangible et empirique. Tout à l'heure, on ne le pouvait pas tant que l'inexistence de ma maison n'accédait pas à l'existence. De même que le périple lunaire d'Armstrong a ruiné une fois pour toutes la croyance en l'existence des Séléniens. On pourrait appliquer cette comparaison aux O.V.N.I. qui existent bel et bien – le terme est si vague qu'il finit toujours par recouvrir quelque phénomène aérien que ce soit – mais c'est ce qu'on en dit qui pose problème, car aussi longtemps qu'on n'en aura pas capturé un, toutes les conjectures à leur sujet sont possibles, même les plus improbables. Les éléments qui constituent leur réalité sont indécidables. Et ceux qui font croisade en faveur de leur inexistence sont tout aussi crédules, dans leur scepticisme, que ceux qui annoncent la bonne nouvelle de la venue des extraterrestres parmi nous. Ils ne peuvent conforter leur conviction que sur les supercheries maintes fois dénoncées de zélateurs impénitents d'ovnis prêts à trafiquer la réalité pour appuyer leur conviction.

6. Y CROIRE ASSEZ SANS TROP Y CROIRE

> «*Douter de tout ou tout croire,*
> *ce sont deux solutions également commodes,*
> *qui l'une et l'autre nous dispensent de réfléchir.*»
>
> Henri Poincaré
> *La science et l'hypothèse*

Le conte est une menterie, cela est dorénavant établi je crois. Mais conter n'est pas mentir et le conteur n'est pas un menteur, puisque ceux qui réclament et subissent ses menteries – les auditeurs – sont expressément informés du caractère illusoire du récit.

C'est ce qui fait du conte, particulièrement du conte merveilleux, un divertissement hautement délectable puisque l'auditeur échappe à l'insoluble et indécidable débat sur le statut du vrai et du faux, du réel et de l'imaginaire. Nous sommes dans la fiction pure qui s'annonce comme telle sans honte ni détour, et nous, auditeurs, nous pouvons nous livrer, sans réserve, à notre goût pour le fabuleux, sans bouder notre plaisir. Il n'y a pas d'effets secondaires indésirables. La réalité n'est pas sommée de venir jeter son fiel sur le miel de notre imagination.

Quel soulagement enfin! La despotique raison critique est au point mort. L'esprit fonctionne librement. Il peut respirer à l'aise. Le conteur a abaissé en lui tous les systèmes de défense, toutes les ruses qu'il a mises au point dans sa lutte avec le réel en lui disant: «*À partir de maintenant, tout ce que je vais dire est mensonge, mensonge, mensonge.*» L'éternelle dispute sur le bien et le mal est ajournée; une ligne de démarcation a été clairement tirée: en deçà, la vérité; au-delà le mensonge; à la fin, retour à la réalité quand le conteur, par un rituel de clôture, signifiera sans ambages à son auditoire: «*Terminus! Le voyage en pays de Menterie est terminé.*» Je puis tout croire puisque, justement, je n'ai rien à croire. De ces rites de sortie, en voici quatre où l'on pourra apprécier ce qu'ils ont de définitif; ils créent chez l'auditeur une situation de non-retour.

[1] «*Là, ils sont partis, se sont en allés au château. Tit-Jean s'est marié. J'ai été à ses noces, puis ils m'ont envoyé vous conter ça.*»[30]

[2] «*Et cric! crac! cra!*
Sacatabi, sac-à-tabac!
Mon histoire finit d'en par là.»[31]

[3] «*Ils revinrent au pays de leurs pères et vécurent heureux dans l'abondance de leur savoir.*»[32]

[4] «*La semaine passée, j'ai passé par là. Ah! ils étiont encore tout heureux.*»[33]

---

30. Jean-Claude Dupont, *Contes de bûcherons*, Montréal, Quinze, 1980, p. 143.
31. Louis Fréchette, *Les contes de Jos Violon*, op.cit., p. 50.
32. Henri Gougaud, *L'arbre aux trésors*, Paris, Seuil [Coll. *Points*], 1987, p. 126.
33. Anselme Chiasson, *Le diable Frigolet*, Moncton, Les Éditions d'Acadie, 1991, p. 217.

Tout le monde retourne à la réalité affronter l'incertain dialogue du vrai et du faux. Une époque heureuse de consensus aura pris fin. Le rite de sortie en sonne le glas. Maintenant, c'est le retour à feu l'unanimité. Comment, à présent, démêler le vrai du faux? «*Rendre la lumière/Suppose d'ombre une morne moitié*», affirmait Paul Valéry, dans *Le cimetière marin*.

À ce moment, le conteur redevient un locuteur comme tous les autres, soumis aux mêmes impératifs sociaux qui gouvernent ses concitoyens. Quand il parlera, on ne le mettra pas plus en doute que n'importe quel autre membre de sa collectivité, pas plus qu'on ne le fit pendant qu'il contait. Conteur certes, menteur ni plus ni moins que n'importe qui. C'est pourquoi un menteur hystérique et compulsif ferait un mauvais conteur. Comment savoir quand il ment et quand il dit vrai? Son assiette psychologique, trop fragile, le discréditant comme locuteur fiable, l'habilite encore moins à prétendre au titre de menteur officiel, autorisé, certifié de sa communauté.

On puiserait dans sa seconde activité matière à confirmer le discrédit qu'il a mérité dans la première. Si peu digne de foi quant au vrai, il le serait encore moins dans les menteries: il donnerait trop à penser qu'il se croit lui-même dans ce qu'il raconte. Il n'aurait pas cette distance obligée que tout bon conteur crée avec son récit. Cette distanciation est vitale à la fois pour lui et pour son public. D'une part, elle renforce l'avertissement initial et, d'autre part, elle soustrait sa parole conteuse des catégories usuelles du parler quotidien. Le conteur ne parle pas à hauteur d'homme. Il s'élève au-dessus de la condition langagière commune.

On attend de lui qu'il croie à ce qu'il raconte juste assez pour rendre son récit crédible et qu'il s'intéresse à ce qu'il raconte juste assez pour en intéresser les autres, mais pas trop pour ne pas disqualifier son discours social. Il n'y a que le rasoir d'Occam, au fil bien subtil, pour trancher à même cette matière indécise et départager le «*juste assez*» du «*un peu trop*».

Le conteur ne saurait être un locuteur qui claudique un pied dans le vrai, un autre dans le faux. Mentir ainsi *«par nombre impair»* est le fait du menteur d'habitude qui perd de vue la distinction subtile qu'on vient à peine d'évoquer et qui finit par s'abuser lui-même en croyant marcher les deux pieds dans le vrai.

Le vrai menteur tente un coup de force contre le réel: il cherche à installer au nombre des réalités inventoriées des réalités illusoires. Son but est d'atteindre au vrai dans et par le mensonge. Il joue sur le fait que très souvent la vérité est d'abord considérée comme un mensonge, alors que ce dernier se pare souvent des habits de la vérité. Étrange paradoxe que résume admirablement le proverbe arabe: *«Si on ferme toutes les portes à l'erreur, on laisse la vérité dehors.»* Le vrai menteur, autre paradoxe, mentira le moins possible. Il donnera à vérifier les détails de ce qu'il rapporte alors que c'est plutôt leur somme qui s'avérera illusoire. Son objectif est clair: abuser tout le monde au risque de s'abuser lui-même s'il adhère trop à *«sa»* vérité. L'équilibre est ici bien difficile à maintenir, car c'est un art qui tient du funambule.

Le conteur est un menteur qui sait qu'il ment, qui avoue qu'il ment: partant, il ne se ment ni à lui-même, ni aux autres. Cet exercice bien subtil, qui lui assure de la crédibilité, n'est pas moins risqué pour l'auditeur.

Lui aussi doit veiller à ne pas se laisser duper, et les exemples foisonnent où des auditeurs ont été subjugués par des récits auxquels ils accordaient toute leur créance. On pense tout de suite à l'anecdote fameuse d'Orson Welles adaptant, en 1938, le roman de H.G. Wells, *La guerre des mondes,* pour la radio avec sa troupe du Mercury Theater. On en tira d'ailleurs un film, *La nuit qui fit trembler l'Amérique.* Comme Welles avait donné à sa version radiophonique la forme extrêmement convaincante et crédible d'un reportage en direct du débarquement de Martiens belliqueux sur notre planète, de nombreux auditeurs, qui n'avaient pas tenu compte de l'avertissement initial ou qui syntonisèrent le poste de radio qui diffusait l'œuvre en pleine action, crurent effectivement à un débarquement d'extraterrestres aux États-Unis. Prise de pa-

nique, une foule innombrable envahit les routes pour fuir l'inva-
sion tant la version de Welles donnait le change à la réalité. Il faut
dire qu'à l'époque, le monde vivait dans l'appréhension d'un
conflit mondial.

Les canulars sans nombre entourant la date du 1er avril parti-
cipent de la même disposition d'esprit. On a beau jurer que ça ne
nous arrivera pas, qu'on ne se fera jamais prendre. On le clame
sur tous les tons et sur tous les toits tant que cela ne vous frappe
pas de plein fouet, et on s'étonne alors de l'innocence avec laquelle on a foncé tête baissée dans le piège souvent bien grossier.
Des séries télévisées parmi les plus populaires tirent leur force de
ce canevas prévisible: *Surprise sur prise, Insolences d'une caméra.*

Un rapport de vassalité lie l'auditeur au conteur. Nous l'avons
évoqué plus haut à propos du privilège dérogatoire accordé par la
société à certains individus pour qu'ils puissent exercer cette forme
d'art pour le moins singulière. Les termes en sont clairs et explicites
et ils sont le fait de l'auditeur. Ne peuvent mentir que ceux qui ont
son assentiment. Ce pacte transforme l'une des parties en auditeurs
liges. Une confiance mutuelle les soude en une communauté narrative ponctuelle.

Même s'il abandonne provisoirement tout esprit critique pour
permettre au conte de se construire en lui, l'auditeur doit demeurer vigilant à l'intérieur même du sommeil de sa raison. Il lui est
demandé de croire au conte, certes. On imagine mal un auditeur
se répétant sans arrêt: «*C'est une menterie, c'est une menterie!*» Le
récit ne parviendrait pas à prendre racine dans son imaginaire
pour s'octroyer juste assez de réalité pour atteindre à une certaine
existence. Cette attitude critique corrosive découragerait toute
tentative artistique.

Le cinéphile et le lecteur ne se comportent jamais autrement.
Aussitôt que l'obscurité se fait au cinéma, le spectateur exécute le
saut qui va du réel à l'illusion et, pendant la projection, il consent
à s'immiscer en maraude dans une réalité fantomatique. Seul un
film de piètre qualité le tirera de son état quasi somnambulique et

éveillera en lui des relents d'esprit critique. Comme aime à le dire le cinéaste Bertrand Tavernier en guise de boutade – mais n'est-ce pas plutôt une parade – un film est bon quand tous les spectateurs dorment et que personne n'en est incommodé. Mais si des spectateurs dorment mal et s'en plaignent, alors le film est raté.

Il en est ainsi du lecteur de roman. Installé au cœur de la fiction, il construit autour de lui un univers illusoire qui l'absorbe totalement. La réalité est maintenue à distance mot à mot, page après page. Pendant un laps de temps plus ou moins long, le lecteur décroche de son univers pour culbuter dans un autre monde.

Une œuvre d'art a comme première fonction de nous tirer de notre état, de nous faire oublier qui nous sommes, de nous soulager de devoir penser sans arrêt, car penser, c'est mettre en branle une machine infernale dotée du mouvement perpétuel. Lorsque l'homme a acquis cette fonction, toute noble et éminemment désirable qu'elle soit, il est devenu une espèce sinistrée qui s'agite constamment comme un fauve en cage en période de rut, piqué par cet aiguillon qui fouaille au plus vif de son être, afin de faire taire en lui cette voix impérieuse et intarissable. Les obsédés et les dépressifs en savent quelque chose. On saisit mieux la portée des propos de Blaise Pascal qui écrivait que «*tout le malheur des hommes vient d'une seule chose, qui est de ne pas savoir demeurer en repos, dans une chambre*»[34].

Cependant Pascal plaçait si haut l'homme pensant, qu'il le voulait pensant tout le temps, incapable qu'il était de le penser ne pensant pas! Il ne s'avisait pas que, dans le domaine de l'esprit comme dans celui de l'effort musculaire, à la tension et au labeur doivent succéder le repos et la détente. Le divertissement, si honni par le penseur des *Pensées*, est aussi vital que sa contrepartie. Tout n'est qu'affaire de mesure, et le mouvement du balancier doit alterner de l'un à l'autre et craindre de s'attarder à l'un des

---

34. Blaise Pascal, *Pensées*, *op. cit.* p. 101.

extrêmes de son battement. La pensée affolée dans sa fonction agit comme un prurit et une urticaire qui cherchent l'apaisement. À se gratter pour se soulager, on ne fait qu'accroître l'inflammation, la rendre plus sensible.

Je dois en étonner plus d'un en me livrant à ce plaidoyer *pro domo* sur la suspension de la pensée. «*Être une heure seulement beau et con à la fois*», chantait Jacques Brel. Il faut sans cesse chercher l'ivresse, réclamait Baudelaire dans ses *Poèmes en prose*, dans le vin, la poésie ou la vertu. Bâillonner de temps à autre cette pensée despotique qui permit à l'homme ses plus admirables réalisations et ses plus terribles destructions. La pensée, c'est comme les langues d'Ésope: la meilleure et la pire des choses à la fois et en même temps. Le tragique, si on considère son action globale sur un temps long, c'est que le passif a la malencontreuse tendance à équilibrer l'actif.

Depuis que la critique – qu'elle soit universitaire ou tâcheronne – nous rebat inlassablement les oreilles avec le sens profond de telle ou telle œuvre, ce qu'elle dénote et les connotations qu'elle renferme, sa structure apparente et son «*architexture*» [le mot est de Gérard Genette], chacun se sent coupable d'avouer s'adonner à une activité, qu'elle soit purement ludique [jeux, sports] ou culturelle [lecture, cinéma], dans le seul but d'oublier un peu, de cesser de penser aux tracasseries qui sont le lot accoutumé de la vie. En un mot, pour son seul plaisir. Quel baume pour l'esprit tiraillé, torturé et déchiré! «*C'est la pensée qui fait que le malheur a si longue vie.*» [W. Shakespeare, *Hamlet*]

Ce disant, je ne conteste pas les trouvailles de la critique institutionnalisée. Tout au contraire. Elle nous prouve bien que ce qui se présente sous les traits de la plus parfaite innocence, n'est pas toujours sans innocuité, et qu'en fin de compte l'œuvre qui finit par s'imposer à la voix qui perpétuellement parle en soi, le fait peut-être en vertu de ce qu'elle a su trouver à la fois la forme, le ton et les mots capables de se substituer à notre pensée – de lui procurer un peu de paix par l'acquisition d'une forme adéquate. Une douleur morale qui a pu trouver sa juste expression est sur le chemin de la guérison. La critique s'occupe du sens. Moi, je m'adonne à mon plaisir et il n'est pas interdit qu'il ait du sens, qu'il fasse sens. Tout ce qui me retient, c'est le «*bel mentir*» tel que l'envisage le moine Ogrin du *Tristan* de Béroul[35].

7. LE DON DU RIEN

> «*C'est sans doute un terrible avantage que de n'avoir rien fait, mais il ne faut pas en abuser.*»
>
> Antoine de Rivarol
> *Le petit almanach de nos grands hommes*

L'œuvre, que ce soit un conte, un roman, un film ou un tableau, met fin au psittacisme intérieur et au solipsisme qui saccagent notre âme, pour y créer un embryon de communauté et de fraternité humaine. Somme toute, le romancier, dans son activité, tente peut-être désespérément d'endiguer en lui, d'harnacher ce flot de mots qui, autrement, serait vite incontrôlable et dévastateur.

Quand on affirme que le conte est destiné à plaire au premier chef, c'est peut-être tout cela qu'on sous-entend. Pour reprendre la belle formule de Jean Duvignaud, le conteur me fait «*le don du rien*»[36]. Ce qui, en l'occurrence, est le don de tout. Il me met d'accord avec moi-même par l'oubli momentané de moi-même; il ajourne mes débats intérieurs où je suis constamment en procès avec moi-même; il suspend ma perplexité devant mes dissonances cognitives; il refait mon unité intérieure – par le vide, diront des esprits malins. Et pourquoi non! Les Orientaux prétendent que c'est là une expérience enivrante et souhaitable puisqu'elle recompose la conscience démembrée par la diversité illusoire du monde.

---

35. Paul Zumthor, *La lettre et la voix*, Paris, Seuil, 1987, p. 303.
36. Jean Duvignaud, *Le don du rien*, Paris, Stock, 1977, 314 p.

Quand le conteur dit «*Il était une fois*», quelque chose en moi se tait, dont j'espérais depuis longtemps le silence. Et cette expérience est proprement indicible, comme le souligne avec force Joseph Campbell: «*C'est pourquoi c'est une expérience fulgurante que de pouvoir, de temps en temps, dépasser tout cela et s'écrier simplement d'admiration: "Oh!...ah!..."*»[37]

Je lâche alors prise; je cède à l'extraordinaire pour me tirer du bourbier de la vie ordinaire. J'ai tous les pouvoirs, toutes les audaces, moi que la vie s'acharne à diminuer; moi que la routine rétrécit par en dedans alors même qu'elle laisse ma carrure intacte. J'écoute et je respire. Et tout à coup, je sors du bourbier inextricable de mon existence en me tirant par la veste comme le baron von Münchhausen.

Pérennité de la parole futile qui tire sa dignité de son inutilité même, temps festif où règne une parole souveraine d'elle-même qui déborde de l'être de toute part. Dans le Québec traditionnel, on enseignait qu'il fallait de temps à autre «*lâcher son fou*» pour ne pas le devenir, donner congé à la raison et remettre périodiquement la gouverne de sa vie au côté irrationnel qui s'agite en soi comme un tigre en cage. Et le conseil était judicieux qui permettait de réguler sa vie affective. «*Qui garde son fou meurt sans voix*», nous prévenait Henri Michaux qui, maintes fois, a exploré le côté sombre de l'âme. On ne peut garder son fou qu'en le bâillonnant, qu'en lui refusant tout accès à la fulgurance du verbe. Dans chaque âme, il y a un réduit obscur, une oubliette où un fou se démène et désespère de ne pas trouver sa lumière, et attend dans une ferveur fiévreuse qu'on daigne lui jeter en pâture une parole transcendante et libérante; une parole qui mettra fin aux longues délibérations qu'il entretient avec lui-même, en vase clos. Devenir pour un temps maître de la parole doit être une activité éminemment cathartique, une purgation de l'âme, un émétique puissant qui permet d'évacuer ce qui suppure en nous d'inquiétant et d'inavouable. Un fou trop étroitement jugulé mine continûment notre équilibre intérieur et son travail de sape est d'autant plus efficace qu'il s'opère dans le silence.

37. Joseph Campbell, *Puissance du mythe*, Paris, J'ai lu [Coll. *New Age*], 1991, p. 374.

Le conteur me dit: «*Viens, je vais te faire une menterie. Ce n'est rien; ça ne sert à rien; ça ne donne rien. C'est du vent, des mots, des phrases, des images enfilées comme des perles. Laisse-moi parler à ta place en toi-même, recouvrir de ma voix ton monologue intérieur. Ne cherche pas à répondre. N'essaie pas de comprendre. Écarte toute question. Laisse-toi guider par moi. Tu es mon vassal lige. Ne te tourmente pas: émerveille-toi.*» Et j'oublie un instant le duel à mort que j'ai engagé, depuis ma naissance, avec le temps. «*Temps, qui de nous deux tirera le premier?*» écrivait, dans un vers immense et magnifique, Gatien Lapointe.

Le conteur est venu les mains vides et m'a pourtant tout donné. Et pour les esprits utilitaires qui escomptent un bénéfice peu importe l'entreprise, le conte propose une justification de sa propre existence. Henri Gougaud consigne, dans sa belle compilation, *L'arbre aux trésors*, un conte de la tradition juive. C'est le dernier de son livre, significativement. À un enfant qui s'inquiète auprès d'un conteur déserté depuis longtemps par tout public de l'inutilité de son discours, celui-ci réplique: «*Je parle toujours, certes, et je parlerai jusqu'à ma mort. Autrefois c'était pour changer le monde. Aujourd'hui c'est pour que le monde, lui, ne me change pas.*»[38]

Et rien que cela, déjà, ce n'est pas rien!

8. UNE MÉMOIRE DE SEPT LIEUES

«*Il est sur la route sans avoir quitté la maison,
il est dans la maison sans avoir quitté la route.*»

Proverbe chinois

Mentir suppose beaucoup de mémoire. Encore davantage quand c'est pour vrai, car le menteur, dans ce cas, peut être amené à se recouper et il ne faut pas qu'il en résulte un démenti à sa construction fallacieuse. Son mensonge ne tient au vrai qu'en

---

38. Henri Gougaud, *L'arbre aux trésors*, p. 379.

vertu de son organisation interne et celle-ci ne tient ensemble que si la mémoire est en mesure de s'assurer que chaque élément est bien à sa place.

Un conteur est un narrateur qui ment sans être lui-même tenu pour menteur et, pour l'avoir assez répété, je n'ai plus personne à convaincre. C'est surtout quelqu'un qui se souvient, c'est-à-dire qu'il a mémorisé un récit transmis jusqu'à lui par des suites indéfectibles de narrateurs antérieurs. Car la menterie qu'il débite n'est pas de son fait: il n'en est que le vivant dépositaire, le nécessaire relais dans l'attente qu'un auditeur se sente suffisamment attiré par le récit qu'il veuille s'en faire le vecteur à son tour. Le conteur raconte vraiment [au sens originel d'une manière vraie] un mensonge avec d'autant plus de bonne conscience qu'il n'en est pas l'auteur, mais le rapporteur. En bref, son activité énonce par elle-même cette vérité si simple, mais qui se complique de devoir côtoyer une réalité au statut précaire: «*Je vais vous dire une menterie que j'ai entendue.*»

La qualité de la mémoire qui est en œuvre chez le conteur appelle quelques commentaires. Artiste populaire au sens obvie du terme, bonimenteur, «*maître de paroles*», le conteur ne mémorise pas le récit au mot à mot, sauf dans le cas des formules qui y sont contenues. Une telle éventualité exigerait une formation excessivement longue comme ce fut la cas, selon César, pour les druides ou, pour utiliser un exemple africain, chez les Achanti. Dans cette communauté, le griot est capable de restituer les chroniques et les généalogies de son peuple sans erreur, au mot à mot, sous peine de mort.

Si la punition paraît disproportionnée en regard de la faute, c'est qu'on oublie vite que dans les sociétés orales, ce sont les mémoires vives qui servent de parchemin. On ne peut donc recourir à la technique du palimpseste sans abolir tout un pan du passé de la communauté. C'est ici qu'on apprécie la pertinence des propos d'Amadou Hampaté Bâ sur les vieillards vénérés comme de vivantes bibliothèques. Une erreur, un oubli qui se glisseraient dans la récitation sont proprement impardonnables, car, aucun document extérieur n'existant, on est dans l'impossibilité de remonter jusqu'à la source de l'erreur pour la rectifier.

D'un certain point de vue, chaque narrateur achanti œuvre dans l'absolu de sa mémoire. Il est la vivante tradition de sa nation, les archives sonores de son peuple. On comprend mieux, dès lors, l'importance que l'on donne à la mémoire dans une société orale où ne subsiste pas, parallèlement, une culture scripturaire. On saisit mieux aussi tout le respect dont on entoure ceux qui ont pour fonction de se rappeler. Camara Laye nous décrit comment on s'y prend, au Mali, pour acquérir une longue mémoire.

> *Pour développer leur mémoire, on préparait, à cet effet, des sauces apprêtées avec «l'intelligence du bœuf»* [nerf voisin de l'œsophage] *qu'ils consommaient avec une eau bénite, extraite du Coran [eau dans laquelle a trempé un verset du Coran]. C'est depuis cette date lointaine qu'il fut convenu que le plus ancien de la tribu des Condé de Fadama deviendrait le Bélën-Tigui ou Maître de la parole. Ainsi, à l'âge de quatre-vingt-dix ans, Babou Condé était devenu le «sac à paroles»*[39].

Le conteur traditionnel québécois n'a pas à se préoccuper du mot à mot pour deux raisons. Il n'est pas le dépositaire du récit historique et anthropologique de son milieu puisque, parallèlement à lui, une tradition savante s'en charge efficacement. Comme sa fonction ne recouvre que l'activité ludique de son milieu et qu'il n'est pas tenu au vrai – au contraire on encourage justement chez lui l'art traditionnel de mentir – il en découle qu'une mémoire des mots perd tout son sens au profit d'une mémoire gardienne d'images mentales organisées selon un canevas fourni par la collectivité, ce canevas étant le scénario du conte.

Le conteur traditionnel est donc un narrateur spécialisé, mais sa narration n'est pas l'objet d'une surveillance tatillonne ni cause de sanction s'il faillit à sa fonction. On ne requiert que la mémorisation du canevas qu'il a hérité d'une longue tradition narrative

---

39. Camara Laye, *Le maître de la parole*, Paris, Plon, 1978, p. 31.

dans laquelle il s'inscrit. Les mots par lesquels ce canevas devien-
dra conte dans la performance de la prestation oratoire lui appar-
tiennent en propre. Le conteur a donc tout loisir d'imprimer un
style personnel à un récit on ne peut plus conventionnel. C'est sur
ce point que tel conteur se démarquera ou non des autres.

On s'est longtemps émerveillé de la mémoire que semble re-
quérir la narration d'un conte. Il est facile de multiplier les exemples à l'appui de cette prétention. Conrad Laforte rapporte, dans
Menteries drôles et merveilleuses[40], qu'un de ses informateurs,
Ernest Gagné, lui racontait des récits qui duraient plus de trois
heures, ce qui est plus long que bien des tragédies classiques.

En fait, l'entreprise de la remémoration est loin d'être insurmontable surtout lorsque l'on s'avise que, tout compte fait, le conteur a
retrouvé spontanément, en les adaptant à ses propres besoins, les
vieilles techniques des arts de la mémoire de l'Antiquité[41].

La Fontaine dans une pseudo-fable, *Simonide préservé par les
Dieux*[42], raconte l'aventure qui arriva à ce dernier pendant qu'il
déclamait un poème spécialement écrit pour son hôte. Cependant, la source dont s'inspire le fabuliste est incertaine, ce qui
amène l'auteur à commettre quelques distorsions.

On a fait de Simonide de Céos [Céos, 556 av. J.-C. - Syracuse,
467 av. J.-C.] le père de la mnémotechnie pour l'aventure qui lui
advint et qui lui donna l'idée d'instituer un procédé mnémotechnique susceptible, à la demande, de lui restituer l'information
qu'il avait confiée à sa mémoire.

Simonide de Céos avait été rétribué à la moitié du tarif convenu avec son commanditaire parce que ce dernier jugeait que la

---

40. Conrad Laforte, *Menteries drôles et merveilleuses*, Montréal, Quinze, 1978,
p. 141.
41. Frances Yates, *L'art de la mémoire*, Paris, Gallimard [Coll. *Bibliothèque des
Histoires*], 1975, 434 p.
42. Jean de La Fontaine, *Simonide préservé par les Dieux*, in *Fables*, Paris, Garnier-Flammarion, 1966, Livre I, p. 62.

partie de l'œuvre commandée qui intéressait les Dioscures [Castor et Pollux] devait être acquittée par eux et non par lui. Un serviteur vint interrompre le marchandage en informant Simonide que deux jeunes hommes l'attendaient dehors avec un message important à lui délivrer personnellement. Simonide s'y rendit et il n'était pas aussitôt sorti que le toit de la maison de son hôte mesquin s'effondra, tuant tous les convives.

On procéda au déblaiement des débris, mais comme les corps des convives étaient horriblement mutilés, personne ne parvenait à les reconnaître. Simonide y réussit en se rappelant la place occupée par chacun d'eux pendant le banquet. Ce fait lui donna l'idée de la technique qui fit sa gloire. Cette mnémotechnique repose sur les lieux et les images.

Elle consiste en ceci: il s'agit de se représenter mentalement un édifice à l'architecture connue, de le parcourir, en pensée, pièce après pièce en confiant à chacune une image à se rappeler. Cette image s'associe soit à un mot, soit à une chose. Au moment de la remémoration, lors d'un discours par exemple, l'orateur n'a plus qu'à parcourir mentalement l'édifice [le lieu] et à demander au gardien de chacune des pièces l'image dont il est le dépositaire. L'ordre des lieux garantit la juste succession des images qui, à leur tour, donnent accès aux mots ou aux choses à se rappeler. Grâce à Simonide de Céos, l'homme se voyait doté d'une mémoire artificielle qui prolongeait sa mémoire naturelle.

Le conteur traditionnel ne procède pas autrement. Qu'a-t-il à se rappeler d'un conte qu'il aura à narrer? Une succession de lieux mémorisés sous forme d'images mentales. Cette technique est facilitée par la structure même du conte, qui consigne les déplacements d'un héros. Le conteur n'a plus qu'à bien le suivre comme un éclaireur lancé sur la piste d'un ennemi. Il est cependant plus avantagé que l'éclaireur qui, lui, doit constamment se tenir aux aguets, car il est menacé par l'imprévu. Le conteur connaît par avance l'itinéraire suivi par son héros. Les lieux par où il passe lui révèlent ce qu'il y fait, c'est-à-dire l'action du conte. Il m'introduit, par conséquent, dans sa géographie intérieure où, pourtant, ses héros évoluent tout en extériorité: leur psychologie est rudimentaire et leur physionomie à plat. Ce ne sont que des silhouettes dessinées entre l'ombre et la lumière, facilitant en cela le complexe projection-identification chez l'auditeur.

Le témoignage de Philippe Laforest, à qui je demandais ce qui se passait dans son esprit pendant sa narration de *L'île aux Couleuvres*, confirme le bien-fondé de la méthode de Simonide de Céos.

> *Il faut absolument voir un chemin; il faut absolument voir un cours d'eau; il faut absolument voir un bourbier, là; il faut absolument voir le dedans de la maison; il faut absolument voir le lit avec qui [dans lequel] je me couche. Puis je m'étonne: un homme qui pourrait pondre une personne, qui pourrait dire puis pas se rappeler les lieux puis se faire d'idées comme ça. Ça se peut pas! Pour moi, ça ne peut pas exister! Parce qu'une personne qui fait un livre, par exemple, il faut absolument qu'il [elle] écrive dans la [sa] tête puis qu'il se voie des images; autrement que ça, il le ferait pas. Inutile! Ça sert à rien!*

Le conteur ressemblerait, en cela, à un commentateur qui raconterait, en temps réel, à des spectateurs le film muet qu'on leur projetterait, un peu à la manière de l'accompagnateur qui ponctue les diverses séquences de morceaux appropriés. Sauf que dans le cas du conte, on a bien le commentateur, mais le film n'est pas projeté sur l'écran. L'écran reste blanc. Le film est projeté dans la tête du commentateur qui le raconte scène après scène à des auditeurs qui transforment ses propos en images mentales pour s'en faire un film intérieur. Tout bien considéré, le conteur agit à la manière d'un appareil de télévision où l'image se forme non pas sur l'écran cathodique comme on serait tenté de le croire, mais sur la rétine du spectateur. Dans le cas de la narration, le locuteur projette ses mots sur le tympan de ceux qui l'écoutent. Celui-ci leur tient lieu d'écran cathodique. Ils n'ont plus, dès lors, qu'à les traduire en images mentales. *«Ce que je te raconte, le vois-tu, ou ne fais-tu que l'écrire?»* objectait un conteur maya à D. Tedlock[43].

---

43. Paul Zumthor, *Introduction à la poésie orale*, Paris, Seuil, 1983, p. 235.

Puisque le conteur part de ses images mentales pour en imprimer de semblables dans le cerveau de ses auditeurs, il a intérêt à être concret et imagé, deux qualités qui sont l'apanage des bons locuteurs traditionnels. Cette vue des choses explique pourquoi le conteur aime le silence. «*Tais-toué, toué!*» lance Hermel Tremblay à sa femme qui veut glisser un commentaire dans son récit[44]. La réaction, pour brutale qu'elle paraisse, est cependant parfaitement compréhensible. Tout à la narration synchrone de son film intérieur, le narrateur ne peut se laisser couper la parole sous peine de décrocher de son récit. Il serait vite en porte-à-faux quant aux images qui se succèdent dans son esprit à la manière d'un film à la postsynchronisation inadéquate. Il perdrait le fil de son commentaire, tout se détraquerait en lui comme un projecteur déréglé laisse filer la pellicule.

Il n'a donc pas intérêt à laisser s'installer un élément sonore qui parasite de son bruit son récit, créant ainsi un décalage insurmontable entre ce qu'il dit et ce qu'il voit des images mentales qui défilent dans son imagination.

Une autre raison, pour laquelle le conteur n'aime jamais tant que le silence, tient au genre narratif de son art. Sa menterie, pour conserver toute chance de cohérence interne et la force qui lui vient de l'imaginaire et de la mémoire, est réfractaire aux irruptions du murmure quotidien qui ne dit que le réel plat. Leur amalgame est particulièrement corrosif pour le conte qui ambitionne de juxtaposer provisoirement une réalité fantomatique à celle qui est le lot accoutumé des auditeurs.

Des anecdotes abondent sur des conteurs de chantier, maîtres de parole trônant sur leur «*billochet*», lançant une botte de travail à un auditeur indélicat qui interfère de son bruit avec leur voix. Rappel à l'ordre brutal mais capital: sans le silence, le conte s'installe mal. Les spectateurs, au cinéma, en expérimentent parfois un succédané quand ils sont entourés de leurs semblables qui marmonnent et chuchotent pendant la projection.

---

44. Hermel Tremblay, *Le ruban vert*, recueilli par Luc Lacourcière et reproduit par les Éditions Sono, Montréal, 1975, p. 16.

C'est à ce point que l'on peut observer la différence radicale entre le discours légendaire et celui du conte. Dans la légende, nulle distanciation, car il n'y a pas de réalité illusoire dont on doive asseoir la crédibilité. Ici tout est vrai pour autant que le narrateur et les auditeurs sachent ce qu'est la vérité. Le discours colle de près au réel, l'épouse en s'y superposant, réduisant à la portion congrue l'imagination. Peu d'images, mais des faits qu'en tout temps l'auditeur peut contester ou confirmer. Un dialogue s'instaure, à l'opposé du monologue narratif du conte, appelé par la légende elle-même. Narrateur et auditeurs tentent tous deux de reconstruire une réalité qui échappe à l'entendement par un détail qui soudain fait surgir, au sein de l'ordinaire et du prévisible, un élément relevant de l'univers surnaturel. La grande affaire du narrateur est alors de convaincre de la véracité des faits par leur exacte relation et, pour y parvenir, il se transforme en témoin préoccupé du rapport le plus plat possible de ce qu'il a vu ou entendu. Le discours légendaire n'aspire pas au rang d'œuvre d'art et le narrateur ne fait pas figure d'artiste. C'est un honnête locuteur aussi anonyme et effacé que n'importe quel locuteur de son milieu. Cette qualité qui confine à la banalité leste son récit d'une bonne charge de crédibilité. Un narrateur trop brillant et exubérant ruine sa légende et fait douter de son authenticité. «*Maudit que t'es menteur!*» adressé à un conteur, a tous les accents d'un hommage sincère et admiratif, mais devient un affront public pour le narrateur de légendes, qui demande même réparation, à la limite.

Comme on le constate, la méthode mise au point par Simonide de Céos est simple, à la portée de tous et facilement adaptable à d'autres domaines: se remémorer le contenu d'un roman, préparer une entrevue, des examens, prononcer un discours sans ânonner.

Par les temps qui courent, la technique mnémonique du conteur pourrait peut-être raviver l'intérêt pour les choses de la mémoire frappées de discrédit à la suite du terrorisme abusif auquel son recours servait de justification: pensons à la récitation du catéchisme pour des générations de Québécois.

Déjà Socrate prévoyait le pire pour la mémoire dans sa confrontation avec l'écriture. Les âmes y seront rendues oublieuses, se plaint-il dans *Phèdre*, et les connaissances ne seront plus intérieures, participant de l'être entier, mais deviendront des excroissances extérieures à empiler dans des bibliothèques pour mieux les oublier sans s'en culpabiliser.

Les Ojibwa faisaient les mêmes observations, à Jenness, à propos des Blancs :

> *Nous savons ce que les animaux font, quels sont les besoins du castor, de l'ours, du saumon et des autres créatures, parce que, jadis, les hommes se mariaient avec eux, et qu'ils ont acquis ce savoir de leurs épouses animales... Les Blancs ont vécu peu de temps dans ce pays, et ils ne connaissent pas grand-chose au sujet des animaux; nous, nous sommes ici depuis des milliers d'années et il y a longtemps que les animaux eux-mêmes nous ont instruits. Les Blancs notent tout dans un livre, pour ne pas oublier; mais nos ancêtres ont épousé les animaux, ils ont appris tous leurs usages, et ils ont fait passer ces connaissances de génération en génération[45].*

Un retour modéré et tempéré aux arts de la mémoire aurait un effet salutaire sur le niveau culturel de la population. Comment arriver à penser, à argumenter, à créer si la mémoire est un lieu déserté par les connaissances? L'éducation moderne semble avoir généré un choléra cérébral pandémique. Faudra-t-il une catastrophe culturelle, comme le relate Ray Bradbury dans *Farenheit 451*, pour que les hommes retrouvent des vertus à se remémorer? Savoir un conte, n'est-ce pas être ce conte que l'on sait et qui, sans nous, s'évanouirait à jamais peut-être?

Sans la mémoire de leurs contemporains, que saurions-nous de Bouddha, Socrate et Jésus, les trois plus grands pédagogues qui furent jamais donnés à l'humanité. Ces trois penseurs n'ont pas cru bon ni même utile de confier à l'écriture leur sagesse,

---

45. Claude Lévi-Strauss, *La pensée sauvage*, Paris, Plon, 1969, p. 51.

sachant d'avance ce que saint Paul allait nous révéler: que c'est l'esprit qui vivifie alors que la lettre tue.

Écrits, leurs enseignements ont été prétexte à dogmatisation dans le cas de Jésus et de Bouddha dans une moindre mesure, et à esprit de système dans celui de Socrate, et non comme ils l'eussent voulu, règle de vie intérieure.

Les druides ont voulu éviter ce piège en renonçant délibérément à l'écriture pour transmettre leurs connaissances. D'aucuns regrettent la perte inestimable que cette attitude entraîna pour la civilisation. On ne saurait le contester sans être déraisonnable. L'autre point de vue conserve néanmoins sa valeur: à quoi sert de laisser à sa mort un legs mort pour le seul bénéfice des taxidermistes? Autant emporter avec soi, palpitant encore de vie, son mystère. Demeurant entier, il restera vivant.

9. DEUX OU TROIS LOIS QUE JE SAIS D'EUX

«Dans certaines entreprises un désordre circonspect est la vraie méthode.»

Herman Melville

L'homme organise son action avant de la penser, écrivait avec justesse André Varagnac, et cela est aussi vrai des récits que son goût pour la fabulation l'amène à inventer. Le conteur traditionnel n'est pas un théoricien qui se construit un corpus de règles qu'il teste dans des narrations *«had hoc»*. Il obéit plutôt à des nécessités narratives davantage senties que réfléchies. C'est parce qu'un corpus de contes existe qu'on a pu en déterminer des lois fonctionnelles, et non pas l'inverse. Il en est des contes comme de l'homme, en somme: c'est parce que l'homme est que l'on sait comment il devait être. Il n'est pas si paradoxal de soutenir qu'il fallait d'abord l'homme pour penser l'homme ensuite, qu'il faut un cerveau pour explorer le cerveau et savoir parler une langue pour investiguer les mécanismes intimes de la parole.

Des innombrables lois qu'on a déduites de l'activité festive de conter, j'aimerais en souligner trois qui revêtent un intérêt particulièrement spectaculaire pour l'auditeur.

D'abord le règne de la fatalité ordinaire. Informé fortuitement de l'oracle qui fait peser sur lui un acte de parricide, Œdipe quitte le toit paternel pour échapper à son destin. C'est précisément parce qu'il fuit son père qu'il le tue. Car le malheureux ignore que celui qu'il a toujours pris pour son père ne l'était pas – c'était son père adoptif et il ne relevait donc pas de la juridiction de l'oracle – et que celui avec qui il se querellerait jusqu'à mort d'homme pour une question de préséance, Laïos, était en fait son géniteur.

Nous voici de plain-pied dans le règne de cette fatalité ordinaire dont j'énonce à nouveau le principe: il arrive que tout ce que l'on fait pour éviter qu'une chose se produise, c'est justement tout ce qu'il faut faire pour que cette chose se produise, et elle n'y manque pas. Le héros ne veut pas désobéir, mais il est mis dans une situation telle où, tout en cherchant à obéir, il ne réussit qu'à désobéir et à lancer le conte sur son erre. Ou encore, il tente l'impossible pour faire mentir le décret de la Destinée, y désobéir en somme. Mais son refus d'obéir l'entraîne irrévocablement à obéir, comme nous l'a montré la biographie d'Œdipe. La fatalité est un impératif catégorique qui ne connaît pas d'exception ni ne souffre de dérogation. Elle a bien eu lieu, la *Guerre de Troie [qui] n'aura pas lieu*[46]!

Dans l'univers du conte, la Belle au Bois Dormant offre une illustration parfaite de cette loi. Dans la version la plus répandue, une méchante sorcière qu'on avait volontairement omis d'inviter au baptême de l'héroïne, lui jette un mauvais sort: la Belle se piquera à une aiguille et mourra. S'endormira, d'atténuer les fées marraines. Et l'on sait l'étroite parenté étymologique qui unit fée et fatalité.

---

46. Jean Giraudoux, *La guerre de Troie n'aura pas lieu*, Paris, Livre de Poche, 1964, 252 p.

Pour écarter cette cruelle éventualité, on bannit toutes les aiguilles du royaume. On connaît la suite. Dans une chambre coupée du reste du monde, loin sous les combles du château, filait une vieille qui n'avait pas eu vent de l'interdit.

Poussée par une curiosité irrépressible, la Belle explore le château, arrive au réduit de la fileuse et, mue par une force qui échappe à sa volonté, s'empare de la quenouille de la vieille et s'y pique le doigt. Eût-elle été élevée entourée d'aiguilles que la belle princesse ne se serait peut-être jamais piquée, peu attirée par un objet d'aussi banale allure. En voulant la soustraire à tout danger, ses parents n'ont fait que l'y précipiter.

De tels exemples, on pourrait les multiplier à l'envi, et je laisse à chacun le soin d'en débusquer dans sa mémoire.

Les deux autres lois[47] entretiennent entre elles des rapports de connivence. Elles ont trait aux métamorphoses et à la délivrance du fabuleux sortilège.

La première de ces deux lois peut s'énoncer ainsi: la victime d'une métamorphose sait comment s'en délivrer mais ne peut le faire. Et le désensorceleur – c'est la seconde loi – qui peut délivrer le métamorphosé ignore qu'il doit le faire et comment procéder. Beau chassé-croisé: celui qui sait ne peut pas et celui qui peut ne sait pas. La grande affaire du conte consiste à harmoniser les desseins. Celui qui sait doit apprendre à celui qui peut mais ne sait pas qu'il peut justement! Cela ne va pas toujours de soi et celui qui peut se montre souvent réticent, car, habituellement, celui qui sait exige de celui qui peut un acte qui ne trouvera sa justification salvatrice qu'après coup, une fois que la métamorphose incommodante aura cessé.

Un acte de foi est donc requis de la part de celui qui peut envers les injonctions de celui qui sait. Qu'un cheval loquace prie

47. Joseph Campbell, *Les mythes à travers les âges*, Montréal, Éditions du Jour, 1993, p. 271.

son maître qu'il a bien servi, de lui couper le cou, la chose ne va pas d'elle-même. À ce point névralgique du récit, l'auditeur aurait envie de révéler à celui qui peut les tenants et les aboutissants de son action. Mais en bon auditeur, il est tenu par un strict devoir de réserve et il doit se taire. Son intervention inopinée ruinerait le conte qui exige, pour que le merveilleux opère dans semblable cas, un rapport de confiance absolue de celui qui peut envers celui qui sait. Nous sommes ici en territoire connu ainsi que l'atteste l'adage: «*Si jeunesse savait, si vieillesse pouvait.*» Jeunesse qui peut ne sait pas, vieillesse qui sait ne peut pas!

Quant à la réticence du héros à délivrer un être ensorcelé par un geste souvent brutal – trancher le cou, couper la queue, etc. – ou, de prime abord, répugnant – embrasser une grenouille, épouser une bête affreuse – elle est tout à fait compréhensible et relève de la plus élémentaire psychologie.

Pour illustrer le dilemme du désensorceleur et la difficulté qu'il éprouve à se rendre à une évidence qui saute aux yeux de tous les auditeurs et qui semble n'aveugler que lui, j'ai un jour amené à mes collégiens deux grenouilles. Comme il se doit, j'ai fait précéder mon exhibition d'une mise en scène narrative. Dans mon sommeil, ai-je raconté, une fée m'est apparue et m'a mandé d'aller dans la mare près de chez moi chercher deux grenouilles qui sont en réalité deux personnages de haut lignage: un prince et une princesse qui croupissent sous cette forme pour avoir mécontenté une méchante sorcière. Je devais les apporter à mes collégiens afin que ces derniers les délivrent de leur fâcheuse situation par le prévisible baiser. La grenouille délivrée par le baiser d'un garçon s'avérerait une princesse et celle délivrée par le baiser d'une fille, un prince. La fée s'engageait à ce que les sexes soient adéquatement distribués aux grenouilles, selon qu'on était désensorceleur ou désensorceleuse.

Si l'exhibition de mes deux batraciens produisit son petit effet – l'un des deux s'échappa de ma boîte et arpenta la classe en bonds vigoureux – personne ne voulut satisfaire à la demande de la fée de mon songe, même si tous consentirent à leur toucher. On a ri beaucoup, mais on n'a délivré personne, car pas un n'accordait créance à mon histoire. En ce jour mémorable, mes batraciens se démenèrent vaillamment pour rien, beaucoup trouvant ridicules leurs bonds maladroits. Voilà ce qui arrive quand on se mêle de juger des grenouilles à leur manière de sauter.

Bien sûr, mes grenouilles ne parlaient pas, ne faisant que coasser! Mais n'était-ce pas précisément ajouter un obstacle supplémentaire pour rendre encore plus éclatante la délivrance! Bien sûr que ceux que j'interpelais ne se considéraient pas dans un conte et, partant, ne croyaient pas au boniment que je leur débitais. Bien sûr que tous auraient aimé assister à un prodige et chacun protestait de sa sensibilité au merveilleux, mais personne n'allait jusqu'à se compromettre en sa faveur. Encore faut-il prendre en compte le caractère traditionnellement repoussant des batraciens, animaux à sang froid, à la peau visqueuse. Inconvénient pourtant mineur en regard d'un résultat inespéré!

Mais ces raisons expliquent-elles tout? À leurs protestations hilares et à leurs dénégations irrésolues, j'avais beau jeu d'opposer que, tout comme eux, les héros d'un conte ignorent qu'ils sont de simples personnages, des êtres de mots et qu'ils sont dans un conte. Eux aussi se croient dans la vraie vie et comme nous rêvent qu'elle est ailleurs. Comment pourraient-ils l'apprendre autrement que par le conteur lui-même, et cette science serait fatale au conte: elle en ruinerait les assises. Quant au conteur, il est lui-même piégé par son récit, lié par le déroulement prévisible et inexorable de la trame narrative. Qu'empruntant au modèle de *Monsieur Teste* de Paul Valéry, il se dédouble et s'observe en train de conter en vertu d'un acte improbable de conscience réfléchie, cette situation paralyserait vite son élocution et le ferait trébucher immanquablement comme celui qui, tout en courant, regarde ses pieds se poser sur les marches d'un escalier. Une telle attitude serait inédite dans les milieux traditionnels de transmission orale et aurait vite fait d'intéresser les ethnographes.

Il y a un post-scriptum à cette expérience. Un peu triste, je rapportai chez moi mes deux grenouilles déconfites, tout occupé par le monologue intérieur que j'entretenais à plaisir. Je me disais: «*Nous sommes définitivement sur l'irrécusable plancher des vaches. "Il n'y a plus d'Amérique", plus de nulle part ni d'ailleurs à coloniser par nos rêves et des menteries autorisées.*» J'avais tort, bien sûr, de penser ainsi. Il y a et y aura toujours d'autres Amériques pour les âmes de bonne aventure, pour peu qu'elles s'en donnent la peine. Mais on n'a pas toujours le cœur à la sérénité pour constamment faire la part des choses. Je vis depuis dans une certaine perplexité: près de chez moi, il y a peut-être un prince et une princesse qui croupissent en la condition peu commune de grenouilles dans l'eau stagnante d'une mare à cause du scepticisme inentamable d'une vingtaine de collégiens en Lettres du Cégep d'Alma. Ma foi, ma grand-mère, dans son solide bon sens, avait bien raison de dire: «*Dans sa peau mourra le crapaud!*»

10. CONTEURS, INTERPRÈTES ET DISEURS DE BELLES AVENTURES

> «*Je fabule, mais ce que je dis devient vrai par la suite.*»
>
> André Malraux

Aujourd'hui, alors qu'on en croyait la forme moribonde, l'art de conter reprend vigueur et le conte revient sous des avatars parfois inattendus. Les jeux interactifs par exemple, dont le plus universellement connu, ce me semble, est Super Mario Bros de la compagnie Nintendo. Au fur et à mesure du déroulement du jeu et au fil des interventions adéquates du joueur, nous assistons au développement d'un conte, de la situation initiale à sa conclusion logique. En fait, Mario, ce petit plombier plein de ressources de Brooklyn, délivre une princesse prisonnière d'un dragon après avoir franchi avec succès une série d'épreuves obligées grâce au concours informé du joueur. Mario n'a de vie et de chance de survie dans son dangereux périple qu'en vertu de l'usage adroit des diverses manettes qui le font se mouvoir, échapper aux pièges, mériter des objets magiques ou des surcroîts d'existence. Il est en quelque sorte un golem vidéo-électronique, un zombie nouvelle manière habité par l'esprit du jeune manipulateur. Et il n'est pas plus bel exercice, pour un pédagogue, que de demander à ses élèves de raconter l'histoire de Mario. «*Il était une fois, un petit plombier de Brooklyn...*» Ce faisant, le conte passera de sa forme non dite, mais pourtant explicite, à une forme dicible quelconque selon le talent du narrateur.

Si d'aucuns ont annoncé un peu vite la mort du conteur traditionnel, le conte, quant à lui, n'en continue pas moins de manifester une vitalité pas si étonnante qu'on voudrait bien le laisser croire.

La soif d'un merveilleux conventionnel est demeuré inentamée même avec l'arrivée de moyens électroniques et visuels. Bien au contraire, ces moyens en décuplent les possibilités, pour peu que l'imagination soumette ces avancées technologiques qu'elle a engendrées. L'apparition, ces dernières années, de la réalité virtuelle propulsera le joueur à l'intérieur même du récit, accompagnant le héros à titre d'auxiliaire magique, sur la route tumultueuse de sa quête. Et qui sait, deviendra-t-il peut-être lui-même le héros auquel ces aventures arrivent à la manière de ces livres qui donnent au lecteur une emprise limitée par le choix sur l'évolution de l'histoire.

Mais avant que la technique rattrape l'imagination et – comme c'est souvent le cas – emportée par son propre mouvement, la dépasse, si ce n'est pas déjà fait, plusieurs secteurs de la vie culturelle maintiennent vivante une tradition immémoriale. Les publications sur le sujet se multiplient et en multiplient les versions disponibles; des colloques s'organisent, des conférences ont lieu; des musées montent des expositions tantôt audacieuses, tantôt modestes sur ce thème.

De nouvelles manières de conter s'imposent, qui remplacent la prestation traditionnelle du conteur. Par activité professionnelle autant que par goût personnel, j'ai été mis en contact avec plusieurs manières de dire les contes.

La plus ancienne d'abord, celle du conteur du cru dont j'ai recueilli et filmé quelques performances, qui a pour seuls supports sa mémoire au service d'un canevas traditionnel, et les ressources de son verbe. Il m'est toujours apparu – et je sais que cette image paraîtra étrange à plusieurs, mais ne discute-t-on pas justement du merveilleux? – comme un funambule qui se jette dans le vide sur un fil improbable qui se crée pas à pas devant lui. Seules l'autorité de son art et la foi en sa rhétorique, qui reposent pour une bonne part sur le consensus de sa communauté, le maintiennent en équilibre dynamique au-dessus du gouffre qu'il arpente d'un pied assuré ou pas, selon les cas.

Qu'il vienne jamais à perdre le fil de son récit, que sa mémoire défaille et c'est la prévisible catastrophe: le conteur s'engouffrera dans le trou noir de sa mémoire. Il tombera d'une chute dont le conte ne se relèvera pas, du moins pour cette prestation-là. On mesure dès lors jusqu'à quel point le silence des auditeurs est un moment dramatique qui assure la nécessaire tension au fil discursif du conteur!

Les vrais artistes, qu'ils soient populaires ou de formation académique, savent bien jusqu'à quel point conter, abordé sous cet angle, c'est courir un risque qui engage toutes les ressources intellectuelles du prestataire. Et je n'envisage pas l'angle émotionnel.

De ma rencontre avec Jacques Labrecque qui a mis les ressources nombreuses de sa belle voix au service de la chanson traditionnelle, j'ai été mis en contact avec une autre forme de narration. Nous avons longuement, lui et moi, échangé sur la manière dont il voulait aborder le conte à l'occasion d'un disque[48] qu'il préparait et pour lequel il sollicitait ma participation.

Je lui proposai, à cette époque, de mémoriser le canevas traditionnel des contes, d'organiser ces récits sous forme d'une succession d'images mentales qu'il n'aurait plus qu'à mettre en mots au

---

48. Jacques Labrecque, *Contes et légendes*, Les Éboulements, Éditions du Patrimoine, 1990.

moment où chacune d'elles, selon l'ordre qui lui serait imparti, se présenterait à sa mémoire. En fait, il n'avait qu'à se monter une collection d'images mentales, un répertoire visuel selon l'antique suggestion de Simonide de Céos.

Cette idée le plongeait dans une sorte de désarroi, dans l'expectative pour le moins. J'ose croire que c'était l'effet du vertige devant ce vide dans lequel se jette sans filet le conteur traditionnel et qu'il arrive à franchir mot à mot sur le fil instable de son discours! Jacques Labrecque ne pouvait envisager, comme seule prestation possible, que la lecture fidèle de la transcription précise d'un conte recueilli de la bouche même d'un conteur traditionnel.

Là où un conteur traditionnel aurait à coup sûr bafouillé et se serait emmêlé dans son récit, c'est-à-dire la lecture, Jacques Labrecque arrive à faire vivre la narration originelle d'une nouvelle vie par une lecture vivante, vibrante, tout en nuances, à l'articulation ferme, dans une diction qui constitue un compromis entre la norme et la mollesse, épousant le rythme de l'informateur.

Le résultat est étonnant et convaincant pour la raison que Jacques Labrecque, ayant derrière lui une longue carrière, est un artiste consommé qui, à force de discipline, a acquis la maîtrise parfaite de sa voix. En pleine possession de son instrument, il le met au service de la culture populaire sans compromis ni flatterie. Si on ne peut, dans son cas, utiliser le titre de conteur, on peut sans aucune restriction lui accoler celui d'interprète de nos contes traditionnels. Et si ses lectures offrent une telle vigueur, c'est qu'il s'est approprié ses textes au point de les savoir presque de mémoire.

Cette attitude s'explique autant par la formation artistique de Jacques Labrecque – il a une formation de chanteur classique; c'est d'ailleurs un baryton Martin – que par le respect presque intransigeant qu'il a toujours manifesté envers les textes qu'il eut à interpréter. Pour lui, ils revêtent l'aspect de textes sacrés auxquels on ne doit rien changer quant à la lettre, à la mélodie et à l'esprit.

Jani Pascal offre une autre modalité d'interprétation des contes traditionnels. J'ajouterais qu'elle pousse un peu plus loin que Jacques Labrecque son attachement au texte, allant jusqu'à le mémoriser, à une nuance près cependant: tout en s'attachant à conserver fidèlement le canevas traditionnel, elle en fait une adaptation qui en facilite la mise en mémoire. Déjà le titre de son premier recueil renferme le programme qu'elle s'est imposé: *Contes à raconter et à écouter*. Lorsqu'elle présente ses spectacles, elle se prive volontairement du support matériel de la feuille imprimée, repère pour la lecture, ancre pour la mémoire. Jani Pascal parle ainsi de son apport original:

> *Cet apport consiste à réécrire le conte en lui insufflant un rythme verbal qui préserve à la fois la clarté des idées et la cadence respiratoire, laquelle, s'alliant aux intonations de mise, actualise le conte en le rendant vivant, c'est-à-dire présent aux yeux et à l'imagination des spectateurs*[49].

On conçoit aisément que cette manière de faire amène Jani Pascal à renouer intuitivement avec le courant mimo-rythmique initié naguère par Marcel Jousse dans ses célèbres études consignées dans sa trilogie *Anthropologie du geste*.

D'une certaine manière, elle réactualise la situation du conteur traditionnel à une exception près. Alors que ce dernier recourt à sa mémoire visuelle et aux ressources ponctuelles de son verbe qui variera de prestation en prestation, Jani Pascal joue en entier sa performance sur l'indéfectibilité de sa mémoire du mot à mot, et le fil sur lequel elle évolue est plus fragile que celui du conteur traditionnel. Cependant que ce dernier peut toujours rattraper un faux pas puisqu'il n'est pas fixé par avance une fois pour toutes, un trou de mémoire pour la diseuse s'avère fatal puisqu'il ouvre sur le gouffre déjà évoqué; il n'y a pas de filet de sécurité pour la protéger, si ce n'est les ressources d'une forma-

---

49. Jani Pascal, *Contes à dire et à écouter*, Montréal, Guérin [Coll. *Culture populaire*], 1988, pp. 12-13.

tion en art d'interprétation longuement assimilée au point de s'en être fait une seconde nature. «*Plus un acteur travaille,* disait Jean Cocteau, *plus il supprime les marques du travail.*»

Si Jacques Labrecque et Jani Pascal sont tous deux, selon leur modalité propre, au service de la tradition populaire et, au besoin, aimeraient s'effacer derrière elle, d'autres artistes y vont plus carrément et revendiquent le statut de créateur. Leur ambition les amène à se positionner en prolongement de la tradition orale, en continuateur. Les contes qu'ils livrent au public, ils en sont les auteurs. Les résultats sont inégaux. Si d'aucuns peuvent encore s'inscrire, quant à l'esprit, dans une certaine tradition orale, d'autres, conformément à une individualité créatrice revendiquée et affichée, n'offrent tout au plus que des nouvelles travesties où le je est évoqué en contravention flagrante avec ce qui se vit dans les milieux traditionnels dans lesquels, pour reprendre une formule chère à Blaise Pascal, «*le moi est haïssable*». Le moi individuel s'entend, et non ce moi social agrégé à la collectivité.

En somme, avec ces créateurs – on ne peut à l'évidence leur refuser ce titre – on entre dans la littérature savante avec ce lot d'ambiguïtés qu'elle entretient avec la littérature populaire et le flou supposé ou réel avec lequel elle aborde la typologie des genres. Contes, légendes, contes fantastiques, nouvelles, autant d'appellations non contrôlées revendiquées à tort ou à raison selon les besoins du moment. Une catégorisation des genres à laquelle répugne nombre de créateurs, on le conçoit, reste à faire pour rendre à chacun son dû.

Dans ce cas comme dans beaucoup d'autres, il devient nécessaire de mettre les mots en harmonie avec la vérité des choses pour reprendre une claire exigence de Confucius. Il faudra éviter, cependant, de remplacer le mou actuel des concepts par une pétrification des genres.

Quoi qu'il en soit, ce regain récent pour la grande tradition orale du conte, malgré ou à cause de son caractère parfois anarchique, son foisonnement et son enchevêtrement parfois inextricable, prouve, s'il en est encore besoin, que l'art de conter est plus vigoureux qu'on le donnait à croire et qu'il n'est plus l'alibi commode d'une nostalgie de bon aloi du Temps des Fêtes.

·Quant à ceux qui voyaient dans les nouvelles techniques de diffusion la fin d'une expression traditionnelle, qui vaticinaient un peu vite sur sa possible disparition à l'instar de maître Frolo dans *Notre-Dame de Paris* de Hugo: – «*Ceci tuera cela*», affirmait-il d'un ton péremptoire en opposant la récente apparition du livre aux séculaires livres de pierre que sont les cathédrales – la situation actuelle où les collectivités tentent de se créer des solidarités nouvelles leur prouvent assez que ceci se métamorphose en cela, qu'il n'y a pas loin de Ti-Jean à Mario Bros. Et cela se fait naturellement, en bonne logique; la métamorphose n'est-elle pas l'une des règles les plus fréquentes du conte? Déridons les esprits chagrins en leur rappelant que le conte a une manière d'être mort qui est bien vivante et une agonie bien portante.

11. UN ART DE LA SOCIABILITÉ

> *Le conte de Fai li Mas était comme le haschich.*
> *Quand il eut terminé, tous étaient plongés*
> *dans un évanouissement bienfaisant.*
>
> Frobenius

Quand j'entre dans un lieu public – restaurant, gare d'autobus, salle d'attente chez le médecin ou le dentiste – et que j'ouvre un journal ou un magazine, ce geste pourtant banal des millions de fois répété par d'autres, m'isole immédiatement du reste de mes frères humains. Un halo invisible et pourtant respecté se crée autour de moi; mon espace péricorporel se dilate, ma sphère privée se gonfle. Un accord tacite existe qui stipule qu'on ne saurait déranger quelqu'un dans sa lecture, qu'un lecteur est un individu qui se déconnecte de son milieu environnant, qu'il ne souhaite plus provisoirement l'échange convivial avec ceux de son espèce.

Il est comme dans une bulle, replié sur lui-même tel qu'en lui-même il aime être. Certains vont jusqu'à feuilleter des imprimés qui ne les intéressent pas, pour ne pas à avoir à lier conversation avec leurs voisins de chaise sans pour autant passer pour impolis. Commode méthode de rentrer en soi-même au sein de la vie communautaire, de refuser, tout en ayant l'air de ne pas le vouloir, de prendre langue. Un de mes étudiants a même proposé, dans un texte de facture poétique, un beau calembour sur le mot bibliothè-que: *bulle-bibliothèque*, pour bien illustrer qu'on ne saurait jeter des ponts sur les vides absolus qui séparent les lecteurs isolés les uns des autres par leur lecture. Le mot donne à voir et à penser.

En inventant la presse à imprimer aux caractères mobiles, Gu-tenberg a opéré une solution de continuité entre l'auditeur de récits relevant de l'orature et le lecteur désormais livré tout entier à lui-même, capable de «*néantiser*» – l'expression est de Jean-Paul Sartre – le monde autour de lui pour s'en créer un justiciable de sa seule fantasmagorie abreuvée par sa lecture. Gutenberg n'a pas inventé le livre, mais en a multiplié indéfiniment les exemplaires. La rareté du manuscrit a fait place à la prolifération de l'imprimé à tel point que chacun pouvait aspirer à la possession d'un bien jusque-là réservé à une infime minorité. Ce que Gutenberg a modi-fié, renouvelé, c'est le rapport à la lecture.

Dans l'antiquité classique, la lecture était redevable à la voix plutôt qu'aux yeux. Du moins est-ce ainsi que saint Augustin nous informe du comportement de saint Ambroise qui, lisant si-lencieusement dans la solitude de sa cellule monacale, piqua la curiosité de son visiteur pour qui une telle attitude paraissait étrange. Un tel étonnement montre bien que le comportement de saint Ambroise était très en avance sur son temps en regard des pratiques contemporaines de saint Augustin, pour lequel lire ne s'envisageait qu'à voix haute même si on était seul. Le dit, le lu et l'écrit faisaient encore corps à cette époque: on ne pouvait lire pour soi-même sans solliciter la voix.

En répandant le livre et en en facilitant la possession privée, Gutenberg a opéré un véritable retournement de la pensée occidentale, inaugurant l'ère de l'individualisme. Le rapport à la pensée et à l'œuvre d'un auteur lui-même désormais identifié et personnalisé, devenait chose privée et solitaire. La lecture se fit silencieuse.

L'invention de l'imprimerie a donné le branle nécessaire à l'épanouissement du roman, récit de longue haleine et de patiente lecture, dans lequel on entre, on s'installe; duquel on sort pour y revenir quelque temps plus tard et retrouver le fil du récit à l'endroit exact où l'on avait marqué sa sortie par un signet ou une page cornée. La lecture est une activité qu'on peut ajourner au gré des nécessités de la vie quotidienne, car l'impression conserve à l'état fixe un récit par-delà les multiples lectures qu'on en fait.

Il en va tout autrement dans l'orature. La prestation orale a quelque chose de définitif et d'irréversible quand elle n'est pas la réactualisation d'une mémorisation au mot à mot. Toute orature est donc sans retour. Un même conte raconté par un même conteur en deux prestations successives ne sera pas formulé de la même manière. Les circonstances différeront selon la réceptivité de l'auditoire, l'état d'esprit du conteur ou d'autres facteurs impondérables. Chaque conte est, en ce sens, un événement et si le canevas, par définition, est attendu, la narration demeure imprévisible.

Un trait décisif démarque le conte, art de haute orature, de la lecture: c'est son caractère profondément convivial. Conter est une activité consensuelle, communautaire. Pas de conte sans auditoire. Activité relationnelle par excellence, le conte n'existe ni chez le conteur, sauf à l'état d'un répertoire organisé d'images mentales en puissance de narration, ni chez l'auditeur qui attend tel une tablette de cire vierge qu'on daigne bien y consigner un récit. Le conte est entre ces deux complices noués entre eux pour permettre l'instauration d'une possible orature. Il existe entre. C'est une activité éminemment relationnelle et conviviale.

«*Les mots ont besoin d'un berger*», aimait à répéter Gaston Bachelard. Le conteur se fait berger de mots et nous offre le spectacle grandiose de leur transhumance solennelle de sa bouche à nos oreilles. Et si chaque mot profère son bruit particulier, c'est leur rumeur unanime qui frappe l'esprit pour y imprimer une mosaïque narrative.

La parole va donc du narrateur vers les auditeurs comme une brebis vers son pâturage; étant une à l'émission, elle se fragmente et se diversifie à la réception selon la sensibilité de chacun. L'unique retour, le seul écho que peut en espérer le conteur, c'est la qualité singulière du silence de l'auditoire, car tout muet qu'il soit, le silence parle autrement: par la pause, l'expression particulière du visage et générale du corps, la respiration, les gestes. De là, il se formera une idée de l'appréciation de son propos.

Sous sa forme pure et achevée, l'orature ne peut se conserver que dans la mémoire des narrateurs et dans celles des auditeurs qui sont, soulignons-le, autant de narrateurs potentiels. En l'absence de tout autre moyen de conservation, la seule manière de perpétuer un patrimoine oral, c'est de le transmettre, créant de ce fait de lointaines chaînes de transmission temporelles qui devront parer aux aléas de l'Histoire et des démissions sociales. J'insiste sur ce dernier point. Qu'une communauté se désintéresse de son patrimoine intellectuel, si aucune écriture n'en a fixé un état narratif quelconque, c'en est fait du contenu de son orature.

On mesure combien les liens que le conteur, artiste de la sociabilité, tisse avec son auditoire sont d'une autre espèce que ceux qui s'établissent entre un lecteur et un livre. Si la lecture d'une œuvre peut être différée sur des siècles parce que le livre en a été égaré puis retrouvé longtemps après, on ne saurait imaginer de solution de continuité qui ne mettrait pas en danger la transmission orale.

Le récit doit sans interruption transiter de bouche en bouche pour franchir les barrières temporelles et échouer, un jour ou l'autre, dans nos oreilles. C'est dire à quel point l'indéfectibilité des narrateurs qui se sont succédé à travers les âges crée une solidarité humaine peu commune qui, si on en remontait les maillons, nous ramènerait à la nuit des temps. Dès lors, comment ne pas se sentir d'une même humanité à travers le temps et d'une même race, et ne pas éprouver une certaine intégration des consciences par-delà les époques!

On peut concevoir une bibliothèque sans lecteurs, mais pas d'orature sans narrateurs et auditeurs associés. Si le livre apparaît, extirpé de sa poussière, comme un sarcophage bourré de mots momifiés en attente de la résurrection opérée par la lecture, on ne saurait en exiger autant d'un conteur mort qui aurait emporté avec lui ses récits. Aucune orature n'est jamais sortie de cadavres. En témoigne la caste des druides qui s'est éteinte sans laisser de trace d'une littérature nationale qu'elle n'a jamais voulu confier à l'écriture, tellement était grande sa foi en la pérennité des institutions humaines. Pourtant on a exhumé *L'épopée de Gilgamesh*, consignée sur des tablettes d'argile en écriture cunéiforme, de Ninive ensevelie pendant des siècles sous les sables.

L'écrivain confie son œuvre à un support qu'il espère, le cas échéant, voir survivre à sa propre culture. Le conteur ne peut revendiquer la même prétention. Du moins est-il en droit de s'enorgueillir de la foi qu'il investit dans ses frères et en sa culture quand il répand ses récits dans un geste de commune solidarité.

Une bibliothèque est un lieu mort où des œuvres durent dans l'attente de lecteurs vivants. Une tradition orale est un milieu vivant où des œuvres risquent sans cesse de mourir si leurs dépositaires font défection. Telle est à la fois la force et la fragilité de l'orature: c'est la force et la faiblesse mêmes de l'homme.

S'il est une forme d'expression avec laquelle le conte peut revendiquer un quelconque cousinage, c'est l'art dramatique. Voilà une activité artistique hautement conventionnelle et ritualisée, des trois coups qui annoncent le lever du rideau au rideau final qu'on rabat derrière les acteurs saluant les spectateurs. Même silence, même contemplation d'une action sont exigés du spectateur et de l'auditeur.

Paul Claudel, dans *L'échange*, fait parler ainsi Lechy Elbernon de son métier d'actrice:

> *L'homme s'ennuie, et l'ignorance lui est attachée depuis*
> *sa naissance.*
> *Et ne sachant de rien comment cela commence ou finit,*
> *c'est pour cela qu'il va au théâtre.*
> *Et il se regarde lui-même, les mains posées sur les genoux.*
> *Et il pleure et il rit, et il n'a point envie de s'en aller.*
> *Et je les regarde aussi, et je sais qu'il y a là le caissier*
> *qui sait que demain*
> *On vérifiera les livres, et la mère adultère dont l'enfant*
> *vient de tomber malade,*
> *Et celui qui vient de voler pour la première fois,*
> *et celui qui n'a rien fait de tout le jour.*
> *Et ils regardent et écoutent comme s'ils dormaient*[50].

Ces mots-là sortiraient de la bouche d'un conteur qu'ils n'étonneraient personne, surtout pas des auditeurs coutumiers de ces narrations. Toute activité ludique apaise l'activisme de la raison critique, soutenait Freud, et soulage. «*Le sommeil de la raison engendre des monstres*», inscrivit Goya sur l'une de ses œuvres, et des merveilles aussi, n'a-t-il pas eu l'heureuse idée d'ajouter. En somme, tous ces témoignages qui s'étayent les uns les autres, montrent bien qu'«*Hypnos est un dieu très aimé des Muses*» [Novalis]. J'ai insisté ailleurs sur l'état de subjugation de l'auditeur que décrit parfaitement Frobenius dans la citation en exergue à ce chapitre.

En raison de cette faculté singulière, certains critiques ont pu craindre ou laisser entrevoir que, mieux que la religion suivant Karl Marx, le conte est «*l'opium du peuple*». Que cet art de la sociabilité où des hommes se réunissent pour se taire et laisser les mots, ces «*abeilles de l'invisible*» – la métaphore est de Rilke – faire du miel de leur imaginaire, devienne un instrument puissant de socialisation réussissant ainsi à rendre souvent tolérable un univers scandaleusement inacceptable, qui le contestera?

---

50. André Alter, *Claudel*, Paris, Seghers, 1968, p. 37.

Halte intemporelle au sein d'une continuité irréductiblement emportée en avant, le conte permet à l'auditeur de se décharger momentanément du poids du jour, de refaire ses forces pour mieux supporter le fardeau de la vie. Le conte jouerait le rôle de régulateur social, de valve de sécurité, de ciment collectif qui concourrait à maintenir certains états de choses qui pourraient nous scandaliser à bon droit, si d'aventure nous cédions à l'illusion rétrospective qui nous porte à juger les comportements d'antan avec la mentalité du jour. Nous sommes toujours de telle société à une époque donnée.

Ce danger, il y a longtemps qu'il a été repéré et , sinon dénoncé, du moins publicisé. Les gens sont moins dupes de leurs comportements sociaux qu'on le pense. Jean de Grouchy témoigne ouvertement de cette volonté d'«*ingénierie sociale*» avant la lettre et, bien qu'il parle plus spécifiquement du chant, ses propos n'en rejoignent pas moins mes convictions:

> *Ce chant est destiné à être exécuté en présence de vieillards, d'ouvriers et de petites gens au moment où ils se reposent de leur labeur quotidien, afin que l'audition des malheurs affrontés par d'autres les aide à supporter les leurs et que chacun d'eux reprenne ensuite plus alertement sa tâche professionnelle. C'est pourquoi ce genre de chant est utile au salut de l'État[51].*

Ces sortes de menteries, tout compte fait, ont peut-être pour rôle de débloquer dans l'imaginaire des situations tétanisées dans la réalité. Elles joueraient la même fonction que Freud attribue au rêve: la réalisation d'un désir imaginaire. Comment faire progresser une situation si on ne s'illusionne pas d'abord sur un nouvel ordre des choses auquel on aspire et qui ne manquera pas de décevoir dans sa réalisation? Tous les révolutionnaires ont eu à vivre cette désillusion contre laquelle ils luttèrent avec acharnement, certains allant jusqu'à nier avec véhémence le démenti des faits. Entre le terrorisme du réel qui nous coupe les ailes et l'attraction de l'imaginaire qui rompt nos amarres, que choisir si ce n'est un équilibre fragile entre les deux où construire une niche viable dans un monde tolérable?

---

51. Paul Zumthor, *La lettre et la voix*, Paris, Seuil, 1987, p. 174.

L'homme naît pour boiter, un pied dans le rêve, un pied dans la réalité.

12. DES HISTOIRES DE BÊTES POUR NE PAS DEVENIR BÊTE À MANGER DU FOIN

> «J'ai lu votre livre. On n'a jamais employé
> tant d'esprit à nous rendre bêtes.
> Il prend envie de marcher à quatre pattes,
> quand on lit votre ouvrage.»
>
> Voltaire à Jean-Jacques Rousseau

Dans l'opinion courante, il est de bon ton de renvoyer le conte au public enfantin. Pourtant la pratique populaire telle qu'elle se vivait, privilégiait des auditoires adultes auxquels se glissaient, selon les circonstances et la tolérance des parents, des enfants. Nos modernes téléromans en offrent l'image où c'est toute la famille, adultes et enfants compris, qui regarde évoluer leur héros sur le petit écran. Il est vrai qu'il y a un répertoire de contes destiné à un public jeune, pensons aux contes d'avertissement, mais ils ne forment pas la majorité des œuvres assignées au conte traditionnel, tout au contraire.

Cette attitude de considérer le conte comme une activité réservée aux enfants est avant tout un trait des milieux de littérature savante. La Fontaine est représentatif de cette disposition d'esprit. Dans son texte célèbre sur *Le pouvoir des fables*, il écrit, en effet:

Si Peau d'âne m'était conté,
J'y prendrais un plaisir extrême,
Le monde est vieux, dit-on: je le crois, cependant
Il le faut amuser encor comme un enfant[52].

---

52. Jean de La Fontaine, *Le pouvoir des fables*, in *Fables*, Livre VIII, p. 211.

Cette image du peuple bon enfant s'est vite déplacée sur l'enfant lui-même. Ce phénomène est fréquent dans la tradition. Évoquons seulement l'état actuel de la fête de l'Halloween. Dans son milieu d'origine celtique, l'approche de cette festivité, qui inaugurait le plan nocturne de l'année, était vécue avec un mélange de terreur sacrée et de fascination. L'aire du sacré se rétrécissant au profit d'un profane de plus en plus expansif, l'Halloween perdit peu à peu son sens profond jusqu'à devenir une fête enfantine. Les démons et les sorcières dégorgés par l'enfer, à cette occasion, ne sont plus que d'adorables marmots qui réclament gentiment leur tribut de friandises. La terreur originelle n'y est plus reçue que comme le spasme post-mortem d'un cadavre pourtant bien refroidi.

Revenons à La Fontaine pour observer le ton condescendant du fabuliste, rejoint en cela par des personnalités de premier plan comme Richelieu et Voltaire. Pour l'un, le peuple était un monstre qu'il ne fallait surtout pas réveiller; pour l'autre, l'ignorance était sa vertu cardinale dont il ne fallait pas le détourner.

Quant à Perrault, il ajouta une nuance dont les effets pernicieux travaillent encore certaines couches de la société parmi les plus éduquées. Cet auteur délicat sacrifia à la bienséance alors en usage à la cour. Il y a des choses qu'on ne saurait dire, car elles ne siéent pas lorsqu'on est en honnête compagnie.

Avant la lettre, nous voici plongés dans l'univers ambigu et aseptisé du langage *«politiquement correct»*. La littérature enfantine y est soumise au premier chef. On veut la purger de tous les contenus décrétés d'autorité suspects et traumatisants – la violence, la peur, le racisme, etc. Cette louable intention produit plus souvent qu'on le souhaiterait l'effet inverse de son projet, car au lieu de confronter les enfants, avec tous les ménagements dus à leur âge, à ces réalités pour les amener à les dépasser, on les leur soustrait. Plus tard, lorsqu'ils auront à les affronter, le choc émotionnel sera pénible et parfois insurmontable, privés qu'ils seront alors du soutien effectif et affectif de leur milieu d'origine. Socialiser un enfant consiste justement à ne pas lui épargner les situations délicates et indésirables qui jalonnent nécessairement la vie de tout individu.

Mené à terme, ce projet littéraire – qu'il s'adresse à un public d'enfants ou d'adultes – engendrera une production fade, insipide, incolore, inodore, bref inintéressante[53]. Dans la revue *L'actualité*, à la rubrique *En commençant par la fin*, on peut lire cet inquiétant fait divers intitulé *Le retour de l'index*:

> *Les écoliers de la région de Duval en Floride ne peuvent plus emprunter Blanche-Neige à la bibliothèque sans la permission expresse de leurs parents. La commission scolaire juge que le conte renferme «des scènes explicites de violence parmi lesquelles des mauvais sorts sont jetés par une sorcière»*[54]!

Que des corps constitués se fassent les propagandistes d'une telle exclusion, d'un tel recours à la censure oblique et à l'édulcoration rampante, prouve assez qu'ils font fi des plus récentes recherches en ce domaine controversé, sur la peur notamment. Charlotte Guérette a voulu évaluer si des contes modernes pour enfants les aidaient vraiment à apprivoiser et à surmonter trois des peurs typiques qu'elle a retrouvées chez des enfants du niveau de la maternelle après un inventaire exhaustif de ce qu'ils craignaient: peur des serpents, des dragons et des bandits.

Ses conclusions ne laissent subsister aucun doute sur le caractère prophylactique de la narration de contes, tant les résultats qu'elle a obtenus sont significatifs.

> *Cette étude a donc permis de faire la preuve que le récit de contes modernes spécifiques a produit des effets sur les variables de l'imagination et de la peur chez les enfants de 5 et 6 ans qui avaient*

---

53. Le retour prévisible du pendule ne s'est pas fait attendre. James Garner a réécrit certains contes traditionnels selon les canons du style *«politically correct»* pour illustrer jusqu'à quelle aberration peut mener une telle entreprise. Son livre porte le titre évocateur de *Politically correct bedtime stories, modern tales for our life and time*, New York, Macmillan.
54. *L'actualité*, 15 mai 1992, p. 136.

une grande peur des serpents, des bandits ou des dragons, et chez
ceux qui avaient peu d'imagination: les peurs diminuent et l'ima-
gination augmente entre le prétest et le post-test. Il convient
d'ajouter que l'activité de jeu représente pour l'enfant une occa-
sion d'exprimer son imaginaire et ses peurs, ce qu'aucune étude
connue n'avait vérifié jusqu'ici[55].

Le gain est donc double: à mesure que la peur décroît,
l'imagination s'accroît. Une semblable étude sur la violence dans
le contenu d'œuvres imaginaires devrait donner des résultats ap-
prochants. À titre indicatif, je verse au dossier les conclusions
d'une étude[56] menée en Angleterre sur les jouets violents dans les
garderies. Celles où on interdit aux enfants tout jouet réputé vio-
lent voient leur clientèle manifester plus d'agressivité
interpersonnelle que celles qui laissent les enfants les utiliser si
bon leur semble. En fait, les enfants privés de ces jouets sont
incapables de médiatiser leurs comportements agressifs alors que
ceux qui ont accès à ces mêmes jeux trouvent un dérivatif aux
impulsions violentes qu'ils ressentent et sont, par conséquent,
moins enclins à s'en prendre directement à leurs camarades.

Si les contes se révèlent d'excellents moyens pédagogiques
pour apprivoiser la peur et développer l'imaginaire – de nombreux
auteurs le reconnaissent, dont Marc Soriano[57] et Bruno Bettelheim[58] – on peut avancer à bon droit deux raisons à cela. D'abord,
d'une manière plus ou moins formulée, l'enfant sait que ce qui est
raconté n'est pas vrai. Il peut déjà, même de manière rudimentaire,
faire la différence entre le réel et l'imaginaire. Ensuite, la structure
close du récit en emprisonne la charge émotionnelle comme un
esprit enfermé dans une bouteille, pour reprendre une image tirée
des contes. Le dragon, le serpent, le diable sont encaqués herméti-
quement dans le récit à l'intérieur des rites d'entrée et de sortie, et
le scénario dans lequel ils ont tenu un rôle a été mené à sa conclu-

---

55. Charlotte Guérette, *Peur de qui? Peur de quoi?*, Montréal, HMH, 1991, p. 123.
56. Hans et Michael Eysenck, *L'esprit nu*, œuvre citée.
57. Marc Soriano, *Les contes de Perrault, culture savante et traditions populaires*,
Paris, Gallimard [Coll. *Tel*], 1977, 281 p.
58. Bruno Bettelheim, *Psychanalyse des contes de fées*, Paris, Laffont, 1976, 576 p.

sion où tout a été bien départagé, chacun s'étant vu attribuer la punition ou la récompense méritée par ses œuvres.

Cette conclusion est particulièrement rassurante pour l'enfant, car il n'est pas laissé à lui-même avec un conflit à résoudre dans la réalité hors le conte. Le débat a été clos dans l'irréalité du conte et l'enfant en pressent la nécessité interne. Toutes ses questions ont trouvé leurs réponses dans le récit lui-même. Une certaine sérénité s'installe alors dans son esprit.

13. IL ÉTAIT UNE FOIS... UNE BRÈVE HISTOIRE DE L'AU-DELÀ OU CHRONIQUE D'UNE MENTERIE ANNONCÉE

> «Le tact dans l'audace, c'est de savoir
> jusqu'où on peut aller trop loin.»
>
> Jean Cocteau
> *Le rappel à l'ordre*

Après le périple qui m'a conduit de Midas et son secret de Polichinelle aux histoires de bêtes qui m'éviteront de devenir bête à manger du foin, après avoir conté le conte du mieux que je le pouvais, je me dois, moi aussi, de sacrifier au genre, de payer pour ainsi dire de ma propre personne, de prouver le conte en contant. Et je vais vous conter un conte de mon invention, m'octroyer le luxe d'une belle menterie que j'annonce telle haut et fort. Mentant ainsi, effrontément, je ne saurais vous mentir et ceux qui ont persévéré jusqu'ici dans leur lecture, sont conviés à continuer de me croire jusqu'à la fin. «*Cette histoire est vraie puisque je l'ai inventée.*» [Boris Vian] Parole de conteur, sûrement! Parole d'évangile, peut-être!

Or donc, j'imagine, pour mon plaisir et le vôtre je l'espère, une menterie qui se situerait dans l'Au-delà. J'y vois Joseph Patry, dit la Menterie, noble et vénérable, parvenu enfin à coïncider avec le projet d'homme qu'il poursuivait depuis plus de quatre-vingt-dix ans, franchir le seuil du Paradis après être passé au guichet de saint Pierre. Son registre consulté, le saint lui montre le chemin d'un geste amène et Joseph Patry s'y engage incontinent. Les anges chargés de la protection rapprochée de Dieu s'écartent sur son passage.

Il arrive bientôt auprès de Jésus. Leurs regards se toisent et s'interrogent mutuellement. Ce que Jésus lit dans les yeux de Joseph Patry, je ne saurais le dire, mais Lui, qui connaît tout, le sait de toute éternité. Le dieu jouit du privilège insigne de se souvenir de l'avenir. Et cette scène est prévue depuis le commencement du monde.

Mais pour être omniscient, on n'en est pas moins poli, et Jésus, sacrifiant aux usages d'ici-bas qui fut jadis sa patrie, dit: «*Patry la Menterie, je présume!*» en lui tendant une main d'un mouvement courtois, signe d'une urbanité rompue aux coutumes du monde. Joseph Patry s'empresse d'embrasser de ses lèvres fantomatiques cette main charnelle et débonnaire, flatté de ce que sa réputation de maître ès menteries ait franchi les limites incertaines de l'univers naturel pour aborder celles improbables de l'univers surnaturel.

Mais pour touché qu'il soit, il n'en pense pas moins. Ce Jésus qui vient de l'interpeller nommément avec, de surcroît, le sobriquet qu'il avait mérité de son vivant, ne fut-il pas, en son temps, un fieffé menteur lui aussi, et non des moindres, se répandant en de mystérieuses paraboles sur lesquelles les théologiens chrétiens sèchent depuis bientôt deux millénaires?

Comme tant de menteurs avant et après lui, n'a-t-il pas habillé la vérité, trop nue pour exciter les hommes, d'un ornement verbal superflu, mais paradoxalement nécessaire?

Quand il commençait un récit de semblable manière: «*Un père avait deux fils*», ses disciples et ses auditeurs savaient d'expérience qu'il allait leur servir une vérité en forme de belle menterie pour en instruire certains, mais aussi pour en combler d'aise plusieurs tout à leur plaisir d'apprécier le brio avec lequel il rendait crédibles les fruits de son imagination, afin de toucher celle des hommes jusqu'à la consommation des siècles. Rien n'empêchait qu'on puisse en tirer une morale vraie et un enseignement juste. Jésus, lui aussi, semait le faux pour faire apparaître le vrai quand le besoin s'en faisait sentir.

Où est-il exigé le plus du croyant sincère: dans l'épisode tenu pour authentique du jardin des Oliviers où Jésus prononça des paroles définitives et sacrées pour un catholique qu'on se répète depuis lors, mais qu'aucun témoin n'a entendues puisque tous ceux qui l'accompagnaient dormaient; ou dans ces innombrables occasions lors desquelles Jésus prend la parole pour narrer une de ces paraboles que tous s'accordent, croyants et non-croyants, pour dire que ce qui y est rapporté n'existe pas?

Les hommes de tous les horizons de la foi et de la pensée peuvent se reconnaître dans les menteries du Nazaréen. Ces mêmes hommes s'entredéchireront pourtant sur l'authenticité de la passion, de la résurrection et de l'ascension. «*J'accepte tout dans l'Évangile*, soutenait André Maurois, *sauf que ce soit arrivé.*» Étrange créature que l'homme! Ce qu'on lui propose comme vrai le divise; ce qu'on lui présente comme une menterie le met d'accord avec lui-même!

Je me représente assez bien la suite de la scène entre Joseph Patry la Menterie et un Jésus qui sait flatter son homme. On n'est pas le créateur d'un être sans en connaître les ressorts les plus secrets. J'entends, quand ma contention d'esprit atteint ce degré de pénétration qui laisse loin derrière la rumeur du monde, la réponse de l'interpellé dans le silence de mon cœur:

— *Jésus-Christ la Menterie, je présume!*

Au Ciel, tout se tait, tout se fige, on craint le pire. Le temps redevient soudain sensible: un ange passe. Les chœurs célestes restent bouche bée. Marie veut prévenir la juste colère de son Fils en posant la main sur son bras vengeur pour le retenir. Dieu le Père fronce les sourcils, tire sur sa barbe et se rappelle qu'il est lent à la colère et prompt au pardon. L'Esprit saint en a le souffle coupé. Quant aux élus, ils ont honte à l'idée que l'impétrant sera bientôt des leurs. Saint Joseph comme toujours, par un vieux réflexe «*anthume*», fait celui que ça ne concerne pas. Sainte Anne regrette de ne pouvoir se permettre un transport au cerveau. Rabelais interrompt une farcétie «*de haute graisse*», au grand dam de Frédéric Dard. Érasme, morosophe morose, fait la nique à son compère en morosophie, le jovialiste André Moreau. Il se demande si, au lieu d'écrire un *Éloge de la folie*, il n'aurait pas été mieux inspiré de s'attaquer à un éloge de la menterie. Quant à Kafka, encore ahuri de se retrouver dans un improbable paradis, il ne peut s'empêcher de ruminer: «*Comme l'éternité doit sembler longue, surtout vers la fin!*»

L'écho des paroles n'a pas encore fini de retomber que le Fils de l'Homme et sa créature, toute surprise de sa nouvelle audace, se regardent comme deux augures romains qui ne peuvent se retenir de rire en vaticinant ensemble.

Chacun, qu'il soit de haute divinité ou d'humble extraction humaine, prend conscience de l'endroit où il se trouve. L'atmosphère se détend soudain, car l'humeur est à l'allégresse. Nous ne sommes pas en Enfer, après tout! S'il est un lieu où souffle l'Esprit, c'est bien au Paradis!

Bien sûr que Jésus connaît de toute éternité la réplique que lui sert, en ce hors-jeu du temps qu'est l'Au-delà, Joseph Patry dit la Menterie, mais comme ce doit être lénifiant de se le faire dire enfin par un maître en la matière. Enfin! Jamais personne n'avait osé avant ce petit nonagénaire sec la lui exposer dans toute sa nudité, cette vérité! Car tous les croyants de faible ou de forte foi s'anathématisent les uns les autres pour ne pas s'avouer à eux-mêmes que Jésus empruntait la voie détournée de la menterie pour faire entendre son enseignement. Le bonhomme La Fontaine ne procédait pas autrement:

Une Morale nue apporte de l'ennui;
Le conte fait passer le précepte avec lui.
En ces sortes de feintes il faut instruire et plaire,
Et conter pour conter me semble peu d'affaire[59].

---

59. Jean de La Fontaine, *Le pâtre et le lion*, in *Fables*, Livre VI, p. 157.

Que ce nœud gordien qui l'étouffe soit tranché d'une seule parole par un compère en menterie, doit combler Jésus d'aise, et je le vois se tortiller de plaisir sur son trône céleste. Enfin quelqu'un avec qui parler d'égal à égal!

Je ne crois pas commettre de crime de lèse-divinité en procédant à cette brève relation d'une «*geste*» de l'Au-delà. Et je me conforte dans cette opinion par ce que raconte celui que Jésus aimait le plus dans son Évangile. Un jour, le grand prêtre du Temple remet un mandat d'amener à deux soldats pour qu'ils aillent se saisir du Prophète. Ils se rendent à l'endroit où se tient le prévenu, mais comme l'inculpé est entouré d'une foule et qu'ils ne veulent pas être les victimes d'un mouvement populaire qui leur serait contraire, ils décident d'attendre que la foule se disperse. Là, ils pourront exécuter leur mandat en toute quiétude.

Mais ne voilà-t-il pas que Jésus entreprend de raconter une de ses menteries dont il a le secret, un récit captivant à vous faire oublier qui vous êtes et ce que vous faites! Le Nazaréen termine, la foule se disperse, le divin menteur s'éloigne à son tour avec ses disciples, laissant là les deux soldats qui ont oublié ce qu'ils étaient venus y faire.

Ils rentrent bredouilles au Temple et se font reprocher dans les termes les plus sévères l'inexécution de leur ordre d'amener. Le grand prêtre exige une explication et la raison qu'ils avancent est à proprement parler sublime. Elle résume, à elle seule, le destin de l'homme dans l'univers. «*Jamais homme n'a parlé comme cet homme.*» N'est-ce pas le plus bel hommage qu'on puisse faire à tout conteur qui excelle dans son art!

Avec une telle divinité qui a si bien compris le cœur des hommes, l'éternité n'y sera pas à mourir d'ennui comme d'aucuns le donnent à craindre, n'en déplaise à Kafka! Non, l'Au-delà sera une éternelle veillée de contes avec le plus brillant de tous les menteurs dont parole se soit jamais faite chair: Jésus-Christ la Menterie, ci-devant grand conteur devant l'Éternel!

Il était une fois...

Aimé Bergeron

«Le merveilleux doit arriver à être aussi simple que le serait,
pour un enfant qui aurait vu fondre le sucre dans l'eau,
la surprise de ne pas fondre dans son bain.»

Jean Cocteau

AIMÉ BERGERON

Je ne puis évoquer le souvenir d'Aimé Bergeron, mon grand-père, sans l'associer immédiatement avec celui de M. Luc Lacourcière qui nous a quittés, et de MM. Jean Du Berger et Jean-Claude Dupont, toujours actifs au sein de la communauté universitaire.

C'était en 1968, autant dire naguère. J'étais un étudiant impécunieux en littérature à l'Université Laval et je penchais, appelé irrésistiblement par je ne sais quel tropisme atavique, vers l'étude de nos traditions populaires.

À présent, j'entre dans l'âge où les souvenirs accumulés au cours d'une vie se rassemblent à l'appel de la mémoire en un brouillon aux feuillets épars, bien souvent, qui n'attendent plus qu'une mise au net.

Je suis à la ligne de partage des ans, au mitan de la vie, au confluent tumultueux où la source vigoureuse de mon enfance submerge encore les eaux maigres qui s'écoulent de cette autre source qui nous attend tous en aval, et qui voit son mince filet grossir au détriment d'une vie qui s'étiole et d'une jeunesse qui tarit: j'ai nommé la mort, bien sûr.

Quand le bassin où viennent se mêler les eaux contraires de ces deux sources aura fait son plein en réunissant les deux extrêmes de ma vie jusqu'à les confondre en un même plan d'eau, je me verrai privé de tout choix, dans la position de celui à qui on a retiré le tapis sous les pieds sans crier gare. Je déborderai de la vie comme l'eau d'une vasque trop pleine.

Aux Études canadiennes, car tel était naguère le nom du CÉLAT, on m'avait demandé une enquête sur le terrain. J'étais pris au dépourvu, dans la plus complète expectative. M. Luc Lacourcière me suggéra de faire des démarches auprès de mon grand-père par acquit de conscience.

Je ne nourrissais pas un bien grand espoir devant une telle entreprise. De mémoire d'enfant, je n'avais vu ni entendu mon grand-père conter. Raconter, certes, des épisodes de sa vie. Conter, jamais. Ma grand-mère, par contre, si; mais elle venait de décéder le mois précédant mon entrée à l'université. Il me restait d'elle, naufragé dans un recoin obscur et poussiéreux de ma mémoire, des propos, des comptines, quelques chansons incomplètes, le souvenir d'une ou deux légendes et une formulette qu'elle débitait en ricanant: «*Si Pendi, Pendette, n'était pas tombé dans l'oreille de Dormi, Dormette, Dormi, Dormette ne se serait pas réveillé et Couri, Courette l'aurait mangé.*»

En décembre, je revins chez moi, à Saint-Bruno, pour les vacances de Noël avec l'inévitable magnétophone prêté par les Archives de Folklore et deux bobines de ruban magnétique au cas où.

J'entrai aussitôt en contact avec mon grand-père qui me fixa un rendez-vous pour le lendemain sans me dire ce qu'il me raconterait. Il devait sûrement, entre temps, consulter sa mémoire.

Il me souvient que, le lendemain, une tempête faisait rage: un fort vent du nord-est écrasait, contre la maison, la neige qu'il arrachait aux congères.

Nous nous isolâmes dans une chambrette à l'étage qui donnait justement sur le côté est, là où le vent s'entêtait contre le pignon en égrenant sa neige contre la fenêtre comme si elle en constituait l'usure. Ce détail n'est pas insignifiant, car mon grand-père se servit de cette circonstance pour illustrer le temps qui régnait le soir fatidique où Rose Latulippe décida, à l'instigation d'un beau danseur diabolique, de passer outre l'interdit qui frappait la danse le Mercredi des cendres.

Je le revois encore frappant, avec la jointure d'un de ses doigts, au carreau de la fenêtre alors qu'il en était au passage suivant de son récit: «*Il faisait quasiment une température comme aujourd'hui, là [...]. Ça fait que les convives, eux autres, qui étaient chauds, ils se mettent à cogner de même dans la vitre, à cause que la neige était collée, pour voir ce nouveau-là arriver.*»

L'imaginaire et le réel s'amalgamaient pour un temps et le souvenir vivace que j'en conserve est d'avoir, à ce moment-là, cru échapper à l'inexorable fuite du temps; d'avoir ressenti l'intime conviction que des haltes atemporelles nous étaient ménagées ainsi, au milieu de tout ce qui passe, pour que quelque chose en nous demeure, un je ne sais quoi de nostalgique pour plus tard venir y retremper ses forces, une île à la dérive dans notre mémoire en attente d'une possible rencontre, d'un improbable naufrage. Il est des hasards qu'il faut apprendre à susciter.

Je mis donc l'appareil en marche et je découvris, étonné, en mon grand-père un conteur ignoré à la mémoire précise. Du temps de sa jeunesse, à Sainte-Agnès en la belle province de Charlevoix, il avait entendu lire des récits tirés du répertoire populaire. Sa mémoire les lui restituait fidèlement, allant jusqu'au mot à mot pour certains passages où sont condensés les moments cruciaux d'un récit.

Cela me surprit d'autant plus que, de ma vie, je ne l'ai jamais vu lire et quand il écrivait, c'était avec cette manière laborieuse et appliquée, cette contention fastidieuse qu'ont les enfants qui souffrent d'aller à l'école, avec une orthographe approximative et rudimentaire. L'écriture était chez lui un geste oral. Autant dire qu'il évitait le plus possible de devoir écrire. À sa mort, on ne compta aucun livre dans l'inventaire de ses maigres biens personnels.

Telle est la prégnance de la mémoire: ce qu'il me racontait avait persévéré en lui pendant trois, peut-être quatre décennies, avant de rencontrer le destinataire qu'il fallait au moment où il le fallait. Avec lui, voilà que je me découvrais des racines de conteur.

Je recueillis donc, en cette journée neigeuse de décembre, des légendes, des contes, des chansons. Mon grand-père fut mon premier informateur, orientant ainsi, sans que ni lui ni moi ne le sachions alors, ma carrière. Conjoncture heureuse qui aurait pu ne pas être.

Il prit goût à l'aventure. Dire, quoi que l'on dise, c'est toujours se dire, quelque effort que l'on fasse pour échapper à la subjectivité qui nous est consubstantielle. La parole met en forme et ordonne la pensée. Elle lui assure une durée. «*Les mots qui vont surgir savent de nous ce que nous ignorons d'eux.*» [René Char]

Dans la foulée de mon enquête, je lui proposai de me raconter sa vie. À son âge, – il avait tout près de quatre-vingts ans – il devait y avoir longtemps qu'il avait mis de l'ordre dans son passé, que son existence avait, dans sa tête, pris l'aspect d'un beau texte qui n'attendait plus qu'un support matériel pour s'extérioriser.

Il s'enferma seul, dans sa chambre exiguë, assis à califourchon sur une chaise, le dossier par-devers lui. Tenant fermement le microphone dans ses mains, il devisait avec lui-même pour un auditoire encore fictif, mais dont il appréhendait sûrement la sensible présence.

Son autobiographie orale s'échelonna sur quelques séances. Quand il en avait terminé une et qu'il donnait toutes les apparences d'en être satisfait, il partait avec le magnétophone pour aller faire entendre ce qu'il venait de confier au ruban à l'un de ses fils et à sa fille unique alors en vacances près de chez lui.

Il y a dans ce comportement une part de vanité, certes, mais aussi de légitime fierté. Sa vie venait de prendre une forme définitive, dicible. Après avoir été de l'ordre des faits et des gestes, elle ressortissait désormais au discours. La parole la parachevait, en devenait la clé de voûte.

En me remémorant ces souvenirs, je songe à la tristesse résignée qu'on lit parfois dans le regard des vieillards, privés du privilège de raconter leur vie à leurs descendants. C'est comme si la société actuelle leur refusait, non pas délibérément mais par impuissance, le droit d'entrer vivants dans la tradition au sens où ils seraient eux-mêmes tradition vivante, référence obligée pour les générations montantes. L'utilité sociale des vieillards était de raconter, c'est-à-dire de transmettre, relais organique d'une collectivité qui inscrivait ainsi son projet dans la durée; alors qu'aujourd'hui, elle doit se contenter de l'instantanéité et de l'émiettement.

Je pense, en écrivant cela, au merveilleux film réalisé par Claude Jutras, *Le conteur de rêves*, dans lequel un sachem parlait de sa mort prochaine avec une sérénité toute socratique. «*La mort, ce n'est pas quand tout est fini, mais c'est quand tout est complet*», affirmait-il avec une tranquille assurance. Le sentiment de mourir incomplet doit être une expérience tragique et il est donné à si peu d'y échapper.

Avec son autobiographie orale, pour Aimé Bergeron tout était complet désormais. Cessant de vivre, il ne cessa pas de devenir une référence, une présence.

Aimé Bergeron est un conteur généralement sobre. Dans ses récits, les dialogues nous dispensent de longues descriptions. Çà et là, il y a bien quelques figures de style qu'il soulignait, en cours de narration, avec un rire entendu, narquois, complice. C'était sa manière tout orale de sous-entendre qu'il l'avait entendu lire quelque part. Cela est surtout manifeste dans le conte de *Babylas* si on le compare avec la version littéraire de Pamphyle Lemay, et dans sa version de *Rose Latulippe*, fidèle, à peu de choses près, au modèle original de Philippe Aubert de Gaspé.

CONTE-TYPE 330

Moustache est le premier conte que j'ai recueilli. Il s'inscrit dans la grande tradition des contes merveilleux que d'aucuns considèrent comme les seuls vrais contes.

Le héros part, attiré par l'irrésistible appel de l'aventure: «*M'as-ti rester! M'as-ti partir!*» Ainsi formule-t-il son dilemme. Après avoir reçu les objets magiques que lui vaut sa bonne mine, il délivre une princesse emprisonnée par des diables en les enfermant, à son tour, dans son sac à malice. Ces derniers en sont quittes pour une rossée digne des supplices d'Hadès. Belle revanche d'un mortel sur l'infernale engeance!

Moustache meurt. Cet épisode permet au conteur de déployer devant nous la géographie de l'Au-delà. Deux voies s'offrent au héros. L'une, facile, pavée de toutes les bonnes intentions qu'on peut manifester de son vivant, conduit irrémédiablement vers l'Enfer. Elle doit sûrement se présenter sur sa gauche en mourant. Moustache serait bien prêt à y résider éternellement si tel est son destin, mais c'est sans compter sur l'entêtement invincible de Lucifer à ne point l'admettre. Ce dernier garde en mémoire la cuisante raclée qu'il a subie sur terre et l'interdit de séjour qu'il s'y est fait signifier.

Moustache revient donc sur ses pas et prend, à main droite, la route ardue qui mène au ciel. Il y parvient non sans écorchures, pour se voir refuser l'entrée en raison de sa préférence notoire pour les délices terrestres. Mais c'est faire peu de cas de l'astuce inépuisable de Moustache qui trouve moyen d'y être admis, sinon de droit comme immigrant reçu, du moins à titre de réfugié.

Le conte-type 330 [*Le forgeron qui se montre plus malin que le diable*] a été contaminé par les types 326 [*Le jeune homme qui veut apprendre la peur*] et 400 [*L'homme à la recherche de sa femme disparue*].

On le retrouve en Laponie, en Finlande, au Danemark, en Norvège, en Russie, dans la Flandre et à Saint-Bruno au Lac-Saint-Jean.

MOUSTACHE

Ça, c'est l'histoire de Moustache. C'était un petit gars. Son père et sa mère sont morts. Il était encore dans le berceau; il était tout jeune. Il avait à peu près six mois, un an, je suppose. Ça fait qu'il avait un de ses oncles qui était plus en *moyens*. Il l'avait pris pour l'élever. C'était un beau petit garçon, un vrai beau petit garçon! Puis quand son oncle donnait des soirées, Moustache était toujours aimé par les plus belles filles. Puis son oncle, il avait des enfants aussi, il avait des garçons.

Ça fait qu'ils voyaient que Moustache, il était beau, puis eux autres, leur père était assez en *moyens,* puis que Moustache avait toujours les plus belles filles. Ça fait qu'ils ont venu quasiment jaloux de ça. Ça fait que, quand le père donnait un festin, Moustache avait pas le droit de se mettre à la table avec eux autres, à cause que, quand il était à la table, les plus belles filles s'amusaient toutes après. Il était toujours pris.

Ça fait que Moustache est venu en âge d'homme. Plus ça allait, plus ça lui travaillait le cerveau:

— *M'as-ti* rester? *M'as-ti* partir?

Un matin, il décide de partir. Il demande à sa tante, – ils étaient éloignés dans le bois ce monde-là – il demande à sa tante de lui faire un petit sac de galettes, qu'il allait partir dans l'avant-midi.

Ça fait que la bonnefemme commence à détremper de la pâte, elle, puis elle lui fait un petit sac de galettes. Puis là, rendu dans l'avant-midi, Moustache part. Ça fait que, quand il est parti de la maison, il commence à regretter: pourquoi qu'il laisse la maison?

Alors, il a fait bien long, là; il arrosait le chemin de ses larmes. Il pleurait aux abois. Puis quand il a eu fait un bout, il chantait bien. Il chantait des belles chansons; il se met à chanter ses plus belles chansons. Puis là, c'était un petit chemin de pied au travers de la forêt. C'était au commencement que le monde se développe.

Rendu qu'il a marché une journée, il avait couché dans le bois. Le lendemain, ce qu'il rencontre? Un homme puis une femme dans ce petit sentier-là! Ça fait qu'il commence à leur parler. Puis là, le gars lui demande où c'est qu'il allait dans ce sentier-là. Il lui conte son aventure, qu'il avait été élevé par un de ses oncles puis qu'il était rendu en âge mûr, puis qu'il voulait changer de position, s'en aller pour faire fortune.

Ça fait que la Sainte Vierge s'approche. Ce qu'il rencontre là? C'est saint Joseph puis la Sainte Vierge. Ça fait qu'il lui demande si [elle] n'aurait pas une position quelque part. La Sainte Vierge s'approche du petit garçon. Il était tellement beau!

Elle dit: «Demande ta place dans le Paradis, c'est la Sainte Vierge qui te parle, là. Ça, c'est saint Joseph, puis moi, c'est la Sainte Vierge. Demande ta place au Paradis!»

— Non, je ne demande pas ma place au Paradis. Je veux vivre sur la terre. Si vous avez une faveur à m'accorder, je peux vous en demander une?

Saint Joseph dit: «Oui, on va te l'accorder!»

— Bien, donnez-moi la plus belle fille en mariage, puis donnez-moi un sac pour enfermer tous les diables, puis donnez-moi des bons marteaux pour les écraser. Ça, c'est les trois faveurs que je vous demande.

Ça fait que saint Joseph dit: «Bien, si tu veux seulement avoir le Paradis terrestre, on va te l'accorder, puis tu auras tout ce que tu m'as demandé là.»

Ça fait que Moustache mange une galette puis il part. Il fait à peu près deux jours de marche puis là, la nuit commence à le prendre. Il était fatigué, fatigué! Il voit une lumière bien loin: «Comment je vais-*ti* pouvoir me rendre là?»

Il voyait ça loin, terriblement. Ça fait que, plus il marche, plus il se *rapproche*. Il s'*adonne* à arriver dans un château où ce qu'une princesse était en *esclave* puis qu'elle était gardée par trois diables. Ça fait qu'il *rentre*. Il demande à coucher.

Ça fait que la servante dit: «C'est bien malheureux, mon cher monsieur, vous êtes si beau! Je regrette de vous faire *rentrer*. C'est une princesse puis elle est gardée par trois diables. Il y a bien du monde qui *ont* venu pour la délivrer puis, tout de suite, la première nuit, ils ont été dévorés.»

— Ah! bien je ne vais pas plus loin, je couche ici!
— Bien, si tu veux insister vraiment, je vais te laisser *rentrer*. Tu es si beau, je regretterais que tu te *ferais* dévorer la première nuit. Rien que pour te prouver que c'est bien vrai, – elle descend dans la cave – ça, c'est les souliers d'un millionnaire qui est venu pour délivrer la princesse pour la marier. Ça, c'est les bottes d'un habitant. Ça, c'est les souliers d'un Indien. Toi, tu es chaussé en souliers de bois, je pense bien que tes sabots vont être rangés pareil comme les autres.
— Ça fait rien, je couche ici!
— Ça fait que, si tu veux absolument, je vais te montrer la chambre.

Ça fait que la servante le monte en haut puis elle lui montre sa chambre. Puis là, il se déshabille, puis il se couche, puis il dort. On sait bien qu'il était fatigué, hein!

Rendu après minuit, ce qu'il entend? Un *barda mausus* dans la cheminée!

— Dis-moi ce que c'est que ça?

C'était les trois diables. L'un avait un jeu de cartes, l'autre avait une table, puis l'autre avait des chaises. Ça fait qu'ils réveillent Moustache.

— Moustache! Viens perdre! Viens perdre une partie de cartes avec nous autres!

Ils le réveillaient de même par les pattes [geste du conteur]. Ça fait que Moustache se lève puis il se met à table puis il commence à jouer une partie. Il y a un diable qui perd. Ça fait que Moustache avait son sac! Il va chercher son sac, puis il prend le diable par la corne puis il le fourre dans son sac.

Le deuxième commence à jouer encore une partie. Il perd encore! Ça fait que Moustache prend le diable par la corne, puis il le fourre dans son sac.

Le troisième, il était pas mal «*soulereux*»:

— Maudit! Ce que c'est que ce gars-là! On perd tout le temps avec lui! Je m'en vais toujours en risquer une autre encore!

Ça fait qu'il commence à brasser les cartes. Il les brasse puis il veut les manipuler, puis hourra donc! Puis ils commencent à jouer. Ils commencent la partie. Le diable perd encore. Ça fait qu'il poigne le diable par la corne, puis il le *maudit* dans son sac. Puis là, il attache son sac comme il faut, puis il met son sac là.

Il dit: «Demain matin, je vais vous faire l'affaire!»

Ça fait qu'il se couche, puis il dort. Il était fatigué. Il se réveille le matin. La servante va, monte en haut croyant de mettre ses sabots de bois à la même place que les autres. Elle aperçoit Moustache qui avait fait sa toilette puis qui était beau comme un cœur.

— Ah! bien *maudit*! Comment ça se fait que tu n'*es* pas mort cette nuit, là? Il y en a pas un qui s'en est paré!

— Je ne suis pas mort! *Astheure*, j'ai une faveur à vous demander.

— Laquelle?

— Vous allez engager tous les forgerons du village en disant: «Venez travailler, vous allez être bien payés!»

Ça fait que, dans l'avant-midi, ils emmènent leur enclume puis ils installent leur enclume sur du solide, hein! Puis là, Moustache va chercher son sac puis il met le sac sur les enclumes.

— Bien, *astheure*, mes drôles, *vargez* sur le sac avec vos marteaux comme des aveugles tant qu'ils ne demanderont pas faveur!

Ça fait que tous les forgerons qui étaient rendus là, hein! ils se poignent avec leur grand marteau puis ça *varge* sur le sac, puis ça *varge* puis ça *varge*. Puis de temps en temps, il y en avait un qui criait *au travers* des diables:

— Ménagez, frappez pas trop fort!

Quand ils se sont vus trop *maganés*, ils ont demandé faveur à Moustache de les délivrer.

Il dit: «Bien, je m'en vais vous donner la faveur, mais seulement, ne venez jamais sur la terre parce que vous allez vous en faire faire autant!»

Ça fait qu'on sait bien que Moustache se trouve avec le château, monsieur, puis il marie la princesse. Puis là, il n'y a pas de chevaux beaux pour le mener, puis des beaux carrosses! Il se fait faire des chemins tout le tour du château puis il se promène avec la princesse tout le long de la journée. Puis là, il est bien.

Mais c'est toujours dans la fleur du foin que le faucheur prend sa faux. Il attend qu'il soit mûr! Moustache est mort! Ah! bien *maudit*! *Astheure* qu'il est mort, il faut aller prendre sa place.

Il y avait deux chemins; un chemin épineux. Il commence. Il était nu-pieds. Il commence à se briser les pieds dans ce chemin-là tout plein d'épines.

Il dit: «*Maudit* !»

À côté, il y avait un beau chemin: les carrosses roulaient, puis ça *menait*, puis ça marchait!

Il dit: «Je m'en vais prendre ce chemin-là!»

Il prend ce chemin-là. Il arrive à la porte de l'enfer. Ça fait qu'il cogne à la porte.

Le diable lui demande...

Lucifer: «Qui c'est qui est là?»
— C'est Moustache!
— C'est Moustache! *Sacre* ton camp! Tu as voulu nous faire mourir sur la terre! Tu veux encore *rentrer* ici en enfer? Va-t'en! Il n'y a pas de place pour toi!

Là, il dit: «Il va falloir que je *poigne* l'autre bord!»

Il prend ce petit chemin-là. Là, il arrive à la porte du Paradis. Puis là, il demande à saint Pierre pour *rentrer*. Ça fait que saint Pierre va voir dans les registres.

— Ah! cette place-là, ça t'a déjà été offert! Tu ne l'as pas voulue! Tu voulais bénéficier des délices terrestres. Bien, tu les as eus! *Astheure,* il n'y a plus de place pour toi dans le Paradis. Va-t'en!
— Comment va-t'en? Je ne coucherai toujours pas dehors!

Ça fait qu'il avait un petit bonnet sur la tête.

Il dit: «Laissez-moi toujours regarder un peu pour voir si c'est beau!»

— Ah oui!

Saint Pierre lui *rouvre* un coin de la porte. Quand il voit ça, il *poigne* sa casquette puis il tire ça dans le fond du Paradis.

— Ah! *astheure*, tu en as assez vu! Va-t'en!
— Ah oui! mais je ne partirai toujours pas nu-tête !
— Comment nu-tête!
— J'ai tiré mon *casque* dans le fond du Paradis. Je vais toujours aller le chercher!
— Bien, va le chercher!

Ça fait que Moustache *rentre* dans le Paradis puis, au lieu de prendre son *casque*, il s'assoit dessus. Puis là, il attend là.

Saint Pierre dit: «Va-t'en!»

— Ah! laissez-moi me reposer un peu!

Ça fait que ce qui vient à passer? Saint Joseph puis les saints du Paradis. Ils voient ce petit garçon-là assis sur sa casquette. Les anges puis la Sainte Vierge passaient. Puis ils trouvent ça drôle! Ils se mettent à rire, puis ils rient!

— Ce que vous faites de ce petit garçon-là?
— Ah! il est *rentré* puis il ne veut pas sortir!

Ça fait que la Sainte Vierge dit: «Gardez-le donc! Il est si beau!»

CONTE-TYPE 939 A

On retrouve l'intrigue du conte-type 939 A dans une pièce de théâtre d'Albert Camus, *Le malentendu*. Elle se résume, grosso modo, à ceci: un fils, parti pour s'enrichir, revient longtemps après, incognito et fortuné, chez ses parents qui, ne le reconnaissant pas, le tuent pour s'emparer de son argent.

Tel est le thème de *Babylas*, récit écrit par Pamphile Lemay et inséré dans ses *Contes vrais*, que le conteur suit de si près qu'on y retrouve quelques expressions, sinon quelques membres de phrases, telles quelles.

Mon grand-père l'avait entendu raconter dans son enfance à Sainte-Agnès et s'en est souvenu longtemps après, à Saint-Bruno, pour mon bénéfice, comme si le temps avait épargné sa mémoire.

Cette version de *Babylas* offre un bel exemple du passage de l'écrit à l'oral, plus fréquent qu'on ne le croit dans la tradition populaire, les deux genres s'influençant réciproquement.

Avec le type 939 A, nous quittons le domaine du merveilleux pour celui du vraisemblable. Qu'un fils, qu'on tenait pour mort faute d'en avoir des nouvelles, resurgisse et soit assassiné par ses géniteurs pour des motifs bassement pécuniaires n'a rien qui rebute l'entendement.

Seule l'épisode du franc-maçon et du «revenant en corps», – dans le cas présent en «esquelette» – présente un intérêt surnaturel. On notera, en passant, que le conte consigne un trait de la pratique religieuse québécoise: les morts convaincus de péché mortel n'ont pas droit à la sépulture catholique. Cet impératif explique qu'on dispose cavalièrement des restes de Babylas dans l'âtre.

Babylas [conte-type 939 A] s'inscrit dans la catégorie des *Contes romanesques* [850-990].

BABYLAS

Une fois, c'était un nommé Babylas. Il était cultivateur sur une petite terre, puis il n'avait rien qu'un enfant. Puis, il était ambitieux, puis il voulait faire de l'argent. Il était jaloux des autres. Quand il voyait qu'un gars prospérait, il était jaloux de lui.

Il dit: «Nous autres, on est pauvres, on est méprisés puis les gens qui sont en *moyens* eux autres, ils sont louangés. Je ne sais pas, quand mon petit garçon il serait plus grand, partir en voyage pour nous gagner de l'argent. Puis, peut-être bien que ça nous aiderait.»

Finalement, le jeune homme s'est mis à avoir l'âge d'homme. Ça fait qu'il demande à son père pour partir. Ça fait que son père ne le désapprouve pas.

Il dit: «Quand on est riches, on est louangés, puis quand on est pauvres, on est bafoués de tout le monde.»

Ça fait que le garçon donne la main à son père puis à sa mère avant de partir. Ça fait qu'il part. Babylas, lui, quand il l'a vu partir pour gagner de l'argent, il a souri, puis la bonnefemme, elle, pleurait.

Ça fait que le gars est parti. Ils ont été plusieurs semaines, ils attendaient des nouvelles, mais pas de nouvelles! Ça fait que trois semaines se passent. Finalement, bien, jamais de nouvelles! Ça fait que dix ans se passent, pas de nouvelles encore! Ça fait qu'ils ont décidé qu'il était mort puis ils l'ont mis à l'*abandon*. Puis ils se sont mis à travailler par eux autres mêmes. Ils faisaient ce qu'ils pouvaient puis ils se ramassaient quelque chose, un peu d'argent.

Un moment donné, ils laissent la maison. C'était, dans ce temps-là, les temps de colonisation. Ils laissent la maison pour aller acheter leurs petits besoins. Durant ce temps-là, la moitié de leur petit argent qu'ils avaient ramassé, qu'ils avaient laissé à la maison a été volée. On sait bien qu'ils étaient pas mal à terre: s'*avoir* ramassé un peu d'argent de même puis se le faire voler!

Ça fait qu'ils continuent. *Tandis* ce temps-là, au bout d'une douzaine d'années, ils s'en vont au moulin pour faire moudre de la farine pour faire du pain. Du temps que le meunier *moudait,* ils entendent passer une voiture sur le pont.

Ça fait que Babylas dit: «Regarde! Il y a une voiture qui passe sur le pont!»

Ça fait que le maître du moulin, lui, il dit: «Il n'y a pas une seule voiture qui passe par ici sans que j'en aie connaissance; il y a une barrière. Il faut qu'ils viennent me demander pour passer. Il faut que je leur ouvre la barrière.»

Aussitôt, le charretier arrive puis il demande s'il pouvait pas le renseigner pour aller chez un nommé Babylas.

Ça fait que Babylas lui dit: «C'est moi! Je suis pour partir. Je m'en vais passer avant vous autres, je vais vous reconduire à la maison.»

Ça fait que c'est correct. Babylas passe puis il était avec sa femme. Ils s'en vont chez eux.

Puis le charretier, bien, il dit: «Bien, je suis payé rien que pour venir ici. Ce gars-là, vous le connaissez-*ti*?»

— Non, je le connais pas!

Ça fait que le gars débarque avec un petit *satchel* pareil comme toi, là [geste envers le sac de l'enquêteur], puis il ne parlait pas. Il demande à souper. Ils lui font un petit souper.

Il dit: «Donnez-moi pas un gros souper, je m'endors. Ça fait plusieurs jours que je ne dors pas. J'aime autant pas guère manger puis me coucher tout de suite.»

Ça fait que la conversation n'est pas longue. Ça fait que Babylas, quand il voit partir le charretier, il était inquiet un peu. Il sort puis il va trouver le charretier.

Il dit: «Connaissez-vous ça, ce monsieur-là, vous?»

— Non, c'est un homme qui parle guère. Puis après ça, la seule chose qu'il m'a demandée: s'il y avait quelques propriétés à vendre dans le village. C'est tout ce qu'il m'a demandé. C'est un jeune homme bien mis. Il n'a pas *grouillé*. J'ai une bonne confiance en lui.

Il en avait peur. Ça fait qu'après qu'il a eu soupé, le gars s'endort sur sa chaise.

Ça fait que Babylas puis sa femme lui disent: «Voulez-vous vous coucher?»

— Oui, je me coucherais bien si vous avez un lit disponible.

Ça fait que la bonnefemme allume une lampe, une lampe à l'huile, puis elle monte dans la chambre d'en haut.

Puis là, le gars, en se déshabillant puis se déchaussant, il dit: «J'ai un petit *satchel* ici, là. Je vous donnerais ça en soin si vous étiez honnête. Respectez-le parce que ça, ça contient toute ma fortune.»

Ça fait que la bonnefemme descend avec le *satchel* puis elle va dire ça à Babylas: «Tiens, il m'a donné ce petit *satchel*-là en me disant que c'est sa fortune!»

Ça fait que là, ça commençait à les tenter un peu.

Elle dit: «Si on pouvait l'ouvrir! On n'a pas de clé. Si on le brise, il va s'en apercevoir. Ça fait qu'il faudrait quasiment aller lui demander quand est-ce qu'on va le réveiller demain matin.»

Ça fait qu'ils partent tous les deux.

Ils ont dit: «Monsieur!»

Il commence à les entendre.

Il dit: «Qu'est-ce que vous voulez?»

La femme dit: «On a oublié de vous demander si on allait vous réveiller bien de bonne heure demain matin!»

Ça fait que là, ils descendent.

Ils disent: «Il ne dort pas. On ne peut pas fouiller.»

Ils laissent faire encore une heure, une heure et demie puis là, ça les tourmentait.

— *Maudit*! Si on y allait. Comment ce qu'il a de l'argent, ce jeune homme-là? Un jeune homme bien mis. Où ce qu'il a ramassé ça, cet argent-là? Il dit que c'est sa fortune. Il a toujours bien de l'argent!

Ça fait que Babylas dit: «Je vais aller voir en haut pour voir s'il dort. Je vais aller fouiller dans ses culottes puis dans son veston voir si je trouverais pas la clé.»

Ça fait que Babylas monte en haut puis il commence à parler au jeune homme, mais le jeune homme dormait. Ça fait qu'il commence à fouiller dans ses hardes, dans ses culottes. Il trouve une petite clé dans son veston. Ça fait qu'il prend la petite clé puis il descend en bas.

— Tiens, il dit, ma femme, je l'ai trouvée, la clé! Il dormait bien dur; il s'en apercevra pas.
— Ah! on va l'ouvrir!

Il *poigne* la clé puis il *rouvre* le coffre.

Eh monsieur! Cinq mille *piastres*, la moitié en or puis la moitié en argent! C'est une belle fortune pour un jeune homme, hein!

Il recompte encore une fois.

— Cinq mille *piastres* en or puis en argent. Si ça nous restait à nous autres, hein ma femme!

— Bien, tu sais que ça nous restera pas. Demain matin, *mais qu'*il se lève, il va vouloir avoir son *satchel*. Ce qu'on va pouvoir faire?

Babylas dit: «Moi, j'ai une idée: ça serait aussi bien de le tuer! Ce jeune homme-là, cherche, c'est peut-être lui qui nous a volés déjà! Puis là, il vient pour essayer de nous revoler encore. Pour s'en débarrasser, on le tuerait puis on resterait avec la fortune. Personne le saurait.»

Ça fait qu'il vient à bout de décider sa femme. Ah! ils partent tous les deux chercher une arme, un marteau de forge, un gros marteau.

Puis quand ils *ont* venu pour entrer dans la chambre, là, la femme dit: «Tue-le pas! Tue-le pas! Peut-être bien que sa mère l'attend, ça fait longtemps puis qu'elle serait contente de le voir arriver. Mettons-nous donc à sa place: si le nôtre nous arrivait tout d'un coup! Comme on serait contents!»

À force de lui en dire, elle prend Babylas par le bras puis elle descend en bas. Puis là, écoute un peu, les remords les *repoignaient* encore.

— Ah *maudit*! On aurait bien dû le tuer. On resterait avec sa fortune. On serait louangés plutôt [que] d'être méprisés. Notre fortune, la moitié de notre petit argent qui a été volée, qu'on a ramassé de peine et de misère, personne nous l'a ramenée. Arrache qui peut! Moi, j'y vais, je vais le tuer!
— Bien, elle dit, si tu y vas, moi, tu iras tout seul. Moi, j'y vais pas.

Ça fait que Babylas part, monte en haut. Puis il prend son marteau de fer, là, puis assomme le gars. Puis il va chercher une grosse roche, il met ça dans une poche qu'il attache autour du cou. Puis il le monte au bord de la mer, puis là, il prend son canot, puis il va le jeter dans vingt pieds d'eau.

Ça fait qu'il arrive sur les petites heures du matin. La bonnefemme était endormie.

Il réveille la bonnefemme: «Tiens, il dit, notre gars est parti!»

— Le gars?
— Il était peut-être bien venu pour nous voler *itou*, lui!
— Oui, mais sa fortune?
— Sa fortune! Il l'a laissée. Il a laissé sa fortune!

Ça fait que la bonnefemme se doutait pas mal de ce que c'est qu'il lui *avait* arrivé.

Ça fait qu'ils continuent. Avec de l'argent, le besoin les prend. Au bout d'un certain temps, ils s'en vont chez le marchand. Ils avaient besoin de hardes. Ça fait que la bonnefemme achète de quoi s'habiller puis se chausser.

Le commis, tout en mesurant l'étoffe, dit à la femme: «Vous devez être réjouie aujourd'hui?»

— Comment ça, réjouie?
— Depuis quinze, vingt ans que votre fils est parti puis vous n'avez pas eu de nouvelles. Aujourd'hui, il est arrivé.
— Comment mon fils! Il s'est pas fait reconnaître!

Ça fait que la bonnefemme perd connaissance du coup. Ça fait qu'ils vont chercher le docteur puis ils la font revenir. Puis là, bien, il l'amène à la maison. Puis là, ils sont rien que tous les deux, puis le désespoir puis les remords les prennent. Ils ont tué leur propre garçon!

Ça fait qu'au bout d'un an, la bonnefemme est morte. L'autre avait été chercher le curé, puis là, elle est morte. Il l'a ensevelie dans la terre sainte. Babylas est resté tout seul, lui là! Puis là, les soupçons commençaient à prendre: ils ont-ti tué? ils ont-ti volé? Qui sait comment c'est *amanché* cette affaire-là? Personne savait l'histoire.

Babylas, il était tout seul. Jamais il sortait. Ça fait que cette maison-là, tout le monde était rendu qu'ils en faisaient le tour. Personne arrêtait là. Ils disaient que c'était quasiment comme une porte d'enfer.

Ça fait que, de temps en temps, ils voyaient du feu dans la cheminée. Temps en temps, ils en voyaient pas. Ça fait que ça faisait une *secousse* qu'ils voyaient plus fumer dans la maison.

Ils ont dit: «*Mausus*! On va toujours bien aller voir s'il est mort! On le voit agir nulle part. Il sortait, aujourd'hui, il sort plus. Il est peut-être mort!»

Ça fait qu'il se groupe un certain nombre, une dizaine d'hommes.

Ils ont dit: «On va aller voir! Si on le trouve mort, bien, on l'enterrera.»

Ça fait qu'ils arrivent. La porte est barrée.

Ça fait qu'ils crient: «Babylas! Babylas!»

Pas de réponse. Quand ils ont vu qu'il n'y avait pas moyen de faire ouvrir la porte puis que personne répondait, ils défoncent la porte puis ils trouvent Babylas étendu sur le plancher puis les vers achevaient de le manger.Ça fait qu'ils *poignent* les restes. Dans ce temps-là, c'était des maisons qui avaient des foyers, des grosses cheminées en pierre. Ils se mettaient une perche, là, quand ils voulaient faire leur savon. Ils allumaient le feu, ils se chauffaient sous la cheminée, puis là, ils faisaient leur savon.

Ça fait qu'ils ont dit: «Ça serait une belle place pour l'enterrer. D'abord, il est toujours bien damné! Il doit avoir tué puis volé, puis le diable! Personne a dû venir le secourir. Il y a quelque chose là-dedans. On va l'enterrer là.»

Ça fait qu'ils ôtent les pierres du fond de la cheminée puis là, ils creusent un trou puis ils l'envoyent là, puis ils envoyent des pierres par-dessus. Là, ils ferment la porte.

Là, au bout d'un certain temps, tous ceux qui passaient devant la porte entendaient des bruits: ça parlait puis ça cognait, puis ça comptait. Ça fait que le monde avait une *maudite* peur de cette maison-là!

Ils disaient: «C'est une maison hantée, ça! Il faut s'éloigner!»

Ça fait qu'ils s'étaient fait un grand chemin pour pas passer devant la porte.

Ça fait qu'ils ont dit: «*Mausus*! La nuit, on entend compter! Il y a toujours bien du monde encore dans la maison!»

Ça fait qu'ils se groupent plusieurs puis ils ont dit: «On va aller voir!»

Ça fait qu'ils partent quatre, cinq hommes assez *rough*.

Ils ont dit: «S'il parle, il est toujours bien pas mort! On l'a enterré! Il y a toujours bien quelque chose!»

Ça fait qu'ils arrivent là puis la porte était encore barrée. Ils défoncent la porte encore. Ce qu'ils voient? Un *esquelette*!

Ils ont dit: «C'est-*ti* toi, Babylas?»

Il y en a un des deux qui dit: «Moi, écoute un peu, je laisse tout ça là, je m'en vais, je suis rendu à bout!»

Ça fait qu'ils partent encore, laissant tout ça là. Il vient comme une manière de franc-maçon dans la paroisse. Il entend parler de ça qu'il se comptait de l'argent dans cette maison-là. Il dit: «Il y en a toujours bien!»

Ils entendaient sonner les pièces d'or sur la pierre.

— Il y a toujours bien de l'or!

Ça fait qu'il se groupe encore deux ou trois hommes. Quand ils *ont* venu pour *rentrer*, ils ont dit: «Que le diable emporte tout, nous autres, on n'y va pas!»

Ça fait qu'il dit: «Moi, je m'en vais y aller tout seul!»

Ça fait que là, il *rentre*. Il aperçoit Babylas encore en *esquelette*.

Il dit: «C'est-*ti* toi, Babylas?»

— Oui, c'est moi!
— Pourquoi c'est que tu es ressuscité de même, tout en *sanglant* puis mangé par les vers?
— Ah! c'est une punition. C'est pour avoir volé puis tué.

Ça fait que le gars, il ramasse de l'argent puis il est parti. Ça fait que là, il y avait toujours un corbeau au bout de la cheminée. Quand ils le tiraient au fusil, ils pouvaient pas jamais le *poigner*. Quand ils le tiraient, il *rentrait* en dedans. Aussitôt qu'il était tiré, il sortait en dehors.

Puis là, l'argent continuait à se compter: un, deux, trois, jusqu'à cinq mille dollars. Ça fait qu'au bout d'un certain temps, le franc-maçon, il retourne puis il a vu ces pièces d'or-là. Il s'en est pris tant qu'il a pu puis il a *sacré* son camp.

CONTE-TYPE 1824

«Vere dignum et justum est, aequum et salutare», chante en latin le prêtre dans la *Préface commune*, juste avant le *Sanctus*.

Le conte que voici repose tout entier sur cette prière et sur le jeu de mots qu'il y est fait entre le verbe «salutare» [saluer] et le nom du frère d'un seigneur.

Comme Salutare est sans le sou, donc socialement déclassé, son frère trouve inconvenant qu'il soit nommé dans la *Préface commune* alors que lui, potentat local, hobereau de province, est ignoré.

Un étrange marché s'ensuit, qui tourne autour de l'honneur du nom dont les retombées paraissent plus enviables que celles qui originent de la fortune.

Le curé, mis dans la confidence, se fait fort de révéler la transaction qui rapporte doublement à Salutare. Son nom y est célébré de nouveau et il a acquis la moitié des biens de son frère.

Le conte se termine sur la psalmodie de la *Préface commune*. Si l'air y est reconnaissable, les paroles ont perdu la piété imposée par les circonstances.

Le conte-type 1824 entre dans la catégorie des *Plaisanteries sur les curés* [1725-1874].

SALUTARE

Une fois, c'était un seigneur. Puis ce seigneur-là, lui, il avait son frère qui s'appelait Salutare. Ça fait que tous les dimanches, il se faisait chanter ça, à la Préface, Salutare.

Ça fait que l'autre qui était propriétaire, il était jaloux. Il était seigneur!

Il dit: «Mon frère se fait nommer dans l'église tous les dimanches, Salutare, puis il a rien. Puis moi, je suis seigneur puis ils ne me nomment pas.»

Ça fait que, dans la semaine, il s'*amanche* avec son frère.

Il dit: «Je vais te donner la moitié de mon terrain si tu veux me faire nommer dans la Préface tous les dimanches.»

Ça fait qu'ils conviennent du marché. Ils font un bail. Ça fait que le dimanche dans la suite, bien là, le curé commence à chanter son Salutare. Il commence:

«Le seigneur de la paroisse a reculé son *trécarré*
Pour être nommé dans la Préface devant son frère Salutare.
Ah! le gros sot!
Il m'a défendu d'en parler devant ni homme, ni femme,
Mais j'en parle devant mon Jesum Christum Dominum Nostrum.»

CONTE-TYPE 921 B

Sans qu'il n'y paraisse trop et sous le couvert de l'ironie et de la dérision, le conte-type 921 B se livre à une véritable charge sociale. Il s'en prend à trois représentants des prestigieuses professions libérales du Québec d'antan: le prêtre, le médecin et l'avocat.

En fait, ce que ce conte facétieux affirme avec une certaine brutalité, c'est que sous des dehors respectables, le prêtre, le médecin et l'avocat peuvent, selon le cas, pressurer, causer la mort ou voler le bon peuple en toute impunité.

Le père peut dormir en paix. Ses fils dévergondés auront pignon sur rue, jouiront du prestige et de l'honneur conférés à leur profession tout en s'adonnant à leurs travers.

S'il y a une morale à tirer de ce récit, c'est que toute société, en fin de compte, repose, pour une bonne part, sur une forme plus ou moins larvée d'hypocrisie sociale, qui est, comme on le sait depuis La Rochefoucauld, *«l'hommage que le vice rend à la vertu»*.

LES TROIS FILS DE L'HABITANT

Une fois, c'était un cultivateur qui avait trois garçons. Ah! ils ne voulaient pas travailler sur la terre! Il y en avait un, quand il labourait, il faisait mourir les chevaux; l'autre, qui prenait les bœufs, ça allait jamais si vite; puis l'autre, bien, quand il allait chercher de l'eau au puits, il s'*amanchait* toujours pour répandre la tonne.

Ça fait que le bonhomme était bien découragé de ces garçons-là. Ça ne voulait pas travailler, puis ça ne voulait pas apprendre! Ça fait qu'il va se plaindre, un bon dimanche, au curé que ses garçons ne voulaient pas travailler.

Ça fait qu'il [le curé] dit: «Qu'est-ce que vous voulez que je dise? Comment est-ce qu'on va faire?»

Ça fait que, quand il voit ça, il laisse faire le curé, il s'en va trouver un autre plus renseigné.

Il dit: «J'ai trois garçons, puis ils ne veulent pas travailler ni l'un ni l'autre. Ils ne cherchent rien qu'à faire du mal. Il y en a un qui n'aurait rien que l'idée de tuer; puis l'autre aurait l'idée rien que de voler; puis l'autre, il ne voudrait rien que quêter.»

Bien, ça fait que l'autre gars, bien, il a réfléchi un peu: «Bien, celui-là qui ne veut rien que l'idée de tuer, là, faites donc un docteur avec! Les docteurs, eux autres, ils tuent quand ils veulent, puis ils ne sont jamais pendus. Puis le deuxième, bien, s'il ne veut rien que voler [quêter], faites un prêtre avec. Les prêtres quêtent tout le long de l'année; c'est leur gagne-pain, ça passe! Puis le troisième, faites donc un avocat avec. Les avocats, ils volent tout le temps de leur vie puis ils ne sont pas pris.»

Ça fait qu'il les a fait instruire puis il a fait trois gars qui ont fait leur vouloir tout le temps de leur vie puis ils n'ont jamais été pris.

CONTE-TYPE 1419

Le cocu, de tout temps, a été plaint ou «*ridicoculisé*» [le mot se trouve dans *Cyrano de Bergerac* de Rostand]. André Varagnac, dans

Civilisation traditionnelle et genres de vie, rapporte que le carnaval se déroulait sous le thème de la concorde familiale et qu'on n'hésitait pas, en la circonstance, à promener contre son gré les cocus à dos d'âne à l'envers à travers le village sous les quolibets des voisins. On poussait parfois la plaisanterie jusqu'à tracer, avec de la paille, un chemin reliant les demeures respectives de ceux que la rumeur publique, toujours exactement informée en pareille matière, désignaient comme amants et maîtresses adonnés aux amours adultères.

Les femmes impliquées dans de semblables amours encouraient, selon les époques et les cultures, un discrédit social plus dommageable que pour les maris, quand ce n'était pas la mort – par lapidation comme on l'ordonne dans la *Bible*. Prendre le parti d'en rire a constitué un puissant dérivatif à l'atmosphère de vengeance qui entoure immanquablement une telle situation.

Le conte que voici [conte-type 1419, *Le retour du mari trompé*] abandonne le mari à une ignorance bienheureuse. C'est l'amant qui en est pour ses frais!

Obligé de se cacher pour ne pas être découvert et subir les foudres de l'époux, il est contraint de chercher refuge sous les jupes de sa maîtresse. La mode du temps favorisait une telle cachette et il ne devait pas être désagréable de devoir à l'infortune un pareil recours.

Sous la robe, on aurait pu croire que ses sens s'en trouveraient attisés! Au contraire, l'hygiène de la maîtresse ne supportait pas d'être inspectée de trop près.

LE COUREUR DE JUPONS

Anciennement, des gars qui couraient les *créatures*, il y en a toujours eu. *En seulement*, c'était dans les rangs puis le gars charriait du bois de poêle.

Ça fait que le voisin va voir la femme. La femme s'attendait pas qu'il [le mari trompé] allait arriver si vite. Tout d'un coup, il voit arriver le mari de la femme.

Il dit: «Qu'est-ce qu'on va faire? Sortir par en avant, il va me voir – il n'y avait pas de porte de derrière dans ce temps-là! – Se fourrer sous le lit? – il n'y avait pas de couvre-lit –; il va me voir!»

— Tiens, la femme dit, j'ai une idée!

Elle était *après* filer.

Elle dit: «Fourrez-vous sous ma jupe!»

Ça fait que le gars, il était pas trop gros. Dans ce temps-là, c'étaient des grandes jupes qui étaient larges là, en flanelle. Il se fourre là-dessous. La femme continuait toujours à filer. Le gars arrive, il prend un verre d'eau puis il repart.

Puis le gars, bien lui, après qu'il [le mari] est parti, assez éloigné, il sort de là.

Ça fait que la femme dit: «As-tu bien trouvé le temps long?»

— Pas trop pire, mais le pire de tout, ça empestait le diable!

CONTE-TYPE 1319*

Dans *Le téléphone*, conte-type 1319* [*La citrouille vendue pour un œuf d'âne*] et variante du type 1337, le narrateur prend le temps de bien camper le décor matériel et le climat psychologique qui expliquent, chez un bûcheron néophyte, le pressant besoin de téléphoner.

Mais comment téléphoner quand on ne connaît l'invention que d'oreille et de bouche et quand on ignore, de surcroît, jusqu'au mobilier en usage dans les lieux d'aisances.

La méprise est facile et le bûcheron en est victime pour une raison tout à fait plausible. Que de fois refusons-nous de nous informer de peur de passer pour sot et dissertons-nous savamment sur ce qu'on ignore? C'est pourtant la voie royale pour le devenir et mettre les pieds dans le plat ou, comme dans le récit facétieux qui va suivre, la tête dans la cuvette.

LE TÉLÉPHONE

Un voyage, il y avait un jeune homme qui était monté dans le bois puis il avait rien que dix-huit ans. Après qu'il a été monté, on sait bien que dans ce temps-là, il y avait pas de communication. C'était à quatre-vingts puis à quatre-vingt-dix milles. Ils étaient six mois partis. Ils ne pouvaient pas descendre avant ce temps-là.

Ça fait que, rendu dans le bois, au bout de trois semaines un mois, le voilà qui s'ennuie! Ça lui passe pas! Il vient à bout de passer l'hiver.

Après qu'il est descendu, le premier village qu'il rencontre, il dit: «Je m'en vais toujours bien téléphoner à mes parents que je suis en descendant!»

Finalement, bien, il *rentre* à l'hôtel puis il demande au maître d'hôtel: «Je pourrais-*ti* téléphoner?»

Le maître d'hôtel dit: «Oui, vous pouvez téléphoner. La boîte est là, là.»

Le gars *rentre* dans la boîte. Plutôt que de *rentrer* dans la boîte où ce que tu téléphones – il n'avait jamais vu ça un téléphone – il *rentre* dans la *chambre des privés*. Il voit bien ça, une *bolle* là.

Il dit: «C'est bien le téléphone, je suppose!»

Il se met au-dessus de la *bolle* puis il crie: «Allô! allô!»

Ça ne répond pas. Ça fait qu'il recommence encore: «Allô! allô!»

Ça ne répond pas encore. Ça fait que, quand il a vu ça que ça ne répondait pas, il sort.

Le maître d'hôtel dit: «Vous avez-*ti* pu téléphoner?»

— Oui, j'ai téléphoné, mais seulement j'ai pas eu de réponse. Je pense bien qu'ils sont tous morts parce que ça sent le moribond!

Il était deux fois...

Mme Joseph Gauthier

*«Seigneurs, vous plaît-il d'entendre un beau conte
d'amour et de mort?
C'est de Tristan et d'Iseut la reine.
Écoutez comment à grand'joie, à grand deuil ils s'aimèrent,
puis en moururent un même jour, lui par elle, elle par lui.»*

Joseph Bédier
Le roman de Tristan et Iseut

MME JOSEPH GAUTHIER

De Mme Joseph Gauthier, il ne me reste que peu de souvenirs: une femme frêle et menue à la voix claire et précise. Au moment où j'entrai en contact avec elle, elle se savait atteinte de la leucémie, je crois, et ses jours lui étaient comptés parcimonieusement. C'est Jean-Claude Martel qui m'avait signalé son existence et son grand talent de conteuse.

Nous nous rendîmes donc, lui et moi, à Bégin, petite localité de la rive nord du Saguenay à mi-chemin entre Chicoutimi et Alma.

L'accueil y fut simple, réservé, discret. Je recueillis ce soir-là les seuls contes que je pus jamais obtenir d'elle. Sa fille en profita pour enregistrer sa mère. Nous écoutâmes tous, recueillis, sa fille, son mari, Jean-Claude et moi, Mme Gauthier procéder à sa dernière prestation de conteuse. Puis nous nous quittâmes, non sans nous être donné rendez-vous pour une autre séance de contes que j'espérais filmer, cette fois-là.

Cette séance n'eut jamais lieu, car j'appris, deux ou trois jours plus tard de la bouche de Jean-Claude, que Mme Gauthier venait de décéder. J'en éprouvai un double regret: de sa mort prématurée d'abord qui la ravissait trop tôt à l'amour des siens – mais n'est-ce pas tout le tragique de la condition humaine que de naître trop tard

et de devoir mourir trop tôt! – de la perte ensuite pour le patrimoine oral québécois: ces contes nombreux qu'elle savait, elle les
emportait irrémédiablement avec elle. N'ont pu être sauvés du
naufrage que les contes que je reproduis ici et ceux que, sans doute,
sa fille dut enregistrer pour conserver un souvenir de sa mère.

Mme Gauthier, née Gagnon, descendait d'une lignée de conteurs. Son père s'était fait, en ce domaine, une réputation qui dépas-
sait largement les limites de son village. Si mes souvenirs sont exacts,
il était aveugle et on le réclamait souvent dans les lieux les plus
divers pour conter. On venait «l'emprunter», comme le précisait
Mme Gauthier. Le Québec a engendré, lui aussi, ses Homères.

Le style narratif de Mme Gauthier est efficace, tout orienté vers
la conclusion sans jamais s'embarrasser de digressions qui retar-
dent la progression de l'aventure. Ses dialogues, nombreux, sont
précis, nets, concis, sans bavures. Ses personnages échangent entre
eux d'une manière toute spartiate: avec rigueur et laconisme.

Çà et là, ses récits sont traversés par le style formulaire si cher à
Marcel Jousse. On le retrouve surtout au niveau des dialogues. La
langue y est sobre et claire.

Évitant ainsi de s'embourber dans des longueurs confondantes
pour tout auditeur, les contes de Mme Gauthier rassasient tout en
laissant juste assez de faim pour qu'on en redemande un autre,
encore un et un autre encore. Jamais sa manière n'est indigeste.

CONTE-TYPE 700

Dans la classification d'Anti Aarne et de Stith Thompson[1],
Tom Pouce ouvre la série des *Autres contes surnaturels* [700-749].

Contrairement au modèle classificatoire, la conteuse, dans *Le*

---

1. Antti Aarne et Stith Thompson, *The types of the folk-tale*, New York, Burt
Franklin, 1971, 279 p.

Petit Poucet, se concentre sur les aventures du héros en réduisant la partie préparatoire à sa plus simple expression. Cette façon de faire accrédite l'impression que le Petit Poucet est un héros archiconnu de l'orature. Ce qui est exact.

La plus grande partie du récit est constituée de dialogues. Ils sont brefs, lapidaires, nomment les choses sans détour.

La fin peut paraître surprenante, voire cruelle, pour l'auditeur ou le lecteur suivant le cas. Il n'y retrouvera pas le dénouement heureux auquel son préjugé l'a certainement accoutumé. Le pauvre petit homme est lavé, essoré, étiré jusqu'à ce qu'il casse, comme un élastique quoi!

La commotion n'est pas bien grande puisque tous savent que Tom Pouce est un héros cyclique aux retours d'autant moins surprenants qu'ils sont attendus. Cassé Poucet, mais non pas mort! La tradition en rassemblera bien les parties pour les recoller. Phénomène plus fréquent qu'il n'y paraît, même dans l'ordre de la littérature. N'a-t-on pas vu Sherlock Holmes, assassiné aux mains du docteur Moriarty, ressusciter sans qu'on crie au scandale au nom de la vraisemblance, au grand plaisir de son public lecteur?

Tom Pouce est connu largement à travers le monde. On en retrace des versions en Estonie, en Finlande, au Danemark, en Norvège, en Suède, en Russie, dans les Flandres et... à Bégin.

LE PETIT POUCET

C'était une fois un Petit Poucet. Ça fait qu'il y avait des voleurs comme il y en a *astheure*. Ils avaient décidé d'aller voler dans un magasin. Ça fait qu'ils partent.

Ils ont dit: «Il faudrait avoir le Petit Poucet pour nous ouvrir la porte!»

Ils s'en vont trouver le Petit Poucet.

Ils ont dit: «Si tu veux venir avec nous autres au magasin, là, on te donnera la moitié de ce qu'on aura!»

En fait, le Petit Poucet était bien content. Ils partent tous les trois, puis rendus au magasin, ils font passer le Petit Poucet par la clenche de la porte.

Après ça, ils criaient: «Emporte-moi un rouleau de drap!»

— Du blanc ou du gris?
— Ne parle donc pas si fort, ils vont en avoir connaissance! Emporte-moi un ballot de ruban!
— Du rouge ou bien du bleu!
— Ne parle donc pas si fort!

Ça fait que, là, le gars du magasin – il était à même [la maison attenante au magasin] – il s'est dit: «Il y a quelqu'un dans le magasin, ça parle! Ah! ça parle!»

— Ah! dors donc! Tu sais toujours bien qu'il n'y a personne au magasin!

Il [un voleur] dit: «Emporte-moi une paire de bas!»

— Des gris ou bien des rouges?
— Ne parle donc pas si fort!

Oh! bien, le gars [le propriétaire], il dit: «Il y a quelqu'un dans le magasin!»

Ça fait que le gars, le bonhomme se lève. Puis les deux voleurs, eux autres, se sauvent avec le *matériel*. Puis le Petit Poucet, lui qui était dans le magasin, il n'a pas eu le temps de se sauver. Il y avait un bol de son: il se fourre dans le bol de son.

Ça fait que le gars, il regarde partout. Puis le matin, il va donner le bol de son à sa vache. La vache mange le son, mange Poucet puis mange tout.

Ça fait que la servante s'en va pour *tirer* la vache.

— Range-toi, Caillette!
— Non, range-toi pas, Caillette!
— Donne ta patte, Caillette!
— Donne pas ta patte, Caillette!
— Hey! elle dit, hey! C'est tout de même assez rare!

Elle s'en va. Elle arrive puis elle dit ça au gars.

Elle dit: «On dirait que ça parle dans la panse de la vache!»

Ça fait qu'il dit: « Je vais y aller, moi!»

Puis il va pour *tirer* la vache.

— Donne ta patte, Caillette!
— Donne pas ta patte, Caillette!

Il dit: «Hey! Range-toi, Caillette!»

— Range-toi pas, Caillette!
— Bien, il dit, il y a quelqu'un dans la panse de la vache!

Ça fait qu'il tue la vache. Puis on sait bien que Poucet était *équipé*.

Ils ont dit: «Faudrait toujours bien le laver!»

Ça fait qu'ils lavent Poucet puis ils l'étendent sur une perche, en l'air. Le voilà, Poucet, tout ratatiné! Puis il était petit d'avance: ça fait qu'il y en avait plus bien gros!

— Bien, ils ont dit, on va le prendre chacun par une patte pour l'étirer un peu!

Cassent Poucet!

CONTE-TYPE 1655

La scène de la petite fille enlevée par le «quêteux» et qui se retrouve chez sa marraine à l'heure du souper ressemble au conte xosa *Histoire de l'oiseau merveilleux du cannibale* compilé par Blaise Cendrars dans son *Anthologie nègre*[2]. Pour sauver la fillette, on lui subtilise un gros chat dans le conte de Mme Gauthier, des serpents et des crapauds dans le conte africain.

Le cannibale unijambiste en fut pour ses frais quant à lui: ses congénères, plus anthropophages que lui encore, se délectèrent de sa chair. Quant au «quêteux» de notre conte, il fut débauché par sa femme pour cause d'ineptie. Elle lui annonce, dans la même foulée, que c'est elle qui, désormais, pourvoira à l'entretien du ménage en le remplaçant sur les chemins de la mendicité.

Le conte-type 1655 prend place dans la catégorie des *Accidents heureux* [1640-1675] et mérite bien son titre classificatoire d'*Échanges avantageux*. D'un minuscule brin de blé, le «quêteux» voit son gain s'accroître au gré des incidents, la perte d'un bien étant largement compensée par celui qu'il exige en retour: une poule, une truie, une vache et une fillette.

Mais à l'instar de *La laitière et le pot au lait* de La Fontaine[3], pour avoir vu trop grand, inconsidérément, il a tout perdu.

Les échanges avantageux est un conte qui se prête bien au procédé énumératif et au style formulaire. Le «quêteux», invariablement, pour obtenir ce qu'il désire en réparation de ce qu'il a perdu, répète les mêmes séquences narratives. Elles traduisent bien son entêtement invincible qui a finalement raison de ceux qui lui ont fait bien involontairement tort en voulant lui rendre service.

On a retracé ce conte en Amérique, chez les Zuni, et en Jamaïque.

---

2.   Blaise Cendrars, *Anthologie nègre*, Paris, Livre de Poche, 1971, p. 254.
3.   Jean de La Fontaine, *La laitière et le pot au lait*, in *Fables*, Paris, Garnier Flammarion, 1966, Livre VII, p. 191.

LES ÉCHANGES AVANTAGEUX

Il était une fois un *quêteux*. Il arrive dans une maison et il demande la charité. La femme, elle, lui donne un brin de blé. Il s'en va dans une autre maison. Il demande à la femme pour coucher.

Il dit: «Où est-ce que je vais mettre mon brin de blé?»

Elle dit: «Mets-le sur la table.»

Ils étaient dans l'été; la porte était ouverte. Une poule, qui *rentre* dans la maison, mange le brin de blé du bonhomme.

Le lendemain matin, il dit: «Où est mon brin de blé?»

La femme dit: «On avait laissé la porte ouverte cette nuit; il faisait chaud. Puis il y a une poule qui est entrée et qui a mangé votre brin de blé.»

— Pas de chagrin, madame, j'aurai le brin de blé ou bien la poule. J'aurai le brin de blé ou bien la poule!
— Bien, vous savez toujours bien qu'on ne vous donnera pas notre poule. Nous avons rien que ça de poule!
— J'aurai le brin de blé ou bien la poule! J'aurai le brin de blé ou bien la poule!
— Bien, prenez-la donc, vieux *tannant*!

Il prend la poule, il la met dans son sac. Il arrive dans une autre maison. Il demande pour coucher.

La femme dit: «Oui!»

— Où est-ce que je vais mettre ma poule?
— Mettez-la contre la table, là.

Dans la nuit, la truie était dehors. La porte était encore ouverte. Elle *rentre* dans la maison, mange la poule.

Ça fait que, le lendemain matin, la femme dit: «Imaginez-vous qu'on a eu une malchance! La truie *a rentré* dans la maison et elle a mangé la poule.»

— Pas de chagrin, madame, j'aurai la poule ou bien la truie! J'aurai la poule ou bien la truie!
— Vous savez toujours bien qu'on n'a rien que ça de cochon puis on ne vous le donnera pas!
— J'aurai la poule ou bien la truie!
— Bien, prenez-la donc, vieux *tannant*!

Il prend la truie puis il l'envoye en avant de lui. Il arrive dans une autre maison. Il demande à coucher.

La femme dit: «Oui!»

Il dit: «Où vais-je mettre ma truie?»

— Allez l'attacher dans l'étable.

Il la prend puis il va l'attacher dans l'étable. Dans la nuit, il y a une vache qui se détache et qui tue la truie.

Le lendemain matin, elle dit: «Imaginez-vous qu'on a eu une malchance cette nuit! Il y a une vache qui s'est détachée puis qui a tué votre truie.»

— Pas de chagrin, madame, j'aurai la vache ou bien la truie! J'aurai la vache ou bien la truie!
— Vous savez toujours bien qu'on ne vous donnera pas notre vache! On n'a rien que ça de vache!
— J'aurai la vache ou bien la truie!
— Prends-la donc, vieux *tannant*!

Il prend la vache puis il l'envoye en avant de lui. Il arrive dans une autre maison. Il demande à coucher.

La femme dit: «Oui!»

Puis: «Où puis-je mettre ma vache?»

— Allez l'attacher dans l'étable.

Il va attacher sa vache dans l'étable. C'était une petite fille qui faisait le ménage. Elle envoyait boire les vaches à une source qu'il y avait, pas loin de l'étable. Elle va faire boire les vaches à la source. La vache du *quêteux* se débattait: elle voulait sortir en même temps que les autres.

Elle arrive chez *eux*: «Maman, maman! Je veux aller faire boire la vache à monsieur!»

— Vas-y pas! Elle n'est pas accoutumée, elle peut glisser! Il y a de la glace: elle peut glisser sur la fontaine et se noyer!
— Maman, maman! Je veux aller faire boire la vache à monsieur!
— Mais vas-y donc, petite *tannante*!

Elle part puis elle y va. Comme de fait, la vache glisse sur la glace, tombe dans la fontaine puis elle se noie.

Le lendemain matin, le bonhomme, il se lève.

— Imaginez-vous qu'on a eu une malchance! Ma petite fille est allée faire boire votre vache. Elle avait soif et elle se débattait. Puis elle a glissé sur la fontaine puis elle s'est noyée.
— Pas de chagrin, madame, j'aurai la vache ou bien la petite fille! J'aurai la vache ou bien la petite fille!
— Vous savez toujours bien qu'on ne vous donnera pas notre petite fille! On n'a rien que ça de petite fille!
— J'aurai la vache ou bien la petite fille! J'aurai la vache ou bien la petite fille!
— Prenez-la donc, vieux *tannant*!

Il prend la petite fille, il la met dans sa poche. Ça fait qu'il arrive dans une autre maison. Il demande à coucher. La femme accepte.

— Où vais-je mettre ma poche?
— Mettez-la ici contre la porte.

Le bonhomme se couche. Puis après qu'il est couché, ça se trouvait justement chez la marraine de la petite fille. La femme faisait des *beurrées* à ses enfants ce soir-là.

Puis la petite fille disait: «Moi, ma marraine! Moi, ma marraine! Vous m'en donnez pas?»

Elle regarde dans la poche, trouve sa filleule.

Elle dit: «Je vais te cacher sous un lit. On a un gros chat ici: je vais lui mettre le chat à la place et il n'en aura pas connaissance.»

Comme de fait, elle met la petite fille sous le lit puis elle met le gros chat dans la poche du bonhomme.

Puis, le matin, il prend sa poche puis il s'en va.

Il fait un bon bout puis il dit: «Ma petite fille, t'as-*tu fret*?

— Waou!
— *Coudon*, petite polissonne! Tu vas-*tu* parler mieux que ça? Si je mets ma poche à terre, tu vas la manger bonne!

Encore un bout: «Ma petite fille, t'as-*tu fret*?

— Waou!
— Je ne le dirai plus! Si tu prends la peine que je mette ma poche à terre, tu vas en manger une!

Il fait encore un bout. C'est encore la même chose: il lui demande si elle a froid.

— Miaou!

Quand il voit ça, il détache la poche. Le chat était fâché: il lui saute dans la face puis il le *grafigne*! Il était presque mort.

Ça fait qu'il s'en retourne chez lui puis sa bonnefemme lui dit: «Tu n'iras plus quêter! Tu n'es pas un bon *quêteux*. C'est moi qui *vas* prendre ta place!»

CONTE-TYPE 1525 A

Voilà un bien beau récit que nous raconte Mme Gauthier. Elle en maîtrise parfaitement la trame. Les dialogues vont à l'essentiel, la narration ne s'enlise jamais dans l'hésitation, l'approximation ou la digression. Tout y est subordonné à l'aventure de ce Ti-Jean, ci-devant maître voleur, héros cyclique de nos contes traditionnels.

Ti-Jean n'est cependant pas un voleur ordinaire. Un banal délinquant vole de son propre chef, poussé par l'appât d'un gain facile. Ti-Jean, lui, a fait ses classes. Voler est un métier qui s'apprend à l'égal de celui de charpentier.

Ce qui rend encore notre héros plus sympathique, quoi qu'on puisse penser de son gagne-pain, c'est qu'il est sommé de voler par ordre du roi; il est en service commandé, en somme, par royal décret. S'il déroge jamais du mandement, il encourt la pendaison. En la circonstance, l'honnêteté est une vertu contraire à sa propre sauvegarde. Et puis le cas relève presque de la casuistique; y a-t-il vol quand le volé a intimé au voleur l'ordre de le voler en lui désignant précisément ce qu'il doit dérober? Ti-Jean s'en tient à la lettre de l'obligation qui lui est faite.

Remplissant la partie du diktat royal qui le concerne, Ti-Jean peut jouir sans vergogne de son butin et il ne s'en prive pas, étalant au grand jour le fruit de sa rapine en toute impunité. Encore une fois, ce bien obtenu de manière si peu ordinaire ne saurait être un bien mal acquis. Ti-Jean a bel et bien choisi un métier pour ne pas crever de faim, comme il l'affirmait à ses frères et à sa mère.

La fin du conte est parodique et écorche au passage le clergé dans son représentant, le curé, floué par l'habileté consommée du maître voleur. Ti-Jean ne rate pas l'occasion de démontrer au prédicateur que sa morale est plus facile à prêcher qu'à pratiquer: «*Vous avez jamais entendu que la route du ciel était très étroite. Endurez!*»

Le conte-type 1525 A [*Le maître voleur*] est fort répandu dans l'hémisphère nord. On le retrouve en Russie, en Finlande, en Estonie, en Laponie, au Danemark, en Norvège, en Suède, en Livonie, en Amérique, dans les Flandres et à Bégin.

TI-JEAN, FIN VOLEUR

Il était une fois une pauvre veuve. Elle avait trois enfants. Ils n'étaient pas riches. Les petits gars commençaient à vieillir.

Ils ont dit: «Faudrait toujours bien aller apprendre chacun un métier pour essayer à vivre.»

Ça fait qu'ils partent tous les trois. Ils marchent dans le chemin un bout et ils arrivent à trois fourches de chemin. Ils prennent chacun leur fourche de chemin.

Ils disent: «On se rencontrera après un an, ici, à la même fourche de chemin pour s'en retourner chez nous.»

L'année se passe puis ils arrivent à leur fourche de chemin. Ils s'informent.

Il y en a un qui dit: «Quel métier as-tu appris, toi?»

— Le métier de charpentier!

L'autre dit: «Quel métier as-tu appris, toi?»

— Le métier de menuisier!

Ti-Jean, le dernier, ils lui ont dit: «Toi, quel métier as-tu appris?»

— J'ai appris le métier de voleur!
— Tu as appris le métier de voleur! C'est toujours bien terrible!
— Moi, j'ai appris un métier pour vivre puis vous avez appris chacun un métier pour crever de faim! Moi, j'ai appris un métier pour vivre!
— C'est notre pauvre mère quand elle va savoir ça! Elle va être bien découragée!

Ils partent tous les deux à la course pour aller annoncer ça à leur mère avant que Ti-Jean arrive. Ça fait que, bien croire qu'elle était contente de les voir arriver! Ça faisait un an qu'ils étaient partis. Elle leur saute au cou en arrivant.

— Puis quel métier as-tu appris, toi?

Le plus vieux dit: «J'ai appris le métier de charpentier!»

L'autre dit: «J'ai appris le métier de menuisier. Figurez-vous qu'on est venus vous avertir avant qu'il arrive parce qu'il a appris le métier de voleur!»

— Il a-*tu* appris le métier de voleur? C'est toujours bien terrible!

Elle se met à pleurer. Ça fait que Ti-Jean arrive. Sa mère pleure.

Il dit: «Qu'est-ce que vous avez à pleurer?»

— Ils ont dit que tu as appris le métier de voleur!
— Bien oui! J'ai appris un métier pour vivre. Les autres ont appris des métiers pour crever de faim. J'ai appris le métier pour vivre!

Elle dit: «Dis donc pas ça!»

Elle restait proche du roi. Tous les jours, elle allait faire son tour; le matin, elle allait faire son tour chez le roi.

Le roi dit: «Vos garçons sont arrivés?»

Elle dit: «Oui! Il y en a un qui a appris le métier de charpentier; l'autre a appris le métier de menuisier. Figurez-vous que mon Jean a appris le métier de voleur!»

— Ah! bien, il ne vous fera pas honte longtemps! S'il a appris le métier de voleur, je vais vous en débarrasser, ce ne sera pas long! Vous allez lui dire que s'il ne vient pas voler nos deux plus beaux chevaux avec notre plus beau carrosse, il va être pendu demain à neuf heures. Il n'ira pas plus loin!

Ça fait qu'elle arrive chez *eux* en pleurant.

Ti-Jean lui dit: «Qu'avez-vous à pleurer?»

— C'est le roi qui te fait demander que si tu ne vas pas voler ses deux plus beaux chevaux avec son plus beau carrosse cette nuit, que tu vas être pendu demain à neuf heures, que tu ne vas pas plus loin!
— Pauvre mère! Je vais y aller! Comme vous avez toujours marché sur vos petites pattes, là, vous allez avoir deux beaux chevaux et un beau carrosse pour vous promener. Vous êtes bien chanceuse!
— Ah! dis donc pas ça!

Ça fait que, dans la journée, il se fait faire un habit de père trappiste puis il se *greye* d'une cruche d'*eau d'endormi*. Le roi, bien croire qu'il met des gardes tout le tour de l'écurie pour guetter ses deux plus beaux chevaux puis son plus beau carrosse.

Puis il dit: «Il doit venir un voleur cette nuit! Tâchez de ne pas vous endormir! Guettez-le!»

Lui, vers minuit, il se promène devant l'écurie avec son bréviaire.

Puis ils ont dit: «M. le Père, comment ça se fait que vous vous promenez comme ça avec votre bréviaire?»

— Bien, il dit, j'ai pas fini de le lire puis je continue. Qu'est-ce que vous faites là, vous autres, cette nuit?

— Bien, il est supposé de venir un voleur puis on garde. Il est supposé de venir un voleur pour voler les deux plus beaux chevaux du roi avec son carrosse, puis on nous a demandé de garder.

Puis il se promène.

Un moment donné, il dit: «Ça doit être *tannant*, guetter! Vous avez rien à manger? Vous avez rien à boire?»

Les garçons ont dit: «Non!»

— Moi, j'ai une cruche d'eau, là!
— Bien, on en prendrait bien chacun un verre.

Ça fait qu'il leur donne chacun un verre d'*eau d'endormi* et puis il se promène encore.

— Mais mon doux! Vous devez être gelés, c'est fatigant! Vous ne prendriez pas encore un verre d'eau?

Ça fait que, là, ils tombent tous à terre, tous endormis. Pendant ce temps-là, lui, il sort les deux plus beaux chevaux avec le plus beau carrosse puis il part et il s'en va.

Le matin, le roi était resté bête de voir ce qui était arrivé. Il arrive dans l'écurie: les gars, tous couchés partout d'un bord et l'autre, qui dormaient.

Lui, il arrive chez *eux* à cinq heures du matin.

Il dit à sa mère: «Vous allez venir faire un tour avec le carrosse du roi!»

Elle ne voulait pas. Il la lève en jaquette puis il te l'*embarque* dans la voiture. Puis les voilà partis faire le tour de la ville. Puis les gars étaient tous découragés!

Ils ont dit: «La veuve avec Ti-Jean qui se promènent en beau carrosse à matin! Je sais pas ce qui est arrivé!»

Le roi, bien découragé lui, il dit: «Comment ça se fait que vous vous êtes tous endormis comme ça?»

— On le sait pas. Il y avait un père qui se promenait.

Le lendemain matin, la veuve s'en va voir encore le roi.

— Là, je vais vous en débarrasser! Là, ça va marcher mon affaire! Vous allez lui dire que s'il ne vient pas chercher mon drap qu'on a [mis] sur mon lit, il va être pendu demain à neuf heures, qu'il n'ira pas plus loin!

Ça fait que la bonnefemme se met à pleurer. Elle arrive chez *eux* en pleurant puis elle conte ça à Ti-Jean.

Il dit: «Pauvre mère! Je vais y aller! Depuis le temps que vous vous piquez vos vieilles fesses, vous allez coucher sur un drap de soie! Ça va être bien mieux!»

— Dis donc pas ça!

Ça fait que dans la nuit, lui, il s'empaille un bonhomme de paille. Puis là, il y a encore des gars pour surveiller le château. Quand il voit qu'il fait bien noir, il avait mis son bonhomme de paille sur une grande perche puis il passe son bonhomme de paille vis-à-vis un châssis.

Il y en a un qui dit: «Il vient de passer!»

Le roi dit: «Ne le laissez pas passer! Quand vous le verrez, tuez-le! Préparez vos fusils et tuez-le!»

Toujours, il laisse faire une *escousse* puis il passe encore son bonhomme dans la vitre. Il y en a un qui tire. Le bonhomme tombe à terre.

Il [le roi] dit: «Allez l'enterrer dans la *coulée* qu'il y a là-bas!»

Les gardes partent tous pour aller enterrer le bonhomme.

Il [le roi] dit: «Faudrait toujours bien que j'aille voir comment ils font ça!»

Il dit ça à la reine. Il se lève puis il s'habille. Il s'en va voir dans la *coulée* comment est-ce qu'ils enterraient le bonhomme. Pendant ce temps-là, mon Ti-Jean entre dans le château.

Il dit: «Donne-moi un drap pour l'ensevelir!»

Elle [la reine] dit: «Il y en a un dans le buffet. Prends-toi-z-en un!»

— Ah! j'ai pas le temps! Donne-moi le drap qu'on a en dessous de nous autres! Tu t'en mettras un autre, toi!

Ça fait que Ti-Jean arrive chez *eux* puis il donne le drap à sa mère.

— Tiens! Depuis le temps que vous avez pas eu de drap de soie, vous allez en avoir un!

Puis ensuite, le roi, lui, il arrive: il est bien découragé. Elle [la reine] était assise au pied du lit.

— Qu'est-ce que tu fais là?
— Tu es venu chercher notre drap! Moi, j'attends pour que tu m'en donnes un dans l'armoire!
— C'est encore Ti-Jean qui a fait ça! C'est bien vrai qu'il est fin voleur. Faut toujours essayer à s'en débarrasser! Un voleur de même dans une place, c'est terrible!

Il s'en va voir le curé. Il conte ça au curé.

— Il y a un voleur ici, c'est un fin voleur! Il n'y a pas moyen de s'en débarrasser! On ne peut pas endurer ça dans une place!

Le curé dit: «Moi, je m'en débarrasserai bien! Vous allez lui dire que s'il ne vient pas voler tout l'argent de la fabrique, qu'il va être pendu demain à neuf heures puis qu'il n'ira pas plus loin!»

Il arrive chez *eux* puis la bonnefemme s'en va encore le voir. Elle se met à pleurer encore. Elle pensait bien que c'était fini. Elle arrive chez *eux* en pleurant.

— Qu'avez-vous encore?
— C'est le curé, là! Il dit que si tu ne vas pas voler l'argent de la fabrique, tu vas être pendu demain à neuf heures, que tu n'iras pas plus loin!
— Pauvre mère! Vous avez jamais eu une *cenne* pour faire vos affaires! Là, vous allez avoir de l'argent en *masse*! Vous êtes bien chanceuse! Puis après ça, je ne vole pas: si je n'y vais pas, ils vont me pendre. Ça fait que je vais y aller. Ça ne sera pas voler!
— Dis donc pas ça!

Ça fait que, là, il s'habille en ange. Il se fait faire un habit d'ange. Il s'en va.

Le curé, il avait des vaches dans ce temps-là. C'était la mode des vaches. Il y avait un gros bœuf. Il prend le bœuf puis il lui attache la queue après la corde de la cloche. Ça fait que lui, il se monte sur l'autel habillé en ange. Ça fait que le bedeau, il allait sonner l'angélus, le soir. Il arrive pour sonner l'angélus, il aperçoit cette *bébite* après la corde de la cloche. Il s'en va chez le curé.

— Figurez-vous que le diable est après la corde de la cloche puis j'ai eu peur!
— Je vais m'en débarrasser!

Il s'habille comme pour dire la messe puis il prend un plat d'eau bénite avec un rameau. Le curé, lui, il passait en arrière de l'autel. Il aperçoit l'ange.

— Qu'est-ce que c'est?

— Ça, c'est l'ange Gabriel qui est descendu du ciel pour venir vous chercher en corps et en or. Vous avez toujours eu peur de la mort, mais vous, vous ne mourrez pas: pour ça, ça me prendrait tout l'argent de la fabrique!

Le curé est bien content.

Il arrive, il dit à sa servante: «Fais un sac puis ramasse-moi tout l'argent de la fabrique. Ça me prend ça: je monte au ciel en chair et en or. Il y a un ange qui vient me chercher!»

La servante se met à pleurer: «On va s'ennuyer!»

Lui, il dit: «Dépêche-toi puis organise-moi ça! J'ai jamais eu autant de chance!»

Elle lui fait un grand sac puis elle y met tout l'argent.

Puis elle dit: «Je pourrais bien me garder quelques *cennes* pour m'acheter un fuseau de fil!»

— Non! Il veut tout l'argent! Faut que je lui donne tout!

Elle lui fait un grand sac.

— Faites-le assez grand pour que je *rentre* dans le sac avec l'argent!

Ça fait qu'elle lui fait un grand sac. Et puis le curé se met dans le sac. Ça fait qu'il arrive avec le sac à l'église pour mettre le sac là. Puis lui [Ti-Jean], il attache le sac après la queue du bœuf. Voilà le bœuf parti dans les marches de l'église. Ça fait bang! bang! bang!

— Ça me fait mal, c'est terrible!
— Vous avez jamais entendu que la route du ciel était très étroite! Endurez!

Puis le bœuf, on sait bien, il ne savait pas où se jeter. Il saute une clôture, il saute sur l'autre, il monte sur les tas de roches. Ça fait que la porte du poulailler du roi était ouverte: il *rentre* dans le poulailler; il perd le curé dans la porte du poulailler.

Le lendemain matin, la servante s'en va pour ramasser les œufs: elle aperçoit cette affaire blanche-là puis ça *grouillait*.

— Bien, dis-moi donc qu'est-ce que c'est ça?

Les poules, le matin, *cacaillaient*.

Le curé, lui, il dit: «Je suis toujours bien rendu au ciel: j'entends chanter les anges!»

La servante elle, la peur la prend. Elle s'en va à la maison puis elle raconte [ça] au roi.

Elle dit: «Je ne sais pas ce qu'il y a dans la porte du poulailler: une affaire blanche! J'ai eu peur!»

Il dit: «Je vais y aller!»

Ça fait que le roi, il s'habille puis il arrive. Il pousse un peu avec son pied.

Il dit: «Qu'est-ce que c'est ça?»

— C'est le curé! Je ne suis pas rendu au ciel?
— Non! Vous êtes dans le poulailler du roi!
— Ah! bien, c'est encore le voleur! On va être obligés de le laisser faire parce qu'il n'y a pas moyen de le prendre!

Il était trois fois...

Philippe Laforest

«*Puisque ces mystères nous dépassent,*
feignons d'en être l'organisateur.»

Jean Cocteau
Les mariés de la tour Eiffel

PHILIPPE LAFOREST

Il aimait parler parce qu'il aimait les mots. À l'écouter, il donnait l'impression d'un gourmand qui vient de découvrir une talle de fraises des champs et qui, avec méthode et empressement, choisit les plus grosses, les plus rouges, les plus savoureuses, les plus gorgées de suc.

Tel il demeure à jamais dans ma mémoire.

La première chose qu'il me dit, lorsque j'entrai chez lui en 1976, ce fut: «Avec tous tes diplômes, tu apprendras que j'en sais bien plus long que toi!» Cela fut énoncé non pas d'un ton tranchant comme on serait tenté de le penser, mais de cette manière à la fois malicieuse et joviale qui le caractérisait. J'en pris d'autant plus volontiers bonne note que j'allais à lui justement pour apprendre ce qu'il savait. Cette leçon d'humilité, je ne suis pas près de l'oublier. C'est une belle leçon de vie: comment peut-on espérer apprendre vraiment si on n'a pas l'élémentaire humilité de se reconnaître ignorant!

À l'époque, Philippe Laforest habitait le chemin Saint-Philippe, embranchement du rang 4 de la municipalité de Saint-Nazaire, une modeste et confortable maison en bois rond qu'il s'était construite, à sa retraite, sur ses terres. Il s'était conservé le privilège de s'y retirer sans quitter les lieux où il avait réalisé sa vie. Un vieil arbre, même s'il donne toujours de jeunes fruits, ne se déracine pas sans quelque dommage, au contraire des jeunes plants.

Sa vie, aux péripéties nombreuses, mériterait qu'on s'y intéresse. Il s'est marié deux fois, a élevé vingt-quatre enfants. Mais, ajoutait-il, avec une étincelle d'orgueil dans les yeux, «le difficile, ce n'est pas de les faire, c'est de les élever». Il faut dire que sa seconde épouse, Desneiges Simard, apportait dans sa corbeille de mariée douze enfants.

Il fut tour à tour colonisateur, agriculteur, puis entrepreneur forestier. La chose politique ne le laissa pas indifférent. Son amour des discours bien fignolés et de la verve populaire le poussa à se faire organisateur politique. Il vouait une admiration particulière à Maurice Duplessis. C'était l'homme plus que le politicien qu'il admirait, et chez l'homme, ce qui entraînait son adhésion, c'était le tribun au verbe rond et savoureux, aux calembours incisifs.

Sa passion des mots colorés, des phrases bien tournées, des propos bien sentis le poussait à mémoriser des passages entiers des discours qu'il entendait, à se les répéter pour lui-même afin de mouler son esprit à cette forme particulière d'éloquence.

La parole était devenue à ce point chez lui une seconde nature qu'il parlait sans arrêt, même en travaillant. Une de ses filles me confiait, lors de son décès, qu'il parlait à ses pommes de terre en les arrachant. Lui-même m'avoua que, lorsqu'il était entrepreneur forestier, ses engagés, l'entendant discuter à travers les arbres, le croyaient en conversation avec d'autres bûcherons. Mais non! Il s'adressait aux arbres, avouait-il candidement.

Il était fatal qu'une telle disposition d'esprit, qu'un tel sentiment d'être en constante représentation, le conduisent naturellement au conte, forme achevée de l'éloquence populaire. Son sens inné de la mise en scène, son tempérament artistique indéniable le poussaient à donner une forme verbale à des situations que d'aucuns eussent laissé dans le non-dit. À chaque fois que j'évoque son souvenir, je ne suis pas sans l'associer au poète René Char qui écrivait: «*À nous qui parlons pour vivre*». Cet aphorisme a été pensé sur mesure pour Philippe Laforest.

La chaleur avec laquelle nous étions reçus, Mario Boivin et moi, chez le couple Laforest-Simard dépasse l'expression de la seule politesse. Nous avions le sentiment de faire partie de la famille. Pendant que Mario s'affairait à mettre en place son matériel d'enregistrement audiovisuel et que je préparais mon magnétophone, on sentait d'une manière presque palpable la joie qu'éprouvait Philippe Laforest à se préparer à dire ce qu'il avait à dire, à conter ce qu'il avait à conter.

Son meilleur public n'était pas ceux qui venaient recueillir son savoir, mais sa femme qui savait tout ce qu'il avait à raconter et qui l'anticipait souvent avec un plaisir évident, qui se manifestait par des éclats de rire difficilement contenus. Mme Simard tenait bien son rôle de choriste.

Je l'ai invité, à quelques reprises, à venir conter devant des cégépiens du Collège d'Alma. Il s'en faisait une fête et il était leur délice. Sa chaleur naturelle s'y donnait libre cours et, entre deux contes, il ne se privait pas d'y aller de considérations sur son ancien temps, qu'il mettait en regard avec leur jeune époque. Il le faisait avec une verve et un humour parfois grinçants. Il déployait, pour l'occasion, de réels talents de pédagogue. Sa seule présence captivait son auditoire.

Philippe Laforest n'était pas un être rigide, engoncé dans la timidité comme dans une camisole de force. Ses gestes nombreux, larges, volubiles témoignaient du contraire. Sa voix, au débit rapide et soutenu, aux effets précipités ou dosés selon le cas, portait. On sentait l'orateur qu'il aurait voulu être et qu'en de rares circonstances il avait été.

Parmi les nombreux souvenirs que je conserve de Philippe

Laforest, il en est un qu'il m'est toujours agréable d'aller puiser dans le vivier de ma mémoire.

C'était pour je ne sais plus quelle soirée inaugurale préparée par le directeur de la B.C.P. [Bibliothèque centrale de prêt], M. Jean-Marc Bourgeois, où l'on devait discuter de littérature savante et de littérature orale – d'orature, dirais-je aujourd'hui. M. Aurélien Boivin y présenta un panorama de nos lettres régionales et M. Bourgeois m'avait prié d'y aller de quelques réflexions sur l'orature.

Plutôt que de présenter des commentaires forcément embryonnaires et desséchés, je proposai d'inviter une figure typique et vivante de cet art vivant entre tous (puisqu'il exige la présence physique de son médium). M. Bourgeois accepta avec empressement, flairant la bonne occasion, et j'amenai Philippe Laforest et sa femme. Il y fit une prestation qui lui gagna l'enthousiasme des participants, tant sa force de conviction était grande et sa chaleur communicative.

À l'aise, sûr de lui, Philippe Laforest répandait son verbe avec abondance. Quand dans ma mémoire, je le revois aller tel qu'en lui-même, je ne manque pas de me dire: voilà une belle illustration du «geste auguste du semeur» de paroles de Victor Hugo à l'œuvre. À la fin de sa prestation – devrais-je dire de son numéro – lorsque la soirée évolua vers une partie moins formelle, je le vis se mêler à l'assistance, circulant à travers elle comme dans son élément naturel. Tous voulaient lui parler, lui dire combien on l'avait apprécié. Et pendant qu'il se partageait en plusieurs pour répondre à tous, Mme Laforest recueillait avec simplicité les commentaires qu'on distribuait sur son artiste de mari.

La soirée finit tardivement. Plusieurs participants avaient l'air d'être les invités de Philippe Laforest et n'étaient pas pressés de partir. Nous fermâmes presque la salle avec M. Bourgeois.

Philippe Laforest est un conteur expansif à la présence physique débordante. Il s'investit tout entier dans ses contes, allant jusqu'à se les approprier comme en témoignent les contes du *Poêlon* et des *Trois religieuses*. Il narre avec bonhomie; son débit est régulier, sa gestualité nombreuse; sa voix évolue sur plusieurs registres. Il sait faire dialoguer ses personnages, reproduisant les intonations de voix qu'il leur suppose.

Sa langue est variée et n'est pas sans recherche. Philippe Laforest ne résiste jamais au plaisir de placer un mot savoureux, de glisser çà et là une expression truculente. Chez lui, la langue où circule une sève verte, vit avec authenticité et vigueur.

Ce plaisir de dire et de se dire, Philippe lui a donné une forme achevée lorsqu'il a composé, selon l'art et la technique de l'orature, un poème, de facture épique, sur sa vie. Il le récitait à ses enfants lors de rencontres familiales d'une certaine importance en des occasions précises de l'année: les mariages, les Fêtes.

Ce texte que j'ai recueilli mériterait d'être publié et analysé afin d'en montrer la richesse autant littéraire qu'anthropologique. Comme tout auteur, Philippe Laforest s'est créé des prédécesseurs parmi les plus grands de la littérature. Cela est d'autant plus méritoire qu'il n'a pas consacré sa vie aux études littéraires.

Un dernier trait donnera une idée du plaisir évident qu'il prenait à conter. La complicité qu'il entretenait avec son jeune auditoire composé de ses petits-enfants y transparaît clairement.

«*Finalement, quand je suis* tanné *d'eux autres:*

— *Bon, les petits-enfants, arrêtez un peu, là! Il est neuf heures! Là, je suis* tanné *de vous voir jouer puis de vous faire faire du mal! Venez ici! Je vais vous conter une histoire!*

Bien, maudit! Ils s'en viennent tous puis ils se mettent en rond. Ils s'assoient sur le tapis, là, puis:

— *Bon, pépère, contez-nous une histoire!*
— *Qu'est-ce que vous voulez? Une histoire de petite fille!*
— *Bien, tantôt!*
— *Bien, qu'est-ce que vous voulez?*
— *Une histoire de grosse* bibite!

Ah! bien là, par exemple! La grosse bibite! *Ils s'en viennent par ici et puis là, écoute! Philippe, Isabelle s'en viennent, puis ils viennent:*

— *Pépère!*

Puis après ça, on va couper des arbres de Noël, puis on grafigne *la montagne, puis on monte. Et puis, il y a des fois, le petit garçon:*

— *Wow! Wow! Arrête, pépère! As-tu pris ta grosse hache?*
— *Je l'ai oubliée!*
— *Bien,* revire! *Va la chercher!»*

J'allais omettre que Philippe Laforest, grand travailleur et profond deviseur, s'accordait une journée de vacances par année. Pour aller pêcher!

CONTE-TYPE 1319

Philippe Laforest riait beaucoup et s'esclaffait encore plus en narrant ce conte qui s'insère dans la catégorie des *Contes de benêts ou de personnages stupides* [1200-1349]. Il en préparait minutieusement la chute finale avec un plaisir évident,largement partagé par son épouse qui ponctuait les propos du conteur d'éclats de rire qu'elle étouffait de son mieux.

Le conte-type 1319 [*La citrouille vendue comme un œuf d'âne*] met en scène un individu peu scrupuleux qui abuse de gens ignares en dépit du simple bon sens.

Il leur présente comme une nouveauté un fait biologiquement impossible, une aberration de l'esprit qui, au gré de circonstances plus loufoques les unes que les autres, s'accréditera dans la réalité.

De la citrouille convenablement couvée, semblera sortir un lièvre qui prendra, dans l'esprit de la couveuse, la stature d'un poulain particulièrement véloce.

On a recueilli ce conte également en Estonie, en Livonie, dans la Flandre, et Marius Barbeau l'a retrouvé chez les Indiens Wyandot du Canada.

LES ŒUFS DE JUMENT

Un jour, il y avait deux cultivateurs qui restaient voisins, puis dans le printemps, ils s'étaient semé des citrouilles. Les citrouilles sont tellement les bienvenues dans l'automne, des citrouilles, ah oui! elles étaient à cette hauteur-là [geste du conteur]!

Finalement, un bon jour, ils chargent les citrouilles en arrière du *pick-up* pour aller vendre ça en ville. Mais en ville, pas moyen de vendre leurs citrouilles: elles étaient trop grosses! Pas moyen de les vendre!

— Ça nous embarrasse ! Qu'est-ce qu'on va faire avec ça? On n'en veut pas!
— C'est correct!

Le soir rendu, ils sont obligés de partir tous les deux puis de s'en retourner. En s'en allant, il y en a un qui était songeur.

Il dit: «À quoi tu penses?»

— Je pense à une chose. On va aller dans le rang en haut, à l'autre bout tout à fait, là, il y a des colons là, puis j'ai une idée par-derrière la tête. Envoie-nous là!

Ça fait qu'il les envoie là. Ils arrivent à un petit *campe* de bois rond puis ce n'était pas grand. Il y avait un vieux puis une vieille là-dedans. Il y avait un vieux cheval qui était au bout de la maison, là, qui était prêt à mourir; il était maigre ce pauvre diable, puis il avait de la misère à marcher.

— Ah! il dit, ici je suis correct! Je vends une citrouille cinq *piastres*!

Il entre.

— Bonjour, madame! Bonjour, monsieur!

C'était un gros bonhomme puis une grosse bonnefemme, puis ils étaient assis tous les deux, puis ils se berçaient. C'était le soir.

— Ce que vous désirez?
— Monsieur, on vend des œufs de jument!
— Comment des œufs de jument?
— Oui!
— Bien oui, mais je n'ai jamais entendu parler de ça!
— Bien non, mais c'est nouveau ça! Des beaux gros œufs de jument, vous savez, puis...
— Ah oui! Mais où est-ce qu'on va faire couver ça?
— Ah! [avec] une grosse dame comme vous avez, dans quatre semaines, ça éclôt!
— Ouais? Bien, il dit à la bonnefemme, j'ai envie d'en acheter un!
— Bien, elle dit, notre cheval se meurt, puis c'est le temps si on veut en avoir un.

Ça fait qu'ils achètent une citrouille cinq *piastres*.

Ça fait que la bonnefemme demande: «Bien, *astheure*, comment s'installer?»

— Bien, vous allez prendre une brassée de paille. Là-bas, là, tiens, il y a une grande *coulée*, là, qui est creuse, là?
— Ouais!
— Là-dessus, il y a un *butteron*: mettez une brassée de paille

dessus pour pas que l'eau entre. Votre femme va couver ça puis, au bout d'un mois, vous allez avoir un petit poulain. Vous avez une vache?

Elle dit: «Oui! »

— Oh! bien, tout est parfait!
— C'est correct!

Finalement, ils laissent la citrouille puis le bonhomme roule la citrouille. Il n'était pas capable de la porter. Il fait un nid de paille sur la petite butte qu'ils avaient dite, puis là, la bonnefemme se met à couver!

Là, il a fait une petite cabane pour la nuit, *en cas qu*'il mouille. Puis la bonnefemme couve quinze jours. Au bout de quinze jours, elle est *tannée*.

Elle dit au bonhomme: «Viens couver l'œuf une *escousse*. À ton tour! Moi, je suis *tannée*.»

Le bonhomme va couver huit jours encore.

Puis au bout de huit jours: «Ah bien! Tiens, viens reprendre ta *job*; moi, je suis *tanné*, j'en peux plus!»

Ça fait que la bonnefemme va reprendre la *job*. Puis là, les quatre semaines étaient écoulées. Puis, finalement bien, elle écoutait sa citrouille, elle n'entendait rien.

Un bon matin, elle dit: «Je vais la *virer* un peu: peut-être bien que l'œuf est *craqué* par en dessous; ça lui nuit peut-être pour éclore.»

Elle prend la citrouille, puis tout d'un coup, la citrouille décolle, puis elle *poigne* le pendant, puis elle ouvre. Puis, en bas, il y avait un tas d'aulnes, un tas d'*aulnages*, là. La citrouille arrive dans le tas d'*aulnages*, puis, il y avait bien un lièvre là-dessous: le lièvre décolle.

La bonnefemme se met à crier: «V'là-*ti* pas un petit *maudit* veau! Viens trouver ta mère, dépêche-toi, viens trouver ta mère!»

La bonnefemme part à la course, puis elle s'en va à la maison.

Elle dit: «Si tu crois, le petit poulain est arrivé au monde!»

Le bonhomme dit: «Bien, allons voir!»

Elle dit: «Dépêche-toi parce qu'il est parti à la course. Je n'ai jamais vu un petit poulain être si vigoureux au monde! Le diable l'emporte dans le bois!»

Ils n'ont jamais retrouvé le poulain!

CONTE-TYPE 1825

Se moquer du clergé qui paresse et s'exprime en un charabia incompréhensible, tel est le thème de ce conte drolatique. C'est tout un art que d'arriver à se faire vivre très convenablement par d'autres sans avoir à travailler, et à parfaire son instruction de buissonnière manière sur le chemin des écoliers qui est le plus long, comme d'aucuns le savent pour l'avoir fréquenté assidûment.

L'apprentissage du latin, indispensable aux cérémonies du culte, se fait de la plus macaronique façon. Le charabia qui en résulte est digne des meilleures scènes de Molière se moquant des médecins ignares qui masquent leur incompétence sous le couvert d'une langue pseudo-scientifique.

Ti-Jean le Paresseux peut abuser tout le monde, percevoir la dîme et même – suprême coquetterie – se permettre de houspiller ses ouailles en leur faisant croire, à l'aide d'eau bouillante, qu'elles sont possédées par le démon.

Recensée au nombre des sept péchés capitaux, «*l'oisiveté... mère de tous les vices*» est certainement, dans le récit qui va suivre, celle de l'invention, n'en déplaise à la nécessité au dire de Platon. N'est pas paresseux qui veut: il y faut une bonne dose de talent, sous peine de devoir se chercher un vice plus lucratif.

Le conte-type 1825 [*Le paysan comme curé*] est un conte complexe qui emprunte des motifs aux contes 1641 C de la catégorie des *Accidents heureux* et 1628 des *Hommes ingénieux*.

On l'a recensé en Finlande, en Estonie, en Laponie, en Norvège, en Suède et dans la Flandre. Évidemment, aussi chez Philippe Laforest.

HISTOIRE D'UN QUI VOULAIT SE FAIRE PRÊTRE POUR NE PAS TRAVAILLER

Il est bon de vous dire qu'une fois, c'était un vieux coq qui restait en campagne, *en* banlieue de la ville. Alors, il avait un garçon, mais il était paresseux, paresseux! Il ne travaillait jamais, il passait la grande journée couché sur la galerie, là, au soleil. Il se chauffait toute la journée puis il ne faisait rien.

C'était le vieux puis la vieille qui étaient obligés de tout faire, renchausser les patates et puis faire les légumes, puis *tirer* la vache quand ils en avaient une, faire boire les petits veaux puis les gorets. Il ne faisait rien.

Puis un bon jour, le père et la mère sont *tannés*. Ils te l'ont *sapré* dehors!

En partant, il s'est mis à dire: «Ouais! D'abord que vous ne pouvez plus me faire vivre, moi, je vais faire un curé.»

— Ouais, bien oui! Je vois le beau curé que tu vas faire!

Puis il est parti. Finalement, un bon matin, il décolle puis il s'en va. Il avait son petit baluchon sur le dos puis il s'en allait *en* campagne. Il arrive devant une petite maisonnette.

Il se dit: «Je vais arrêter ici, tiens! Je commence à avoir soif.»

Il y avait une femme, là, une jeune femme entre deux âges qui avait vidé son vase dehors. Toujours que c'était le printemps: il y avait de la glace un peu. Elle tombe sur le dos, puis le pot tombe sur la glace. Il casse en deux.

Il dit: «Madame, en latin, comment pouvez-vous appeler ça?»

— Appelez ça comme vous voudrez, je me *sacre* bien de vous!
— Oui! bien Madame, en latin, on appelle ça: pot *timba*, pot cassa.
— Appelle donc ça comme tu voudras, puis que le diable t'emporte!
— Bien, c'est correct!

Il prend son petit livret puis il écrit ça.

— C'est correct!

Il fait encore un petit bout. Rendu sur le coup de midi, il *rentre* dans une maison.

Il dit: «Ils vont peut-être m'offrir un petit lunch. Je *rentre* là.»

Il y avait une femme qui cousait au moulin.

Là, il dit: «Madame, qu'est-ce que vous faites là?»

— Bien, elle dit, je fais des robes pour mes petites filles.
— Comment ce que vous appelez ça en latin?
— Comment en latin! Je ne sais pas le latin!
— Comment! Vous savez pas le latin! Oui mais, il dit, vous devez le savoir le latin! Vous allez à la messe de temps à autre?
— Oui, mais je ne connais pas le latin.
— Bien, en latin, on appelle ça: robina, robinae, du butin pour habiller mes petits, robinae.

— Ouais bien, appelez-le donc comme vous voudrez!

— Bien, je pourrais-*tu* avoir à dîner?

— Non, vous êtes un polisson! *Saprez* votre camp!

Il a été obligé de partir puis de s'en aller. Ça fait qu'il fait encore un bout, puis là, le soir, il couche dans une petite masure comme il peut.

Puis il dit: «Ah! je vais rester ici une couple de jours. Je vais aller me voler des œufs dans le poulailler du voisin, puis avec ça, je suis correct! Après ça, je vais m'en retourner.»

Au bout de deux jours, il s'en retourne chez *eux*. Mais avant de partir, il passe dans un village: le curé était absent. Il *rentre* dans le presbytère, puis là bien, il se met à regarder. Il trouve un *bonnet carré* accroché puis une vieille soutane.

— Ah! il dit, avec ça, je suis correct!

Il prend le *bonnet carré* puis la soutane puis il s'habille comme il faut, puis il met son *bonnet carré* puis il part. Il arrive chez *eux*. Son vieux père le voit venir.

Il dit: «Mais ma vieille, regarde donc! Mais c'est Jean, c'est Jean le Paresseux!»

Il l'appelait Jean le Paresseux.

Elle dit: «Oui, bien oui! Mais regarde donc ça! Mais c'est-*tu* vrai qu'il serait curé?»

— Ah! peut-être bien!

Ça fait qu'il arrive. Il *rentre* dans la maison.

Il dit: «Bonjour!»

— Bonjour! Tu n'as pas été longtemps dans ton voyage!

— Bien non! Ah! je suis correct! Je suis correct pour desservir une petite paroisse. Une paroisse nouvelle, là je serais correct!
— Es-tu assez bon pour ça?
— Ah oui!

Ça fait que le père se met à dire: «Connais-tu la prose, ce qu'il dit durant la messe?»

— Ah oui!
— Bien, fais-nous voir ça!
— Bien maman, je sais un peu le latin: «Ex aequum bonum et cum edurun dum, habitare frates et filium et labloc et l'écume dans le fond du lac, et secundix secundax et cara pax, ecce vox. Pot *timba*, pot cassa, robina, robinae, du butin pour habiller mes petits, robinae. Oremus.»

Le bonhomme a dit: «Ma vieille, c'est justement ça! J'ai déjà été à la messe, c'est ça. Il est prêtre certain, il est curé. Ouais! bien, il faut aller l'installer. Ouais! il y a une paroisse plus loin à peu près à une douzaine de milles d'ici; il n'y a pas de curé. Ah! les habitants, ça n'a pas de bon sens! Il est venu des jeunes prêtres, mais ils ont été obligés de s'en aller. Ils ont fait la vie tellement dure, ils ont été obligés de s'en aller.»

— Bien, moi, je vais aller là. J'en viendrai bien à bout. Papa, attelez puis vous allez venir me *mener*.
— C'est correct?

Le père attelle sa grande charrette, une charrette à deux roues. Dans ce temps-là, il n'y avait rien que ça. Il attelle un cheval blanc sur sa charrette à deux roues puis ils embarquent, puis les voilà partis.

Ça fait qu'il arrive là puis les gens de la paroisse le voient arriver. Il y avait un petit presbytère, là, une petite maison commune; c'était à côté d'une petite chapelle.

— Ah! il dit, c'est correct! Ça va faire!

Ça fait que les habitants se sont rapprochés puis ils ont dit: «Que venez-vous faire ici?»

— Ah! bien, c'est moi qui *est* le nouveau curé de la paroisse. Je suis envoyé par Monseigneur. Puis après ça, j'espère qu'on va s'accorder. Mais par exemple, je demanderais une chose aux paroissiens: vous savez, je suis pas riche, j'achève mes études, là, comme prêtre. J'ai tout dépensé mon argent. Si vous vouliez m'apporter une poche de patates; un autre, un cinq de lard salé; un autre, un petit bocal de confitures; un autre, deux ou trois pains.

— Ah oui! On peut faire ça!

Ça fait qu'ils *ont rentré* dans le presbytère. Il s'est installé puis ils ont apporté ce qu'il fallait pour vivre pour une semaine ou deux au moins.

Ça fait que le dimanche dans la suite, *coudon*! c'était l'heure. Ah! les paroissiens sont arrivés; c'était vide dans la paroisse, tout le monde était rendu.

Finalement, bien, il dit: «Ce qui est le pire, c'est de faire le sermon. Comment vais-je m'*amancher*? Ah! bien pour aujourd'hui, j'en ferai pas! Non, j'en ferai pas!»

Ça fait que, finalement, il monte en chaire.

Il dit: «Mes très chers paroissiens, j'aurais bien voulu, c'est pas le désir qui manque, c'est pas la volonté, mais pour aujourd'hui, je pense qu'il n'y aura pas de messe. J'ai calculé ça: je vais me préparer comme il faut, mais dimanche prochain, je vous en promets une. Mais par exemple, comme je vous l'ai dit en arrivant, ça me prendrait un petit peu de dîme; ça compterait sur la dîme que vous devriez l'hiver prochain ou l'année dans la suite.

Ils ont dit: «C'est correct! C'est correct!

Ils sortent dehors puis sur la porte de l'église, il leur dit tout ça: «Apporte-moi un voyage de foin; apporte-moi un voyage de grain pour nourrir ma vache et mon cheval.»

Puis c'est ci, puis c'est ça. Dans la semaine, la dîme arrive de tous bords et de tous côtés. Sa grange est presque remplie.

— Oui bien! dimanche prochain, il va bien falloir que je m'organise. Comment vais-je m'organiser? Ouais! bien, arrête un peu, j'ai une idée!

Ça fait que le dimanche matin, il se lève un peu plus de matin que de coutume. Il avait dormi toute la semaine, il était correct! Ça fait qu'il se lève, il prend le *canard* puis il met ça sur le poêle. Je te dis que l'eau bout à gros bouillons! Il vide ça dans une telle chose. Puis il s'était fait un pinceau avec du poil de cochon.

Finalement, il s'en va dans l'église, puis il dit: «Ouais! Aujourd'hui, mes chers amis, il va y avoir une messe. Elle va commencer par l'Asperges.»

Ça fait que, finalement, il trempe son chose [pinceau ou goupilllon] puis il commence à arroser ça. Bien, les paroissiens, ça les brûlait!

— Aïoye ! Aïoye! Aïoye! Mais c'est bien chaud! Mais c'est bien chaud!

Puis il fait le tour de l'église, puis rendu, il met tout ça sur la balustrade, là. Puis il monte en chaire:

— Mes très chers frères! Ah! que c'est donc regrettable! Je pensais de rester mon règne avec vous autres, mais je suis obligé de m'en aller. Vous êtes pires que des démons sur la terre. L'eau bénite vous brûle. Bonsoir, mes amis! Je vous remercie de tout ce que vous m'avez donné.

Le lendemain matin, il se *greye* puis il s'en va chez *eux*. Il y a fini ses jours.

CONTE-TYPE 1851

Ce conte réunit tous les ingrédients pour en faire une œuvre érotique: des religieuses qui ont fait vœu de chasteté et une méprise qui fait prendre les trayons d'une vache pour des sexes d'hommes à la suite d'un accident que l'auditeur a bien de la difficulté à croire malheureux.

Il s'ensuit une série de quiproquos où une vache malchanceuse se trouve métamorphosée en trois hommes émasculés.

Les religieuses sont si émues de leurs découvertes que pour peu on aurait droit à une phallophorie.

Philippe Laforest, pour donner plus de poids à son récit, parle à la première personne et se transforme, partant, en témoin oculaire de ce désopilant fait divers. Il en remet, ajoute des détails anatomiques sur les vaches, disserte sur les races bovines et leurs qualités respectives tout en se prononçant, en fin connaisseur, en faveur de la race Holstein qui compose le cheptel de nombreux cultivateurs régionaux.

Et puisque nous n'en sommes pas à une outrance près, voilà que les restes mortels des quatre individus produisent des miracles. Il y a matière à écorcher la crédulité de bien des personnes dévotes. Ce récit facétieux est-il pour autant aussi éloigné de la réalité? On en doute à raison: si on se réfère au témoignage de Bertrand Russell[1], les os de sainte Rosalie, à Palerme en Sicile [Italie], produisent des miracles vrais alors même qu'un anatomiste laïc les a identifiés comme des os de chèvre. Que croire après cela? Et qui surtout?

Le conte-type 1851 s'inscrit dans la catégorie des *Plaisanteries sur les curés* [1725-1874].

---

1. Bertrand Russell, *Science et religion*, Paris, Gallimard [Coll. *Idées*], 1971, p. 63.

Le motif des trayons de vache considérés comme des sexes d'hommes est à rapprocher du conte-type 1319 où l'on fait passer une citrouille pour un œuf d'âne.

LES TROIS RELIGIEUSES

Un bon jour, je m'en vais, je restais à Chicoutimi. Il y a une idée qui me prend; j'avais affaire à Québec. Ça fait que, finalement, je prends le train.

J'ai dit: «Je vais prendre le train.»

Le train était bondé de voyageurs puis, à bord, il y avait trois religieuses. Il y avait une Supérieure puis deux sœurs converses, là, qui montaient à Québec, je suppose. En tout cas!

Finalement, on part. Vous savez que la voie ferrée passe au travers des fermes des cultivateurs puis il y a des fois qu'il peut arriver des accidents, comme ça, que les animaux passent sur la voie ferrée.

Finalement, on était rendu dans Saint-Jérôme. Ça allait bien; le train allait à vive allure. Tout d'un coup, le conducteur pèse sur la manette de la sirène puis il lâche trois coups de sirène. Puis le serre-frein applique les freins à toute raideur puis le train arrête sec. Mes amis! les voyageurs culbutent par-dessus un banc, par-dessus un autre.

Ils ont dit: «Ce qui est là? Ce qu'il y a là?»

Ça fait que le conducteur débarque puis voilà tous les voyageurs débarqués, puis les trois religieuses aussi.

Puis ça demande: «Ce qu'il y a là? *Coudon*, hey! Monsieur le conducteur!»

— Ce qu'il y a là! C'est un accident!

C'est tout ce qu'il dit. Mais savez-vous ce qui *avait* arrivé? Vous savez, les cultivateurs, pour commencer, une chose que vous savez peut-être pas, vous savez, dans les vaches laitières, là, ils aiment mieux la race Holstein. C'est mieux que la vache Ayrshire, la vache Canadienne, la Charolais, enfin toutes les autres, les Limousins. Savez-vous pourquoi? C'est parce qu'elles ont des grands trayons puis ils sont gros, vous savez. Ça fait que la traite se fait plus vite, plus facilement. C'est pour ça que la race de vaches Holstein est la préférée des cultivateurs.

Finalement, le train arrête puis, *coudon*, il avait frappé une belle grosse vache Holstein qui pesait à peu près dix-huit cents livres. Bien croire! Puis il n'avait pas pu freiner à temps. Il l'avait frappée puis elle *avait* monté à une quarantaine de pieds dans les airs puis elle *avait* retombé cent pieds plus loin tout en charpie.

Finalement, les gens s'en vont et puis les religieuses s'en vont aussi. Finalement, il y avait une sœur converse qui arrive puis elle trouve un trayon de vache.

Elle dit: «Mes sœurs! Un homme de mort! Prions, mes sœurs! "De profundis Deus exclamavit a te Domine Domini, exaudi vocem meam, amen!" Bon! C'est-*ti* regrettable! Le saint homme!»

L'autre fait un petit bout; elle en trouve un autre.

Elle dit: «Mes sœurs! Il y a deux hommes de morts! Les saints hommes, mes sœurs, qui ont donné leur vie pour sauver la vache de leur voisin. Prions, mes sœurs! Bon! "Que les fidèles défunts reposent en paix, amen!" Bon! Mon Dieu Seigneur!»

Elles avaient leur trayon dans la main! Puis vous savez qu'une vache Holstein, ça a les trayons d'en avant bien plus gros que ceux d'en arrière. La Supérieure s'en allait.

Elle dit: «Mes sœurs! Trois hommes de morts!»

Elle, elle avait trouvé un trayon d'en avant.

— Regardez-moi cette grosseur puis cette longueur! Ça devait être tout un costaud! Ah! là, prions, mes sœurs! «Pater noster et ne nos inducas in intentionem, amen!»

Ça fait qu'il y a une sœur qui dit: «*Coudon*! On va aller porter ça au conducteur pour qu'il enterre ça avec les restes des hommes, là.»

La Sœur supérieure dit: «Non! On va les emporter au couvent. On va les enterrer dans la cour du couvent puis après ça, quand on aura des faveurs à demander, on les demandera à ces trois saints hommes qui sont morts au champ d'honneur.»

Bon! Elles emmènent les trois trayons à leur couvent puis c'était au couvent du Bon Conseil à Chicoutimi. Elles enterrent ça dans la cour.

Puis un bon jour, au bout d'une couple de mois, je m'*adonne* à passer par là puis j'entends chuchoter.

— Qu'est-ce qu'elles font là?

Elles étaient une vingtaine; elles *viraient* alentour de quelque chose, tranquillement, pas vite. Bon!

— Ave Sancta Maria.
— Ora pro nobis.
— Sancta Genitrix.
— Ora pro nobis.

J'ai dit: «Elles sont après dire des litanies. Oui! Ce qu'elles ont là, dans le milieu? Je vais aller voir.»

Je m'en vais à la barrière; j'ouvre la barrière.

— Bonjour, mes sœurs!
— Bonjour!
— Est-ce que vous voulez me dire ce que vous faites là?

— Bien, on a besoin d'une grande faveur. Vous avez su ça, là, il y a à peu près deux mois qu'il s'est tué deux [trois] hommes.

— Ah! j'étais à bord!

— Ah oui! Vous étiez là?

— Bien oui!

— Bien, on a emmené les restes de ces saints hommes, on les a enterrés puis là, on vient demander des faveurs!

— Puis comment ça va dans vos faveurs?

— Non! On les obtient tout le temps!

Ces religieuses-là avaient tellement de foi puis tellement de confiance, les faveurs qu'elles demandaient étaient toujours accordées ou presque. Pas tout à fait! Voilà.

CONTE-TYPE 563

Avec *Pipette* [conte-type 330], le conte-type 563 [*La table, l'âne et le bâton*] est sans contredit le plus beau conte du répertoire de Philippe Laforest. Son génie particulier pour le dire s'y déploie avec assurance, aisance et naturel. Les épisodes s'enchaînent avec la sûreté et la précision d'un automate de Vaucanson.

Tout tourne, dans ce conte, autour de l'alimentation à commencer par la situation initiale où il est fait mention d'une recette de galettes peu orthodoxe dans laquelle on mélange une partie de sable fin à une partie de farine. La mixture doit sûrement donner un produit aux effets abrasifs indéniables. La digestion devait s'en trouver grandement facilitée.

On ne manquera pas de consigner, une fois de plus, le rôle joué par Ti-Jean. Dernier de famille malmené par des frères plutôt rustres qui n'hésitent jamais à déverser sur lui leur excès de mauvaise humeur, Ti-Jean doit étouffer en lui des qualités qui n'attendaient que le moment propice pour se révéler. Il n'a qu'à bien attendre: les deux frères auront vite fait de montrer leur ineptie pour mieux faire valoir sa débrouillardise.

Le merveilleux est partout présent dans le récit, bien qu'il se concentre dans trois objets dont deux intéressent de près l'alimentation: une table et un sas. Quant aux bâtons, engins télé-guidés avant la lettre, armes intelligentes s'il en est, leur rôle se borne à rétablir Ti-Jean dans la possession des deux autres objets subtilisés par un hôte à l'hospitalité peu recommandable.

La fin est en proportion avec le thème: la famille s'empiffre, pendant deux semaines, jusqu'à plus faim. Mais il ne saurait être question, ici, d'un «festin à tout manger» tel qu'on le pratiquait chez certains peuples amérindiens. Dans le conte, les denrées sont inépuisables.

Le conte-type 563 a été recueilli en Estonie, en Russie, en Fin-lande, au Danemark, en Norvège et en Suède.

LES GALETTES DE SABLE

Un jour, il y avait un vieux puis une vieille, un vieux puis une vieille qui étaient bien pauvres. Ils avaient trois grands garçons. Bien, ils n'ont pas toujours été grands; ils ont commencé à être jeunes et ils ont grandi. Mais là, ils étaient rendus à vingt-deux, vingt-trois, vingt-six ans. Les deux premiers, c'était deux gros et grands hommes; le dernier, lui, il était chétif.

Ils étaient tellement pauvres, vous savez, que, quand ils avaient vraiment faim, la mère partait puis elle allait sur le bord de la grève, elle prenait du sable bien fin, elle mêlait la moitié de farine au travers de ça, puis elle leur faisait de la galette, puis ils mangeaient ça.

Un bon matin, le bonhomme dit: «Écoute, toi, tu es rendu à vingt-quatre ans, tu es assez grand *astheure* pour aller nous ga-gner quelques *cennes*. Tu vas y aller!»

Ça fait qu'il dit: «Maman, faites-moi un petit sac de galettes au sable, je vais partir.»

Ça fait que sa mère s'en va chercher ce qu'il y a de plus fin sur le bord de la grève, puis elle lui fait de la galette. Il part avec son sac de galettes. Le matin, il part.

Ça fait qu'il marche toute la journée. Le soir, il est obligé de coucher le long de la clôture, le long du chemin. Le lendemain matin, il repart encore. Puis, vers les trois heures de l'après-midi, il aperçoit une belle grosse maison, une maison princière.

— Ah! il dit, ici, ils doivent avoir besoin d'hommes engagés, jamais je croirai!

Mais c'était le plus vieux, puis il était paresseux comme un âne, paresseux! Finalement, il entre.

Il dit: «Vous n'avez pas besoin d'un homme engagé?»

Tu sais qu'il faisait une belle corpulence!

— Ah! c'est bien! J'ai un grand jardin, tu vas travailler dans le jardin, je vais te payer comme il faut; tu vas être engagé six mois ici et au bout de six mois, je te paierai comme il faut.
— C'est correct!

Il se met à travailler, mais il ne travaillait pas. Il y avait des plates-bandes de fleurs et il se couchait entre les plates-bandes, puis il dormait là, une partie de la journée. Les six mois se sont écoulés, puis au bout de six mois, son *boss* le fait venir devant lui.

— Bon, ton temps est écoulé à matin.
— Ouais!
— Tiens, regarde, on s'était compris pour cent écus, mais j'ai autre chose à t'offrir. Tiens, regarde! Il y a une table, là. Je vais te donner ça à la place de tes cent écus, veux-tu?

C'était une table à trois pattes.

— Ah! il dit, je m'excuse! On est bien pauvres, mais on n'est pas fous! Je prends les écus.

— Non, tu choisis mal! Tiens, regarde, tu vas voir qu'est-ce qu'il va arriver. Des écus, ça se dépense vite; la table ne se dépensera jamais. Tu vas voir ce qu'il va arriver: «Table, dresse-toi!»

Tout d'un coup, les mets commencent à arriver sur la table, puis la table est bien garnie de mets, des fruits de toutes sortes.

— Ouais! bien, je vais toujours bien faire un bon repas avant de partir! Oui mais moi, est-ce que je vais pouvoir la faire marcher?

— T'auras rien que la peine de dire: «Table, dresse-toi!» puis ça va se monter.

— Ouais! je vais essayer.

Il l'essaye puis ça fait.

— Ah! je prends la table! Ah! avec ça, on est corrects.

Ça fait qu'il repart. En s'en retournant, bien son *boss* lui avait donné deux, trois écus pour s'en aller.

— Tu vas être obligé de coucher en chemin.

Ça fait que, finalement, il est obligé de coucher dans une maison de sac et de corde qu'il y avait là. Il vivait tout seul, un vieux garçon. Ça fait qu'il demande à coucher.

— Oui! Tu n'as pas soupé?
— Non! Ah! ne fais pas à souper, je vais te faire souper, moi!

Il met sa table.

— Table, dresse-toi!

Voilà la table qui est bien montée.

— Ouais!

Le gars, bien surpris, il dit: «Comment est-ce que je ferais bien pour avoir cette table-là?»

Il s'en va dans la remise. Il y avait des tables à peu près pareilles, mais elles avaient quatre pattes. Il te *griffe* une hache puis il casse une patte.

Le lendemain, il met la table à la place de l'autre puis il va *mener* l'autre dans sa chambre. Ça fait que mon gars prend sa table; il calculait que c'était la sienne, puis il part, il s'en va.

Il arrive chez *eux*.

— Puis, comment ç'a été?
— Oui! ç'a bien été! On n'aura plus faim, ne craignez pas, vous allez voir! Mettez-vous tous à table, vous allez voir!
— Bien oui mais, c'est une table à trois pattes! Qu'est-ce que ça vaut ça? Ça, c'est bon pour le foyer, c'est tout, à part de ça!
— Non! Ne craignez pas, mettez-vous à table!

Ils se mettent à table.

— Table, dresse-toi!

Il n'y avait rien. Il a beau parler puis il a beau inviter sa table, mais sa table ne se dresse pas. Le bonhomme, fâché, te le *poigne* puis il lui *sapre* une *rince*.

— Bon, tiens, ça va te *dompter*!

Ça fait que, finalement, mon cher ami, le lendemain matin, le deuxième dit: «Bien, maman, je vais aller faire mon tour, vous allez voir!»

Ça fait qu'il se fait faire un sac de galettes au sable puis il repart encore et puis il s'en va là. Il travaille six mois. Il était moins paresseux que l'autre, mais il était encore paresseux pas mal.

Mais finalement, au bout de six mois bien, pour piquer au plus court, finalement, il [le patron] dit: «Tiens, j'ai un sac d'or de cent écus puis ce sas. C'est un sas pour sasser la farine. Qu'est-ce que tu choisis?»

— Ah! on est bien pauvres, mais on n'est pas fous! Je prends l'or!
— Bien, regarde ça un peu. Si tu prends ton sas, si tu le secoues un peu, ça sasse et la farine tombe. Puis ça, si tu veux en vendre pour des millions, des milliards même, vous êtes riches sans le savoir.

— Essayez donc, voir!

Il l'essaye puis ça fait.

— Ah! bien, je prends le sas!

Ça fait que, finalement, il part avec son sas puis il est obligé de coucher encore à la même place. Ça fait que, finalement, le gars se questionne.

— Mon gars, ça doit être un frère de l'autre, il lui ressemble trop. À le voir, il a encore une chose d'*adon*.

Il dit: «Qu'est-ce que tu as là?»

— C'est un sas, c'est pour sasser la farine.
— Oui! Qu'est-ce que tu peux faire avec ça?
— Crains pas! Tiens, regarde!

Il sort son sas.

— Hey! mais achève, achève! Tu perds ta farine!
— Ah! on peut en avoir de même à perpétuité, c'est rien!

Ils se couchent. Dans la nuit, le gars part puis il s'en va dans la remise trouver un vieux sas. Il en trouve bien un, mais il n'est peut-être pas rouillé à son goût.

Il dit: «Arrête un peu!»

Il prend du sel puis il le frotte dessus, puis il dit: «Je vais laisser ça à soir, puis demain matin, la rouille va être prise. Ça fait que demain, je vais me lever avant lui.»

Il se lève avant lui le matin. C'était vrai, il y avait pas mal de rouille dessus.

Il dit: «C'est correct! On va le mettre à la même place.»

Il [le second frère] prend son sas puis il s'en va. Finalement, il arrive chez *eux*.

Il dit: «Bien, *astheure*, maman, plus besoin de sable pour faire tes galettes! On a de la farine!»

Il essaye son sas. Son sas, ça ne veut pas marcher encore. Le bonhomme lui *sapre* encore une *rince*.

— Tiens, *maudite* bande de fous! Je vais vous *dompter*! Je ne peux pas croire, avoir élevé des enfants qui ont aussi peu de génie.

Puis c'est ci, puis c'est ça! Le bonhomme était fâché!

Le lendemain matin, le dernier, il s'appelait Ti-Jean. Il était maigrelet, lui, parce que, quand ils faisaient de la galette au sable, les autres mettaient la moitié de sable, la moitié de farine; mais [pour] lui, ils en mettaient rien que le quart [de farine]. Ça fait qu'il était plus maigre que les autres; il était tout petit. Puis, par-dessus le marché, tous les matins, quand il voulait rouspéter un peu, ses frères lui *sacraient* une bonne *volée*.

Il dit: «Papa puis maman! Moi, je vais y aller.»

Ça fait qu'il va se chercher du sable puis il se fait faire de la galette. Il part.

Il arrive là. Mais Ti-Jean – il s'appelait Ti-Jean, celui-là – il arrive chez le *boss*. Il demande de l'ouvrage.

— Oui! tu vas travailler dans le jardin!

Puis un grand jardin, à part ça! C'est à perte de vue les fleurs, tout ça! Mais Ti-Jean, lui, c'était vaillant ! Ça, ça n'avait pas de bout. Ça travaillait comme trois hommes du matin jusqu'au soir. Puis va donc! Puis envoye donc! Son *boss* en était content, c'était pas drôle!

Au bout de six mois: «Tiens, mon Ti-Jean, ton temps est fini! Pour te dire que je suis content de toi, je ne peux pas te le dire assez! Ah! sais-tu, tu t'en vas. Si tu veux revenir, tu reviendras à ta place. *Astheure*, je te devais cent écus d'or. Arrête un peu! J'ai autre chose à te proposer. Tiens!»

Il arrive avec une poche. Il y avait trois petits bâtons dedans, à peu près d'un pied de long.

— Tiens ! Il y a trois petits bâtons dans cette poche-là, puis il y a ce sac d'or-là. Qu'est-ce que tu prends?
— Voulez-vous rire de moi, je crois bien?
— Non, non! Avec ces trois petits bâtons-là, tu peux tuer toute une armée. Il y a dix adversaires devant toi, pas besoin d'avoir peur. Tu n'as rien qu'à dire: «Bâtons, sortez de la poche!» Écoute, les petits bâtons sortent puis ça marche!
— Oui, essayez-le donc voir!
— Ah! arrête un peu! J'ai un gros chien bouledogue puis je veux m'en débarrasser. Arrête un peu! Ça ne sera pas long !

Il arrive. Le chien était à *ras* lui.

Il dit: «Bâtons, sortez de la poche!»

Les trois petits bâtons sortent. Ils tombent sur le chien puis ça *bûche*! Au bout de dix minutes, le chien est à terre, pantelant, puis à moitié mort.

— Ouais! bien, monsieur, je ne sais pas quoi faire! Je suis bien en peine. Mais ça doit être de quoi pour moi. Tous les matins, mes frères me donnent chacun une bonne *volée*. Bien, c'est eux autres qui vont avoir la *volée*! Ah! je prends les trois petits bâtons dans la poche. Mais par exemple, eux autres, tout d'un coup, ils me *sacrent* une *volée* avec ça, «les petits bâtons, sortez de la poche!».

— Non! S'ils disent: «Petits bâtons, sortez de la poche!», ça va leur tomber sur le dos.

— Ouais! O.K.! C'est correct!

Il part avec sa petite poche sur le dos. Il s'en va. Il *ressourd*, ce soir-là, chez le même gars *qu'*ils [ses deux frères] avaient couché avant. Seulement, ils jasent.

Ça fait que, finalement, il [se] dit: «Oui ! Ça doit être un frère des autres. Il doit avoir quelque chose.»

Il dit: «Qu' est-ce que tu as dans cette poche?»

— C'est trois petits bâtons puis je ne les donne pas. Avec ça, je peux *gagner* une armée.

— Ouais!

— J'ai rien que la peine de dire: «Bâtons, sortez de la poche!»

— Oui, oui! C'est correct!

Mais il n'en donne pas plus long. Finalement, ils se couchent.

Il [l'hôte] dit: «Demain matin, je saurai bien quoi faire.»

Dans la nuit, il se fait trois petits bâtons à peu près semblables. Il les met dans une autre poche.

Il dit: «Je vais toujours bien l'essayer, je crois bien, cette poche-là: "Bâtons, sortez de la poche!"»

Ça lui tombe sur le dos puis voilà qu'ils *bûchent*! Ça claque puis il crie au meurtre. Ti-Jean se lève, il arrive puis il arrête ses petits bâtons. Mais là, Ti-Jean était intelligent.

Il dit: «Voilà deux ans, il n'est pas passé un gars, ici, avec une vieille table avec plus rien que trois pattes?»

— Non, non, non, monsieur! Non, ah non! Je n'ai pas vu ça, moi, non!
— Bâtons, sortez de la poche!
— Ah oui, oui, oui, oui monsieur! Oui, oui, oui, je vais vous la chercher!

Il va chercher la table.

Puis il [Ti-Jean] dit: «Table, dresse-toi!»

O.K.! Ça y est!

Il dit: «Il n'y en a pas passé un autre, voilà six mois, avec un vieux sas?»

— Ah non! monsieur! Je n'ai jamais vu ça, moi!
— Bâtons...!
— Oups! Arrêtez, arrêtez monsieur! C'est correct, je vais vous le donner.

Puis il donne le sas. Il part avec la table sur le dos, une table à trois pattes, puis un vieux sas tout rouillé, puis sa petite poche qu'il avait sur le dos, puis il s'en va.

Il arrive chez *eux*. Le bonhomme et la bonnefemme le voient venir dans le chemin.

— Tiens ! Regarde mon *maudit* fou qui arrive avec un tas de guenilles! Tiens! Regarde s'il a l'air fin un peu, hein! On a bien réussi à l'élever, celui-là! Ouais, ouais! On a bien réussi! On a trois garçons qui nous font honneur!

Ti-Jean arrive dans la maison, puis les autres, bien: «Hey! Ti-Jean, c'est ma table!»

L'autre dit: «C'est mon sas!»

— Hop! Arrêtez un peu! Wow! Arrêtez un peu, vous autres, là! Allez tranquillement!
— Arrête un peu, Ti-Jean! Tu ne nous feras pas la loi, tu sais. On te connaît!
— Oups! Petits bâtons, sortez de la poche!

Ah! bien *viarge*! Arrête un peu! Oups! Il les arrête à temps!

Il dit: «Papa, mettez-vous à table, *astheure*! Maman, mettez-vous à table! Finie, la galette au sable! On ne mangera plus de sable!»

Mais ils avaient mangé quasiment un demi-mois sans arrêt! Ils n'avaient plus faim!

CONTE-TYPE 513

Le bateau qui va par terre, par mer et par air [conte-type 513, *Les aides surnaturels*] rappelle, par certains traits, *Les aventures du baron de Münchhausen*, mieux connu en France sous le nom du baron de Crac. Si le personnage était réel, à ce qu'on affirme, – c'était un officier allemand entré au service de la Russie pour combattre les Turcs et qui, à sa retraite, s'amusait à faire une relation exagérément hyperbolique de sa vie – ses exploits relèvent de l'imagination la plus débridée.

Le conte tire son intérêt de l'équipage fantastique réuni par Ti-Jean. Chacun excelle dans sa spécialité et là seulement; il ne faut pas s'y tromper et exiger au-delà. Ces personnages qui tiennent le rôle d'adjuvants n'ont pas de personnalité propre. Ce sont des êtres dessinés à plat, sans relief, aux contours pourtant précis. À proprement parler, ce sont des fonctions narratives qui ne s'activent que pour bien remplir leur programme et disparaître aussitôt leur mission accomplie.

Le conte est inexorable sur ce point: tout doit concourir à la réalisation d'un plan convenu. Les divers protagonistes sont des «prêts à jeter» après usage, sauf le héros, bien entendu, corvéable à merci dans d'autres contes moyennant certains aménagements caractériels répondant à des besoins ponctuels.

Philippe Laforest ne retient les services que de trois adjuvants. Dans des versions plus élaborées, on peut en dénombrer jusqu'à sept. De ce point de vue, le conte comporte une certaine faiblesse structurelle que le conteur parvient cependant à pallier. J'en veux pour exemple l'épreuve de la course vers la fontaine de Jouvence.

Ce conte connaît une large diffusion internationale. On l'a recueilli notamment en Russie, en Sicile, en Norvège, en Finlande, dans la Flandre, en Tchécoslovaquie, en Suède, en Estonie et au Danemark.

LE BATEAU QUI VA PAR TERRE, PAR MER ET PAR AIR

C'est bon de vous dire qu'une fois, c'était un vieux puis une vieille qui restaient dans une place. Ils avaient eu seulement qu'un garçon. Il s'appelait Ti-Jean. Puis Ti-Jean, c'était pas un homme comme un autre: il *avait* resté tout petit, fluet. Puis il avait commencé à aller à la classe. Ses compagnons le battaient. Tu sais bien, c'était le souffre-douleur de la classe.

Rendu à dix, douze ans, il était *tanné*. Il arrive chez *eux*.

Il dit: «Moi, je ne vais plus à la classe!»

— Bien, ce que tu vas faire?

Ses parents étaient bien pauvres.

— Il va falloir que tu travailles. On n'est pas capables de te voir ici à ne rien faire. C'est inutile; ça sert à rien!
— Ah! je vais gagner ma vie.

Il part puis il s'en va. Finalement, il traverse une province puis il rencontre une bonne grosse dame.

— Ah! bonjour, madame!
— Je ne suis pas madame, moi, je suis une fée.
— Hein?
— Oui! Je te le dis aujourd'hui: tout ce que tu entreprendras, va bien réussir. Es-tu content?
— C'est très bien!

Ça fait que, finalement, il continue son voyage. Il revient.

— Ouais! Bien, papa, je vais vous apprendre une chose, que je suis instruit: j'en sais assez long pour me bâtir un bâtiment qui marche par terre, par mer et par air.
— Ouais! Comment tu vas faire?
— Laissez-moi faire!
— C'est bien!

Puis un bon matin, il prend sa hache puis il prend son *godendard*, puis sa scie, puis tous ses outils, puis il part puis il s'en va dans le bois construire son bateau. Ça fait que, finalement, il commence la construction. Ça allait pas vite, hein! Il avait deux planches d'équarries puis il était onze heures de l'avant-midi. Il était fatigué. Ce qui arrive? Sa belle fée lui apparaît!

— Tiens! Ti-Jean! T'es fatigué, hein!
— Oui, oui! Ma bonne fée, tu m'as dit que j'allais être capable de bâtir un bâtiment semblable, mais je commence à perdre l'espérance.
— Ah! viens un peu te reposer! T'es fatigué! Viens te reposer, t'es fatigué, là!
— C'est bien!

Il vient s'asseoir à *ras* elle puis, finalement, il se *cante* un peu sur une oreille puis il s'endort.

Durant ce qu'il s'endort, bien... quand il s'est réveillé, les quatre pans du bâtiment de chaque côté étaient faits.

— Ouais! Bien, regarde ça, ce qui est là?
— Bien, c'est ton bâtiment que t'es en train de construire!
— Ouais!
— *Astheure*, prends ta hache puis va continuer à travailler!
— C'est très bien!

Ça fait qu'il prend sa hache puis au premier coup de hache:

— Tiens, les mâts sont faits!

Un autre coup de hache:

— Les chaloupes sont toutes prêtes sur le bord!

Puis dans cinq, six coups de hache, son bâtiment est terminé.

— Ouais! Bien, *astheure*, il faut que tu t'installes une barre en arrière, là. Quand tu voudras aller sur mer, tu *envoieras* d'un côté. Quand tu voudras aller sur terre, tu *envoieras* de l'autre côté. Quand tu voudras prendre les airs, tu *envoieras* droit en avant.
— Ouais! bien, je vais l'essayer.

Il s'en va. Finalement, ouais! Tire sa barre en arrière: il part de reculons. En avant, il part d'avant. De côté:

— Ouais! C'est correct! Ça y est!

Ça fait qu'il arrive sur le bord de la grève; il monte la grève; il arrive devant la porte chez *eux*.

Son père puis sa mère: «Qu'est-ce qu'il y a là?»

— Bien, c'est Ti-Jean!

Le père dit: «Bien, il a un bâtiment!»

Sa mère dit: «Bien, je le savais, moi, que Ti-Jean était capable de se bâtir un bâtiment comme ça! Ça fait qu'il l'a bâti!»

Ti-Jean dit: «Papa puis maman, je me suis bâti un bâtiment qui marche par mer et par terre. *Astheure*, je suis venu vous souhaiter le bonsoir avant de partir. Je pars à l'aventure. Je ne sais pas où ce que je vais arrêter.»

Ça fait qu'il part. Le voilà parti. Finalement, rendu sur la mer, un bon matin, il se lève: sa fée était sur le bâtiment.

Elle dit: «*Astheure*, où est-ce que tu vas?»

— Ah! je le sais pas: un voyage d'agrément.
— Bien, tous les gens que tu rencontreras, tu les engageras! Ça te prend un équipage. Dans tous les métiers, il faut que tu les engages! Ça te servira plus tard, tu verras.
— C'est bien!

Mon Ti-Jean, il repart puis il arrive à *ras* une ville. Il accoste au quai. Il s'en va à la ville puis là, ce qu'il voit en s'en allant sur le quai? Un gars qui épaulait sa carabine, qui visait!

— Ce que tu vises là? Je ne vois rien!
— Ah! il y a un canard à peu près à quatre, cinq milles d'ici.

Tout d'un coup, il lâche le coup: pan!

— Tiens!
— Pourquoi ce que tu as tiré? Je ne vois rien!
— Ah! c'est un canard! J'irai le chercher demain. Je l'ai tué, je l'ai vu faire.

Ti-Jean dit: «Tu t'engagerais pas?»

— Bien oui! Comment tu payes?
— Cinquante *piastres* par mois!
— O.K.!

— Embarque dans mon bâtiment!

Ils embarquent dans le bâtiment puis il vire la barre de bord puis il fait encore un bout. Il fait encore un bout, bon. Ça fait qu'il débarque, là, dans une espèce de place: c'était habité, mais c'était dans le bois pas mal. Il y avait un type, là, sur le bord de la grève qui courait. Il avait des meules de quinze cents livres à chaque pied. Il courait avec ça après les lièvres. Puis il allait trop vite: il passait par-devant!

— Ce que c'est que tu fais là?
— Je suis après me *poigner* des lièvres. J'ai des meules de quinze cents livres aux pieds, mais elles ne sont pas assez pesantes: je passe encore par-devant.
— Comment ce que tu t'appelles?
— Fin-Coureur!
— Je crois bien! Tu t'engagerais-*ti*? Comment ce que tu demandes?
— Cinquante *piastres* par mois!
— O.K.! Embarque dans mon bâtiment!

Finalement, bien, le voilà reparti! Il fait encore un bout. Il arrive dans une autre place: il débarque sur le bord de la grève, là, puis il s'en va. Il y avait un gars qui était couché à terre et puis il écoutait.

— Ce que tu écoutes là?
— Ah! l'affaire marche! Écoute, écoute!

Il ne *grouille* pas. Tout d'un coup:

— Ouais! Je l'ai!
— Qu'est ce qu'il y a?
— Bien, j'ai semé du blé à peu près à mille milles d'ici: j'écoutais voir s'il allait lever. Puis il lève! Il vient d'en craquer des épis. Le *craquage*, ah! je suis certain de mon coup! Je vais avoir une bonne récolte.
— Comment tu t'appelles?

— Entend-Clair!
— Ouais! C'est bien vrai: tu entends bien clair de fait! Ouais! Tu t'engagerais-*ti*?
— Comment ce que tu payes?
— Cinquante *piastres* par mois!
— O.K.!
— Embarque dans mon bâtiment!

Le voilà parti avec tout son équipage. Puis Ti-Jean, bien *coudon*, il est *venu* assez important! Il *avait rentré* dans une ville, puis là, il y avait une espèce de chef, une espèce de roi qui avait une belle fille.

Ça fait que, finalement, il s'en va puis il voit la belle fille: il s'amourache de la belle fille puis il veut l'avoir à tout prix.

— Comment ce que je ferais bien? Un pauvre navigateur comme moi qui a rien qu'un bâtiment puis qui a rien que trois hommes d'équipage! Ouais! il n'y a pas grand moyen! Il faudrait que j'essaierais de déserter avec!

Ça fait qu'il contrôle son affaire puis il déserte avec la fille. On sait bien que l'espèce de roi qu'il y avait là, dans la ville, envoye toute son *émeute* après puis il *poigne* Ti-Jean.

Ça fait que le type, là, le roi de la ville, il se met à dire, il dit: «Écoute là, Ti-Jean! Tu veux avoir ma fille à tout prix! J'ai une belle fille, hein?»

— Ouais! C'est vrai, vous avez une belle fille! Je voudrais bien l'avoir.
— Oui! Bien, écoute! Je commence à être vieux. Tu vas aller me chercher de l'eau merveilleuse à la fontaine de Jouvence. C'est à quinze cents milles d'ici. Tu vas aller chercher ça, me chercher de l'eau, puis si tu réussis à me l'emmener, je te donne ma fille.

Ti-Jean dit: «Oui! c'est correct! Je m'en vais essayer!»

Mais Ti-Jean, il avait un adversaire! Il y avait un autre gars qui voulait la fille aussi. Finalement, il [l'adversaire] avait su le marché que le gars [le roi] avait passé avec Ti-Jean.

— Ouais! Je vais essayer de le déjouer! Ah! quinze cents milles! Il a besoin de courir vite en *maudit*! Mais je vais essayer de l'arrêter! Je vais envoyer ma fille lui faire prendre de l'eau de *liqueur* pour le faire dormir. Moi, je vais lui envoyer aussi.

Puis il a été trouver le gars. Ils étaient comme deux opposants: celui-là qui arriverait le premier.

Finalement, mon Ti-Jean part. Là, ça manque pas le coup: arrivé à la moitié du chemin, il était fatigué. Il rencontre une femme là:

— Hey! Mon Ti-Jean! Viens ici un peu! Tiens, tu es fatigué, hein?

Ça fait qu'elle lui donne un somnifère. Finalement, Ti-Jean s'endort. Et puis, *coudon*, il y avait l'équipage dans son bâtiment qui lui était dévoué corps et âme.

Tout d'un coup, Entend-Clair se lève: «Écoutez, écoutez! Écoutez, les petits garçons!»

— Qu'est-ce qu'il y a?
— Écoutez! Silence! Ouais! Ti-Jean dort! Ouais! il a été endormi! Je l'entends puis il ronfle. Il va perdre.
— Ouais!

Franc-Tireur dit: «Arrête un peu! J'ai une idée. Ouais! Arrêtez un peu!»

Il prend sa carabine, prend une balle, il la met dedans puis:

— T'es-*tu* bon pour le réveiller?
— Ouais! Ah! la balle va lui passer à un pouce de l'oreille. S'il n'est pas capable de se réveiller, ça sert à rien!

Ça fait que, finalement, son cher ami, il tire à un pouce de l'oreille. Mais Ti-Jean se réveille pas!

Mais il y avait Franc-Coureur qui restait encore:

— Ouais! bien, moi, j'ai une chance! Arrête un peu! Je vais ôter mes meules de mes pieds puis ça va aller vite!

Finalement, Franc-Coureur décolle! Mon cher ami, il passe l'autre; il était à peu près aux trois quarts du chemin. Il réveille Ti-Jean en passant. Puis il le traîne, en le traînant quasiment à coups de pied puis à coups de poing, il réussit à le réveiller.

— Viens-t'en avec moi! Embarque sur mon dos!

Il passe devant, il va à la fontaine de Jouvence, prend de l'eau, revient. Il arrive. Il *a* arrivé bien avant l'autre, gagne la princesse! Après ça, il était correct! Là, c'était bien!

CONTE-TYPE 330

Dans *Pipette* [conte-type 330, *Le forgeron qui se montre plus malin que le diable*], Philippe Laforest déploie toutes les ressources de son verbe. Le conte s'ouvre sur des considérations tabagiques: fumer, dans cet univers merveilleux, ne tue pas, mais augmente la gent naine.

Le conte nous replace à l'époque fabuleuse où le Christ, accompagné de Pierre, dépositaire des clés du Ciel et secrétaire perpétuel commis à l'état civil du Paradis dont il tient les registres avec une scrupuleuse minutie, se promenait encore sur terre. Le dilemme du conte, s'il y en a un bien sûr, peut se ramener à cette donnée simple: comment jouir de tous les biens terrestres sans compromettre sa part de Paradis et démériter aux yeux du Sauveur? Cela revient, comme dans les récits médiévaux, à emprunter le fil d'une épée, qui tient lieu de pont enjambant un gouffre, pour traverser de l'autre côté.

Il faut de l'astuce et Pipette, fumeur irréformable qu'aucune campagne antitabagique ne saurait détourner de son vice, n'en manque pas. Il s'agit de manigancer pour que l'affaire soit dans le sac et, justement, Pipette se souhaite un sac que Jésus s'empresse de lui donner. Le diable aura beau y faire, saint Pierre aussi, Pipette entrera au Paradis réclamer sa part malgré eux, refusant le destin d'âme errante en quête d'une improbable patrie posthume.

Ce conte bouscule à sa manière certaines idées reçues de l'enseignement religieux: que la voie qui mène au Paradis est épineuse et parsemée d'embûches; qu'il faille beaucoup souffrir sur terre pour se voir octroyer les délices célestes. Pipette lance un clin d'œil malicieux à tous ceux qui pensent que ce n'est pas nécessairement le cas; que la vie n'est pas fatalement un terrain parsemé de ronces, mais qu'elle peut être aussi un jardin qui anticipe sur celui des Cieux.

Des versions du conte-type 330 ont été recueillies en Estonie, en Finlande, en Laponie, au Danemark, en Norvège, dans la Flandre et en Russie. À Saint-Nazaire au Lac-Saint-Jean aussi.

LE CONTE DE PIPETTE

Je vais vous raconter une histoire. L'histoire que je vais vous raconter, c'est une légende; ça fait très, très, très longtemps. Un jour, il y avait un jeune ménage qui avait eu un petit enfant.

Finalement, à l'âge de deux ans, il fumait comme un homme de cinquante ans. Il avait une grosse pipe, puis il fumait toute la journée.

Mais probablement par rapport à l'excès du tabac, il était resté tout petit. Il avait à peu près deux pieds et demi à trois pieds de hauteur, pas plus.

Alors, il fumait tout le temps. Sa mère puis son père, ils avaient beau lui dire:

— Arrête-toi de fumer, tu vas rester tout petit, tu vas rester comme un petit nain!

— Ça ne fait rien, j'aime ça fumer, puis je fume.

— O.K.! Fume tant que tu voudras!

Mais rendu à l'âge de quinze ans, là, il était encore aussi petit comme un enfant de cinq à six ans.

Alors sa mère dit: «Bien écoute, si tu n'arrêtes pas de fumer, je te jette dehors!»

— Oui! bien, vous ne me jetterez pas dehors, je vais partir tout seul!

Puis ils l'avaient appelé Pipette à cause qu'il avait toujours une pipe dans la bouche.

Alors Pipette part. Et dans ce temps-là, – ça fait bien long-temps ça, c'est du temps de Notre Seigneur – Notre Seigneur marchait sur la terre. Dans ce temps-là, il parcourait la Judée, la Samarie, puis tous les pays, là, Israël, là, un après l'autre. Puis il était avec saint Pierre; puis quand il rencontrait des gars, Notre Seigneur leur donnait trois souhaits, comme ils voulaient, à leur fantaisie, à leur idée, à leur satisfaction.

Finalement bon, quand il rencontrait un type, bien, le type se souhaitait le Paradis d'abord, ensuite il souhaitait ce qu'il voulait, soit d'une manière ou d'une autre, Notre Seigneur était bien con-tent.

Dans ses pérégrinations, Pipette ne rencontre-t-il pas Notre Seigneur, un jour!

— Tiens, bonjour, Pipette!

Bien, il connaissait son nom. Il connaissait le nom de tout le monde, c'est entendu.

— Alors, qu'est-ce que tu as fait dans ta vie, Pipette?

— Oh! pas grand-chose! Je prends un petit verre quand je peux m'en trouver et puis je fume toute la journée.

— Ouais! Bien, Pipette, aujourd'hui, tu as trois souhaits. Souhaite-toi ce que tu voudras puis tu l'auras.

— Ah oui!

Saint Pierre dit: «Bien, écoute, Pipette. Je vais te donner un conseil: souhaite-toi le Paradis d'abord, puis ensuite tu souhaiteras les deux autres, ce que tu voudras.»

— Ah! le Paradis! J'ai trois souhaits, ça ne presse pas. Ah! je vais me souhaiter une belle grosse pipe, là, le meilleur tabac qui existe puis qui ne vide jamais.

— Tu l'as, Pipette!

Finalement, il regarde dans sa poche: il avait une belle grosse pipe remplie.

— Ouais! Ça, c'est du bon tabac! Ça va faire! Bon!

Saint Pierre dit: «Pipette, ton deuxième souhait, là, le Paradis!»

— Bien, il va m'en rester encore un autre après, non? Je vais me souhaiter un beau petit dix *onces* de whisky rempli du meilleur whisky puis qui ne vide jamais.

— Tu l'as, Pipette!

Il prend son petit dix *onces*:

— Ah! le bon whisky! Avec ça, je vais me faire des amis, ça va être plaisant! Arrêtez bien, je vais me faire une belle vie, certain!

— Bon, bien t'as plus rien qu'un souhait, Pipette, ton dernier là, vite le Paradis!

— Non, pas ça! Je me souhaite un sac dans le cou, un beau grand sac en cuir, puis tout ce que je souhaiterai s'en viendra dedans.

— Tu l'as, Pipette!

Il se met à regarder: une grande bandoulière avec un beau grand sac en cuir sur le long. Il prend son petit dix *onces* dans sa poche, puis il boit.

— Bon, Pipette! C'est bien regrettable, dit saint Pierre, mais tu vas le regretter un jour.
— Ah! en tout cas, quand j'aurai une belle vie, ce sera bien assez! Je serai content. En tout cas, c'est bien!

Voilà Pipette parti! Il parcourt les pays, puis il n'était jamais rendu. Toujours, tout était dans son sac: bonne nourriture, bon tabac, bon whisky. Mon Pipette était heureux, puis il y a de la vie, puis ça va bien!

Puis de temps en temps, il allait dans les magasins du coin, là, il leur payait la traite puis il les faisait fumer. Puis il allait à la boutique de forge, puis ça allait très bien.

Il y avait le diable aussi qui se promenait sur la terre, dans ce temps-là. Il rencontre Pipette.

— Bonjour, Pipette! Tiens, qu'est-ce que tu as dans le cou?
— Ah! c'est un sac! C'est un sac de cuir!
— Ouais! Qu'est-ce qu'il y a dans ça? Mais dedans, t'as bien l'air à avoir une belle pipe?
— Ah oui!
— Ah! tiens, une belle pipe! Hum! Mais elle fume-*tu*?
— Ah oui! Elle est remplie du meilleur tabac qui existe puis elle vide jamais!
— Tu vas me la prêter un peu, hein!
— Non, non, non! Je te prête pas ma pipe, non, non, non, non, non! Ça, c'est pour les amis, ce n'est pas pour toi! Va te coucher là-bas!
— Dans ta poche, qu'est-ce que tu as là?
— Un petit dix *onces* rempli du meilleur whisky qui ne vide jamais.

— Ah bien! Tu vas me payer la traite, hein ? Écoute! Je te dis que le bon Dieu, il ne m'en donne pas souvent du whisky, moi!

— Tu n'en auras pas! dit Pipette.

— Ouais! Tu ne veux pas me donner du whisky, tu ne veux pas me faire fumer! Bien, écoute, je t'emmène dans mon enfer.

Puis il avait une grande fourchette. Dans ce temps-là, il se servait de ça, il se servait de ça, une canne! Il *poigne* sa fourchette.

Il dit: «Arrête un peu, je vais t'*embrancher*, ce sera pas long!»

Pipette dit: «Oui! Tu m'*embrancheras* pas! Je te souhaite dans mon sac!»

Le diable est dans le sac à Pipette. Il a beau se débattre:

— Laisse-moi sortir!

— Non! Pas d'affaire, bon! Tu sortiras quand je te le dirai, pas avant! Je t'ai pris, là!

Pipette s'achemine tranquillement. Il arrive au village. Il s'en va justement à la forge. Les forgerons le voient venir.

— Tiens, voilà Pipette! Ça fait longtemps qu'on t'a pas vu! Il nous apporte du tabac à fumer, il nous apporte du petit whisky. On va passer une belle *escousse*, là, vous allez voir!

Il entre dans la forge.

— Bonjour, Pipette!

— Bonjour!

— Tu nous apportes du whisky?

— Oui!

— Tu apportes du bon tabac?

— Oui!

— Tu vas nous en donner?

— Oui, mais à une condition: je vais mettre mon sac de cuir sur l'enclume, vous allez prendre des masses de seize livres, là, puis un de chaque côté, vous allez *varger, varger* là-dessus jusqu'au temps que je vous dise de cesser.

Le diable crie, hurle, se lamente! Pas d'affaire!

Pipette criait: «*Vargez!*»

Finalement, au bout d'un quart d'heure, vingt minutes, là, le diable était à peu près à un pouce d'épaisseur.

Il [Pipette] ouvre son sac, il dit: «*Astheure,* va-t'en!»

Le diable s'en va la queue basse. Pipette continue à vivre, puis ça va bien, puis ça marche! Il est rendu aux confins de l'Europe, puis il était parti d'Israël. Ça lui faisait un *maudit* bout à pied! Dans ce temps-là, il n'y avait pas de communication. Alors, il tombe malade.

— Oui, je pense que je vais mourir! C'est bien vrai. Où est ce qu'on naît, on va mourir. Je vais aller mourir où je suis né.

Il repart, vire de bord, puis il s'en va tranquillement. Ça lui avait pris du temps; en tout cas, il s'était rendu. Un bon jour, il arrive à la porte de sa vieille mère. Il cogne à la porte:

— Puis, c'est Pipette! Ça fait longtemps qu'on t'avait pas vu! Pauvre Pipette, tu es arrivé!
— Ouais, maman! Je suis bien malade.
— Tu as l'air de ça, oui! Je pense que tu es rapetissé; tu n'as pas grandi encore. As-tu rencontré Notre Seigneur?
— Ah oui!
— As-tu souhaité le Paradis?
— Non!
— Hein! pourquoi ne t'*as*-tu pas souhaité le Paradis? Qu'est-ce que tu vas faire quand tu seras mort?
— Maman, quand je serai mort, vous me mettrez mon sac de cuir dans le cou, vous me laisserez faire; le restant, je m'en charge.

Finalement, au bout de deux, trois jours, mon Pipette rend le dernier soupir. Sa mère prend son grand sac de cuir puis elle le lui met dans le cou. Puis qu'est-ce que tu veux faire? Son Pipette est mort! Maintenant qu'il est mort, il faut partir, il faut qu'il se trouve une place pour l'éternité. Il s'en va cogner à la porte du Paradis. Saint Pierre était là.

— Bonjour, Pipette!
— Tiens, bonjour, saint Pierre! Saint Pierre, je suis mort, ça fait trois jours!
— Je le sais!
— Moi, je suis venu vous trouver. Y a-t-il une place pour moi dans le Paradis?
— Ah non! Pipette! Tu as rencontré Notre Seigneur, tu n'as pas souhaité le Paradis, tu as fait une belle vie, tu as bu, tu as fumé, tu as fait tout ce que tu as voulu, tu as eu toute la jouissance qu'une personne pouvait avoir sur la terre! Non! Tu vas t'en aller dans l'enfer!
— C'est bien, qu'est-ce que vous voulez!

Il part puis il s'en va cogner à la porte de l'enfer. Tiens! Le diable était là! Il s'en vient.

Lucifer dit: «Qui est-ce qui est là?»

— Pipette! Ouvre la porte!
— Ouais! Qu'est-ce que tu viens faire?
— Bien, je viens vous trouver! Ils ne veulent pas de moi au Paradis. *Coudon*, vous allez avoir une place pour moi!
— As-tu ton sac?
— Bien oui!
— Ah! si tu as ton sac, non, non, non, non, non, non! Je ne te prends pas! Pas de sac, non, va-t'en! Bien oui! ôte ton sac puis *rentre*.
— Je ne peux pas l'ôter, je ne peux pas! Personne ne peut ôter mon sac dedans mon cou, personne!
— Va-t'en!

Pipette est obligé de virer de bord. Vous avez jamais vu un gars peiné de même, jamais! Il ne savait pas où aller. Il a erré pendant longtemps. Finalement, un bon jour, il s'en va recogner à la porte du Paradis. Saint Pierre entrouvre la porte:

— C'est toi, Pipette! Bien, je te l'avais dit de ne pas revenir!

Il part pour refermer la porte: «Arrête un peu, saint Pierre! J'ai quelque chose à te dire.»

— Qu'est-ce que tu as?
— Je voudrais bien voir un peu le restant de votre Paradis, comment que c'est fait. Ça me ferait regretter un peu plus ce que je n'ai pas fait.

Saint Pierre dit: «Je vais t'ouvrir la porte toute grande. Mais bien croire que ça me fait plaisir de te montrer ça!»

Saint Pierre ouvre la porte. Pipette est en arrière de son sac puis il envoie le sac dans le Paradis.

Il dit: «Je me souhaite dans mon sac!»

Il s'était souhaité dans son sac. Bien, Pipette a fait une belle vie en ce monde, une belle vie dans l'autre monde. Pipette est heureux puis ça va bien!

L'ÎLE AUX COULEUVRES

Nous voici en présence d'un conte complexe dont la classification est malaisée. Il emprunte aux types 1115 [*Tentative de meurtre avec une hachette*], 1063 B [*Compétition de lancer avec un gourdin d'or*], 1004 [*Les porcs dans la boue; le mouton dans l'air*] et 1563 [*Les deux?*].

On y retrouve, en conséquence, le motif du pari de ne pas se fâcher, celui de l'ogre circonvenu et, à la fin, du héros qui couche avec la femme d'un patron obtus qu'il humilie avec l'assentiment de ce dernier fondé sur un quiproquo. Le héros extorque ainsi le consentement de l'épouse, qui pousse son devoir conjugal jusqu'à la complaisance.

Malgré ses nombreux emprunts, le conte gravite autour du *Pari de ne pas se fâcher* [types 1000-1029] qui inaugure la série des *Contes d'ogres stupides* [1000-1199]. En effet, deux antagonistes seront successivement bernés: l'ogre à l'esprit fort peu dégourdis à qui Ti-Jean fera accroire qu'il est plus fort que lui; le mari jaloux qui se retrouvera cocu comme devant alors qu'il essaie de tirer des cochons factices d'un bourbier.

Ce conte jouit d'une large audience. On l'a retracé en Estonie, en Finlande, en Laponie, en Suède, dans la Flandre, en Sicile et chez les Amérindiens.

L'ÎLE AUX COULEUVRES

Il était une fois un homme très riche. Il avait des immenses domaines. Il avait un employé qui s'appelait Jean: intelligent, travailleur, sobre, honnête. Mais la femme de l'homme riche avait un *kik* sur Ti-Jean.

Finalement, bien, l'homme riche, lui, il s'en aperçoit. Il aimait pas beaucoup ça. Mais un jour, Ti-Jean, c'était un hardi, il fait des propositions malhonnêtes à la femme de l'homme riche. Elle a conté ça à son mari.

Elle dit: «Astheure, écoute! Voilà la tranquillité! Je ne sais pas ce qui peut arriver. Tu vas me l'éloigner, je n'en veux plus!»

Finalement, ils pensent à leurs affaires, là, puis ouais!

— Moi, j'ai un moyen, tiens! Il y a l'île aux Couleuvres. Je vais l'envoyer pour une *secousse*. Il va aller m'engraisser cinquante porcs sur l'île aux Couleuvres.

Ça fait qu'il s'achète des porcs, puis il dit: «Ti-Jean, tu vas aller m'engraisser cinquante porcs à l'île aux Couleuvres, aujourd'hui. Ça va te prendre environ trois mois.»

Il l'éloignait de sa femme trois mois de temps, c'était déjà pas mal!

— Dans ce temps-là, bien, ils vont se tranquilliser, je suppose! C'est bien!

Ils chargent cinquante petits gorets à peu près de dix-huit pouces de long dans une chaloupe, puis ils traversent. Rendus sur l'île aux Couleuvres, là, l'île avait à peu près quatre à cinq milles de longueur sur trois milles de largeur; il [l'homme riche] le débarque là.

— Bon, *astheure*, tu es bien, tu as des provisions, tu as tout ce qu'il te faut. Je viendrai te chercher quand ce sera le temps.
— Non, non, laissez faire! Quand ce sera le temps, j'ai le temps de me fabriquer une *voiture d'eau*. Il faut que je travaille. Je vais m'occuper de ça.
— C'est très bien!

Le riche vire de bord, content de son coup.

— Bon, je suis toujours tranquille pour trois mois. Puis, dans trois mois, on verra d'autres choses, je ne sais pas.

Finalement, bien, ça fait que mon Ti-Jean, tous les cochons sont débarqués sur l'île. Il y avait des couleuvres, ça foisonnait. Bon, sais-tu, une couleuvre, ça, à *ras* un porc, un cochon, ça arrive à *ras* un porc, le cochon *grouille* pas. C'est pour ça que les années passées, les couleuvres étaient presque toutes disparues de chez les cultivateurs, parce que, dans toutes les maisons, il y avait un porc, puis les couleuvres, il les avait toutes mangées.

— Mes cochons vont venir bien gras, ce sera pas long! Demain matin, je vais visiter l'île.

Il part, il s'en va, il marche. Il a à peu près deux milles de faits, c'était tout en bois. Il aperçoit un petit sentier.

— Où ça va, ce petit sentier-là?

Il marche. Il aperçoit une bâtisse, une grosse bâtisse.

— Ouais! Qu'est-ce qu'il y a dedans? Je vais aller voir!

Il entre. Il y avait une porte qui était...

Il dit: «Les portes sont bien grosses ici!»

La porte avait vingt pieds de hauteur, pas bien large par exemple. Il *rentre* là-dedans, puis il commence à examiner. Il entend ronfler.

— Hein! Il y a un homme ici! Il faut que je fasse sa connaissance.

Il arrive. Il y avait un géant là-dedans qui avait dix-huit pieds de califourchon. Arrête un peu! Il dormait, puis il dormait dur! Il ronflait.

— Hey! Réveille-toi!

Pas de réponse. Il pousse une deuxième fois: pas de réponse. La troisième fois, bien, il pousse plus fort.

— Tu ne te réveilles pas? Tu te réveilleras bien!

Il y avait une palette qui servait pour se faire je ne sais quoi. C'était comme un aviron de canot. Il lève ça puis il lui en *sacre* un coup en pleine face.

— Hummmmm!
— Hein! C'est un moyen *buck*. Je vais redoubler.

Le troisième coup qu'il donne, le géant se réveille.

— Comment, petit ver de terre! Qu'est-ce que tu es venu faire dans mon domaine? C'est mon domaine, ça ici! Arrête un peu! Il faut que je sache ce que tu fais, d'où tu viens, puis ce que tu es venu faire, puis si tu vas être bien longtemps.

— Bien, je suis venu pour m'engraisser des porcs. C'est mon patron qui m'a envoyé ici avec une charge de porcs.

— Ouais! Tu veux-*tu* rester ici bien longtemps?

— Bien, un, deux ou trois mois!

— Ah bien! Je crois bien que quand ça fera trois mois, il y aura longtemps que tu n'existeras plus. Moi, je reste roi et maître sur mon île. C'est à moi! C'est mon domaine, puis je reste!

Ti-Jean dit: «Seigneur du bon Dieu! Comment va-t-on *amancher* ça?»

— Je donnerai du pain aux deux. Je peux t'endurer.

Ça fait que, finalement, ça va pas mal. Au bout de deux ou trois jours, Ti-Jean se couche dans l'après-midi. Il faisait chaud, puis il se couche dans la place du géant. Le géant avait son lit, on va dire son nid. Bon, il se couche. Ça fait que, finalement, le géant arrive.

— Hey! Hey! C'est mon lit, là, toi! Je ne veux pas que tu te couches là!

— Ah! c'est correct! C'est correct! O.K!

Ça fait que, finalement, le géant part, lui, puis il va faire une tournée dans la forêt.

Durant ce temps-là, bien, Ti-Jean se dit: «Écoute un peu! Quand il s'en reviendra, là, je vais faire un mannequin, je vais le mettre à la même place. Il va croire que c'est moi, puis là, il va être fâché, il va me tuer, certain! Je vais lui jouer un tour, c'est correct!»

Il se fait un mannequin puis il le couche à la place du géant, puis il sort dehors. Il se cache et il attend. Il voit venir le géant. Le géant entre puis il arrive! Il avait une canne de fer avec un anneau en plomb au bout, là. Ça pesait trois mille livres, ça. C'était sa canne. Il arrive.

— Tiens! Tu es encore couché dans mon lit! Ouais! Tu ne te coucheras plus, certain!

Il lève sa canne puis il lui en donne trois coups. Ça revole au *plancher d'haut*. Après ça, il le *poigne* par une patte puis il te le tire dehors.

Puis il dit: «Tiens, toi! Je vais attendre à demain. Si tu es mangeable, je te mangerai. Si tu n' es pas mangeable, je te donnerai aux requins. Les requins se chargeront de la balance!»

C'est bien! Finalement, bien, le géant se couche, puis il s'endort. Ti-Jean était resté dehors.

Le lendemain matin, il était neuf heures je crois bien, quand il voit que le géant commence à se réveiller, il dit: «C'est le temps! »

Il arrive.

— Comment, comment! Qu'est-ce que tu as?
— Bien oui, mais je pensais t'avoir tué hier au soir!
— Je ne comprends pas ça pourquoi je me suis réveillé à matin dehors! Ouais! À matin, ça me démange un peu dans les côtes. Je pensais que c'était les puces qui m'avaient piqué cette nuit. Je ne savais pas! De même, c'est justement tes coups de canne qui m'ont causé une petite démangeaison!
— Ouais!

Le géant pense en lui-même, il dit: «Bien oui, mais il est plus fort que moi! Il va falloir que je fasse attention!»

Ça fait que Ti-Jean dit au géant: «Bien, écoute! À matin, tu vas nous faire à déjeuner. Je fais à manger depuis que je suis arrivé, ton tour est arrivé! C'est à ton tour!»

Le géant, la crainte le prend. Il fait le manger. Ils déjeunent comme il faut. Il fait à déjeuner.

Le géant dit: «Écoute, là, Ti-Jean! Sur cette île, là, il faut faire un maître. Si tu es meilleur que moi, je vais te la laisser, je vais m'en aller. Si je suis meilleur que toi, bien tu t'en iras.»

Ti-Jean dit: «O.K.! C'est correct! Viens, on va aller sur la grève. On va avoir beau s'essayer! Envoye!»

Il prend sa canne, puis ils s'en vont sur la grève.

Ça fait que, finalement, le géant dit: «Je vais tirer ma canne. Je vais la tirer tant que je pourrai, puis après, tu la tireras à ton tour!»

— C'est bien!

Le géant prend sa canne, puis il la tire. Elle va toujours se ramasser à dix arpents.

— Ti-Jean, va la chercher !
— Non, non! Va chercher ta canne! Quand je vais tirer, j'irai la chercher, moi! Fais ton ouvrage! Tu feras une marque, là, puis c'est correct!

Le géant part puis il s'en va. Tout tremble sur la rive. Ti-Jean est debout puis il regarde la mer.

— Qu'est-ce que tu regardes là, donc?
— Attends un peu! Attends un peu! Je commence à voir un mât. Ouais! Il y a un navire qui s'en vient! Ah! regarde donc ça! On le voit tout là!
— À quelle distance qu'il est?
— Ah! à cinq ou six milles; à peu près quinze à vingt milles. On va s'approcher encore un peu.

Ils s'approchent.

Ti-Jean dit: «Bon, *astheure*, tu vois ce bâtiment, là, qui s'en vient là-bas? Bien tu envoies ta canne avec tellement de précision, je vais l'envoyer juste effleurement de l'eau, je le défonce!»

— T'es-*tu* fou!
— Comment je suis fou!
— C'est mon bâtiment! C'est mon navire qui m'apporte des provisions!
— Je défonce le navire ou bien je ne la tire pas, ta canne!
— Tu ne la tireras pas, tu vas voir! Tu es sûr de le défoncer?
— Ouais! Je tire à peu près à quatre pouces. L'eau va *rentrer*. O.K.?
— Non, je ne veux pas!
— Dans ce cas-là, bien, c'est très bien. L'affaire est terminée.

Mon Ti-Jean est roi et maître, puis le géant, la crainte le prend! Ti-Jean fait tout faire l'ouvrage au géant. Tout! Il fait le *soupage,* il fait le manger, il va chercher les truies, va chercher ci, va chercher ça! Ti-Jean est roi et maître. Puis trois mois, quand ça va bien, c'est pas pire! Ça allait bien!

— Ouais! On va aller faire un tour dans le bois, aujourd'hui.

Il va faire un tour dans le bois et il rencontre un de ses cochons. Il avait le dos ça de large [geste du conteur]; il pesait dans les trois ou quatre cents livres.

— Hein! Où sont-ils? C'est quasiment le temps que je m'en aille. Tu as une chaloupe ici, j'ai vu ça!
— Oui! Je vais te la prêter.
— Je vais aller vendre mes cochons.
— Comment, vendre tes cochons! C'est pas à toi!
— Tu vas aller me les *poigner*. Tu vas me *poigner* ça. D'abord, tu as des grandes pattes, tu as dix-huit pieds de califourchon! Tu en *poignes* un et puis ça ne t'arrête pas!

Ti-Jean, il suit la grève, puis il fait le *boss*. Il compte ses cochons et il les mettait dans la chaloupe au fur et à mesure. Puis, finalement que la chaloupe est pleine de cochons! Cinquante cochons, ça prend de la place! Ti-Jean donne la main au géant.

Le géant dit: «Est-ce que tu vas revenir?»

— Peut-être que oui, peut-être que non! C'est ta chaloupe, ça?
— Ah! En tout cas, si tu veux pas revenir, tu auras beau la garder!

Il aimait mieux perdre sa chaloupe, puis qu'il ne revienne pas!

— Bien, il dit, probablement que non que je reviendrai pas! Ça te fait rien que je garde ta chaloupe?
— Oui, oui! Garde-la! Je m'en ferai une autre.

Ti-Jean est après faire partir le moteur, puis il est parti. Ça fait que, finalement, bien, il avait un compas. Il arrive juste *dans* la maison de son patron qui était riche.

— Ouais! Tiens, *batèche*! Il faut que j'aille vendre ses cochons!

Il est parti dans la rue avec ses cochons. Il rencontre un commerçant.

Le commerçant dit: «Tiens! C'est des beaux cochons! Hummm! Sont-*tu* à vendre?»

— Ah oui! Ils sont à vendre.
— *Comment* tu vends ça?
— Cinquante *piastres* du cochon. Deux mille cinq cents *piastres*, vous les avez tous!
— Ouais! Ah! c'est correct!
— Wow, wow! Arrête un peu! C'est pas fini! Je me réserve les queues.

— Comment les queues!
— J'en ai besoin.
— Bien, ils paraîtront pas si bien, pas de queue!
— À prendre ou à laisser!

Le commerçant, bien, il se dit: «Une belle poignée d'argent, un beau trois mille piastres de profit avec! O.K.! C'est correct!»

Ça fait qu'ils ont toutes coupé les queues des cochons puis il [Ti-Jean] met ça dans sa poche, puis il [le commerçant] le paie et il part. Avant d'arriver chez son patron, il y avait un marécage, puis c'était pas *allable* là-dedans. Les gens qui embarquaient là-dedans, ils risquaient leur vie.

Ça fait que Ti-Jean, il se trouvait pas loin de trois arpents de la maison de son patron. Ça fait qu'il arrive dans le marécage, dans le bourbier comme on dit. Là, il plante toutes ses queues dans le bourbier.

Il dit: «C'est bien correct, ça! Ouais! il dit, c'est pas mal, c'est pas mal!»

Il s'en va, il arrive, il cogne à la porte de son patron. Son patron s'en va ouvrir.

— Comment! C'est toi!
— Bien oui! Bien oui!
— Mes cochons?
— Ils sont tous calés dans le bourbier! Venez m'aider! Dépêchez-vous!

Le patron part à la course. Il était chaussé en petits souliers comme je suis là, là.

Il arrive, bien croire, il dit: «Ils s'en vont! On va tous les perdre! Tantôt je leur voyais tout le derrière, puis là, on leur voit plus rien que la queue!»

Bien croire! Le patron glisse là-dessus; il est là-dedans, puis il s'enlise. Il est rendu à la ceinture là-dedans.

Puis avant de pouvoir faire quelque chose, il dit: «Donne le coup de *ressort*! Donne-moi pas le coup si fort! Hey! Va chercher mes bottes, dépêche-toi, à la maison, puis vite!»

Ti-Jean part. Il arrive, il entre dans la maison.

Il dit: «Madame, votre mari m'envoye me coucher avec vous, puis faire l'amour!»

— Comment! Je ne te crois pas!
— Bien, demandez-lui, vous allez voir! Il est pas loin.

Elle ouvre la porte, elle dit: «C'est-*tu* vrai?»

— Mais c'est plus que vrai, puis dépêche-toi! Je te l'ordonne, puis dépêche-toi! Il faut que ça aille vite!
— C'est bien, qu'est-ce que tu veux faire!

Puis elle se couche avec Ti-Jean, puis ils font l'amour. Finalement, après l'amour fait, ils sont fatigués un peu: ils s'endorment tous les deux. Puis mon gars était là-bas, dans le bourbier; il était rendu quasiment sous les bras dans le bourbier puis il est plus capable quasiment de s'arracher. Il attend, puis il crie, puis il hurle, puis il braille, puis: «ce que vous faites!», saute sur trois ou quatre queues de cochon, il les arrache, puis là, il décide de sortir puis de s'en aller.

Il arrive dans la maison: personne!

— Où sont-ils allés? Bien oui, mais il n'y a personne!

Bien, sa femme dit: «On est ici!»

Il ouvre la porte de chambre.

Il dit: «Voilà le restant! Bien oui, mais ma femme, qu'est-ce que tu fais là?»

Elle dit: «C'est toi qui m'as dit de faire ça! *Coudon*! Je t'écoute, qu'est-ce que tu veux faire?»

Ah! bien là, Ti-Jean, il a eu son *bleu*. Il a été obligé de partir, de s'en aller. Il avait deux mille cinq cents *piastres* dans sa poche, et puis il avait couché avec la femme de son patron. Il n'en demandait pas plus! Il était correct!

CONTE-TYPE 1740 B

Le conte-type 1740 B [*Les chandelles sur l'écrevisse*] se range au nombre des *Plaisanteries sur les curés* [1725-1874]. Dans ce cas-ci, c'est le sacristain, son proche collaborateur, victime du vol répété de ses navets qu'il cultive dans la terre grasse du cimetière, qui fait figure de personnage trompé.

La mise en garde que le bedeau sert aux paroissiens est le prétexte tout trouvé à une scène d'apparition montée de toutes pièces par trois lurons déguisés en fantômes. On réquisitionne, pour ce faire, le drap blanc obligé qui, s'il impressionne un sacristain peu au fait des traditions locales sur les âmes défuntes, déroge à la croyance populaire en général.

Car dans les légendes, point de draps blancs empruntés au linceul. Un fantôme qui se respecte apparaît dans ses habits accoutumés et non sous le couvert de l'anonymat, comme on le consigne dans les traditions fantaisistes.

Le sacristain timoré n'ose pas utiliser son arme contre des esprits. Il cède plutôt à la peur et se voit, une fois encore, privé du produit que lui valaient de droit son labeur et ses soins.

On a retrouvé ce récit également en Estonie et en Livonie.

LES NAVOTS DU BEDEAU

Un jour, c'était dans une petite paroisse du comté de Charlevoix, à Sainte-Agnès je pense, à quelque part par là ou à Saint-Hilarion, quelque chose comme ça. Qu'importe en tout cas! Ce sont les premières années *que* la paroisse avait été fondée. Puis, bien, il fallait bien un bedeau pour enterrer les morts, puis après ça, sonner l'angélus et puis tout ça.

Puis le bedeau y allait le midi, puis il n'était pas riche. Il fallait bien qu'il vive un peu; il n'avait pas de terre de faite, il n'avait pas d'arpent de terre, il n'avait rien. Il semait des *navots* dans le cimetière. Puis je vous dis qu'il avait des gros *navots*: des *navots*, des petits, des moyens, des gros, gros, gros, gros, gros.

Puis l'automne, bien, ça lui faisait une récolte de *navots*. Puis, finalement, quand arrivait l'automne, ses *navots* disparaissaient, ses *navots* étaient tous volés.

Finalement, un printemps, il sème encore des *navots* là, dans le cimetière, puis la terre était riche, on la brassait souvent, puis les *navots* produisaient. Il se lève un bon matin, puis il s'en va à l'église sonner l'angélus, puis là, il est à la porte de l'église puis il attend que la messe sonne.

La messe arrive, puis il commence à sonner la messe, envoye donc! Ça sonne! Bon, les gens arrivent à la messe, puis après la messe, les gens sortent de l'église.

Puis là, il s'*enligne* sur le perron de l'église, puis il dit: «Écoutez mes amis les paroissiens, j'ai quelque chose à vous dire ce midi. Vous savez, je sème des *navots* dans le cimetière. J'ai le droit de le faire, je n'ai rien que ça pour vivre, puis mes *navots* sont tous volés. Alors, aussi vrai que je suis bedeau, ce soir je vais me cacher dans le cimetière, puis s'il y en a un qui vient me voler des *navots*, je prends ma carabine puis je le tue, aussi vrai comme je suis bedeau.»

C'est bien, il part, puis il s'en va. Finalement, dans ce temps-là, vous savez, c'était quasiment comme aujourd'hui. Vous savez, il y en avait des *faisants mal* un peu. Il y avait trois jeunes gens d'une vingtaine d'années, dans la force de l'âge; ils étaient capables de faire quelque chose de bien.

Ils ont dit: «On va faire peur au bedeau ce soir. On va aller manger les *navots* du bedeau, vous allez voir. On va se prendre des grands draps blancs.»

Il y en a un qui dit: «Oui mais, il est avec sa carabine!»

— Mais on ne tire pas sur un revenant, ça sert à rien! Non, non, non, il n'y a pas de danger! On va prendre chacun un drap, on va se mettre ça sur la tête, puis il faut partir de bonne heure après-midi.
— Ouais! On partira vers quatre, cinq heures; on va arriver vers cinq heures et demie, six heures!
— Ouais!

Une demi-heure avant, ils arrivent dans le cimetière puis ils étendent leur drap, chacun leur drap, puis ils se fourrent dessous, puis en arrière des épitaphes qu'il y avait là, puis ils attendent.

Tout d'un coup, ils voient venir le bedeau. Il y avait une grosse talle de sureaux là, à la porte du cimetière. Il se cache derrière la talle, la talle de sureaux. Il se met là puis il attend. La nuit arrive, personne vient!

— C'est drôle ça, personne ne vient ce soir! C'est peut-être bien à cause que je les ai avertis. Peut-être bien qu'ils ne veulent pas venir. C'est bien, je vais les guetter. J'aime mieux les guetter tous les soirs, puis après ça, je vais récolter des *navots*.

Finalement, vers les dix heures et demie, onze heures, les trois gars, là, ils parlaient tout bas, puis ils commençaient à être *tannés*.

Ça fait qu'ils disent: «On voulait attendre à minuit, mais oh! il est assez tard! Il n'a peut-être pas l'heure.»

Il sort.

— Qu'est-ce que tu vas faire?
— Tu vas voir!

Finalement, il s'envoie son grand drap sur la tête, puis il se lève avec son drap.

— Ouais! Je sors de mon tombeau pour manger les petits *navots* du bedeau!

Oh *maudit*! Le bedeau a peur, il se cache.

Il dit: «C'est-*tu* des revenants qui viennent manger mes *navots*? C'est bien ça!»

Ils ont dit: «Tu as bien réussi. Je me lève à mon tour.»

Il se lève à son tour.

— Je sors de mon tombeau pour manger les gros *navots* du bedeau!

Bon, les petits *navots* puis les gros *navots* sont mangés par les revenants. Ils se recachent de nouveau puis ils attendent. Ouais!

Tout d'un coup, il dit: «Ouais! C'est à mon tour. Je sors de mon tombeau pour manger le bedeau qui est derrière la talle de sureaux!»

Ah! Bien là, le bedeau, en entendant ça, lâche un coup de carabine en l'air, lâche la carabine là, puis il part. Il ouvre la porte, regardant où il peut. Il lâchait des hurlements, puis il criait, puis on sait bien, il allait mourir!

Eux autres, bien, ils ont ramassé la carabine du bonhomme, ils ont chargé leur drap de *navots*, puis ils sont partis.

L'histoire finit là.

CONTE-TYPE 1543

Le cent dollars relève de la catégorie des *Hommes ingénieux* [1525-1639]. Il s'agit, plus exactement, du type 1543 [*Le mendiant dans l'église*] dans lequel un individu impécunieux quémande une faveur à saint Joseph tout en insistant, d'une manière tatillonne, sur l'exactitude de la somme d'argent exigée.

Le sacristain et le curé veulent éprouver la fermeté de la résolution du quémandeur en lui lançant un montant inférieur à ses prétentions. Mal leur en prit. À malin, malin et demi, car, à n'en point douter, l'indigent était davantage convaincu d'être entendu par son pasteur que par le père putatif du Sauveur.

Ce conte a aussi été recueilli dans la Flandre.

LE CENT DOLLARS

Un jour, c'était une petite paroisse pas riche. Il y avait un type pas riche en plus; puis il y avait un type, tu sais bien, puis c'était un bon catholique. Dans ce temps-là, on croyait en Dieu pas ordinaire! Il restait pas loin de l'église; il restait à peu près à une vingtaine d'arpents de l'église. Tous les matins, il allait à l'église, puis là, il allait se prosterner devant la statue de saint Joseph.

— Bon saint Joseph, j'ai besoin de cent dollars! Si tu me donnes quatre-vingt-dix-neuf *piastres*, je ne le prendrai pas! Si tu me donnes cent une piastres, je ne le prendrai pas non plus! Ça me prend ça, cent *piastres*! Saint Joseph, j'ai confiance en vous! Tu es mon patron, alors je reviendrai demain!

Puis finalement, le lendemain matin, le bedeau était en train de sonner sa cloche. Mon cher ami, il l'aperçoit là, puis il parlait tout haut: il était tout seul dans l'église.

Le curé dit: «Oui, bien on va laisser faire quelques jours, puis après ça, on l'essaiera.»

Au bout de quelques jours, le curé dit: «Tiens, j'ai mis cent *piastres* dans un sac. Tu vas te cacher derrière l'autel, là, où saint Joseph. Quand il dira sa prière, tu lui lanceras le sac. Puis moi, je vais mettre rien que quatre-vingt-dix-neuf *piastres*. Je suppose bien qu'il va compter, puis là, je ne sais pas ce qu'il va faire.»

Ça ne manque pas le coup: le matin, il revient puis c'est encore la même prière.

— Bon saint Joseph....

Prosterné à terre, les mains jointes. Finalement, le bedeau était là.

— ...je reviendrai demain matin.

Le bedeau tire le sac. Il avait laissé de la monnaie là-dedans pour faire plus de bruit.

— Ah! merci saint Joseph! Merci saint Joseph! Je te remercie mille fois!

Le curé dit: «Wow! Arrête un peu, mon enfant! Arrête un peu!»

— Qu'est-ce qu'il y a?
— As-tu compté?
— Ah! je suis certain qu'il a fait son possible, M. le curé! Il n'y a pas besoin de compter! Je m'en vais. Bonjour, merci!

Il est parti, puis le cent *piastres*, il l'a gardé. Il a joué un tour au bedeau et au curé: il a gardé le cent dollars!

GROS JEAN

«*La finance vaut mieux que le travail*», enseigne la sagesse populaire pour illustrer le fait que le labeur n'est pas le meilleur moyen de s'enrichir et qu'une certaine paresse dans les affaires n'est pas la pire des attitudes.

Le Gros Jean de ce conte connaît cette leçon et ne rate jamais une occasion de la bien mettre en pratique, surtout qu'elle va dans le sens de son penchant naturel. Paresseux, certes, mais d'une fainéantise intelligente, industrieuse même, aussi paradoxal que cela puisse sembler.

Pour Gros Jean, le problème que pose l'existence est tout à fait simple et ne souffre pas les complications: comment, tout en conservant son statut de paresseux, passer pour indispensable, circonvenir les uns et les autres tout en tirant habilement son épingle du jeu? Il faut un solide aplomb et une grande capacité d'appréciation pour savoir tirer profit des conjonctures favorables qui se présentent. Gros Jean est fainéant de corps, mais vif d'esprit.

Ce conte, de la catégorie des *Hommes ingénieux* [1525-1639], porte le numéro 1611 [*L'épreuve de l'escalade du mât*]. Il a subi également l'influence du type 1116 [*L'essai de brûler*] des *Contes d'ogres stupides* [1000-1199].

Il a été retrouvé en Finlande, au Danemark et chez les Amérindiens.

LE CONTE DE GROS JEAN QUI S'EST FAIT MATELOT POUR NE PAS TRAVAILLER

Il est bon de vous dire qu'une fois, c'était un vieux puis une vieille qui restaient justement à Port-Alfred. Ils avaient un garçon qu'ils élevaient: il pesait dans les deux cent trente-cinq, mais il était paresseux, *vache* comme un âne! Ils avaient beau le disputer, le tourmenter, mais il ne voulait pas aller travailler.

Un bon jour, son père dit: «Bien, écoute, si tu ne veux pas travailler *pantoute*, ça fait assez longtemps qu'on te fait vivre à ne rien faire, on te *sacre* dehors.»

— Ouais! Si vous me *sacrez* dehors, je sais qu'est-ce que je vais faire!

— Qu'est-ce que tu vas faire?

— Je vais m'engager sur un bateau. Je vais aller sur le bord du quai à Port-Alfred, là, puis jamais je ne croirai que je ne trouverai pas pour m'engager à bord des bateaux. À bord des bateaux, on est bien, on dort tant qu'on veut.

— Ouais? Bien, c'est bien! Vas-y!

Le garçon part puis il s'en va flâner sur le bord du quai. Qu'est-ce qui arrive? Un bateau chargé de capelans! Ça fait qu'ils se mettent à décharger la cargaison, puis lui, il se promenait tranquillement.

— Ah! quand ils auront fini de décharger, le capitaine avec les matelots, je vais aller prendre une bière au bar. Ça fait que j'irai les trouver là.

C'est bien, tu sais, ce qui arriva. Quand il les voit partir pour le bar, il part en arrière d'eux autres puis il s'en va. Ils entrent dans le bar, ils s'assoient à une table puis ils prennent un verre.

Puis: «Ouais bien, *astheure*, on a fait un bon voyage, mais celui-là va être plus rude! Là, ça fait trois semaines qu'on est partis, pas un petit air de vent, pas une petite tempête, la mer comme un miroir. Ah! ouais! On a fait la belle vie. On n'a pas travaillé la valeur d'une heure pendant les trois semaines.»

Ah! quand il entend ça, lui, ça lui fait!

— Ouais, il dit, arrête un peu! *Coudon*, vous n'avez pas besoin d'un autre matelot?

Le capitaine dit, en le voyant les épaules ça de large [geste du conteur], bien bâti, habillé en grosse étoffe du pays: «Ouais, ça doit être un bon homme, ça! Bien oui, on a besoin d'un matelot!»

— Oui?

— C'est bien, embarque!

— Arrête un peu! Avant d'embarquer, là, moi, j'ai un marché

à vous faire. Moi, je travaille rien que dans les grosses tempêtes, quand il y a des tempêtes épouvantables. Moi, je travaille dans ce temps-là. Je réponds de l'équipage, je réponds du bateau: pas besoin d'acheter de vestes, rien en tout. Ça fait que vous arrivez à bon port avec toute votre cargaison.

Le capitaine dit: «Ouais! Va donc ! On va virer au Groenland, dans les mers du Nord. Il y a de terribles tempêtes par là. C'est ce que ça me prend! O.K.! mon jeune homme, embarque!»

Il embarque puis ils partent. Ils arrivent pour partir: ça va bien! Pour commencer, ça allait bien: pas de tempête, la mer est calme, puis ça plaît à Gros Jean. Mon gros était dans la cale puis il dormait presque jour et nuit. Même de ça, ils étaient obligés d'aller le réveiller pour l'amener au mess des officiers.

Finalement, un bon jour, tu vois un point noir qui se lève à l'horizon?

Le capitaine dit: «Ouap! Voilà une tempête, une terrible!»

Ça vient bleu noirâtre, puis tout d'un coup, le vent arrive, mes chers amis! Puis là, le vaisseau dansait puis il tanguait puis d'un côté et de l'autre. Puis ils [les marins] travaillaient, puis envoyent les voiles à terre. Finalement, ils ne pensaient pas à Gros Jean. Tout d'un coup, le capitaine lâche un cri:

— Allez chercher mon gars qui est dans la cale! J'ai un gars spécialement pour ça: il va tout sauver.

Ils vont le chercher. Gros Jean se lève – il dormait – il arrive sur le pont: «Mais pensez-vous que je vais travailler pour un petit coup de vent comme ça, vous autres! Ah! allez chez le diable tout ce que vous voudrez! Ça ne vaut pas la peine seulement! Ah! je m'en vais!»

Il redescend dans la cale puis il se recouche.

Mais une fois couché, il pense à son affaire:

— Ouais! Ils sont en gang; ils vont me *sacrer* à l'eau. Ici, d'abord, bien oui, c'est la loi navale. Ils ont le droit de me *sacre*r à l'eau. Ah bien! arrêtez un peu! Vous ne me *sacrerez* pas à l'eau!

Là, il se fait un mannequin, puis là, il dit: «Pas avant que la tempête soit calmée! J'en ai pour cinq, six heures, j'ai le temps.»

Puis il enveloppe tout ça dans une *couverte*, comme il faut, puis il fourre ça sur son *bed* puis il va se fourrer dans un *bed* qui est vide, puis il attend.

Ça ne manque pas le coup, la tempête est calmée. Ce qu'il voit descendre? Cinq, six gars, puis ils arrivent, puis ils le *poignent* [le mannequin] puis ils l'envoyent par-dessus bord. Ça fait glou, glou, glou.

— Ouais! Glou, glou tant que tu voudras!

Ils fuyaient, c'est correct! Ils sont tranquilles puis ça va! Lui, il reste caché dans son *bed* pendant trois jours; il commençait à avoir faim.

— Ouais! C'est le temps que je sorte.

Finalement, il est comme les trois heures du matin, tout le monde dormait à peu près. Il y avait rien que le capitaine qui était sur le gouvernail, puis tout, pas un mot. Il aperçoit une échelle de corde. Il se *poigne* après la corde puis il descend tranquillement puis il se laisse traîner dans l'eau, puis il se *griffe* la main après ça.

Il se met à crier au meurtre: «Bande de *maudits* sans-cœur, de *maudites vaches* que vous êtes! Chiennes que vous êtes! Si vous m'aviez eu donné des provisions toujours, au moins!»

Le capitaine entend ça. Il s'en va voir.

— Mais c'est mon homme qu'on a *sacré* à l'eau!

Bien croire, il réveille les hommes.

— Halez-moi ce gars-là! Montez-le sur le pont!
— Ouais! Ça fait trois jours que je cours après vous autres. Je vous rattrapais de temps en temps, mais j'échappais tout le temps! Je suivais, mais j'avais pas le temps de me *poigner*. Je suis venu à bout de le *poigner* à matin, là. Bien, donnez-moi des provisions! Je vous dis que j'ai faim!
— T'es pas un homme ordinaire! T'avais garde de ne pas vouloir venir travailler dans la tempête! Bien, ça ne te faisait rien, toi!
— Bien oui! Ça ne me faisait rien en tout, moi!

Mon gars est monté: c'était un grand champion et une grande vedette.

Ils se rendent là-bas. Le restant du trajet, ça a bien été: pas de vent, pas de tempête. Ils débarquent à Vancouver. Rendus là, ils avaient une cargaison de poissons; ils déchargeaient ça.

Finalement bien, le gars dit: «Moi, je n'ai pas d'affaire à travailler!»

— Non! T'es gros puis grand, tu vas m'aider un peu!
— Non, non, non! Moi, je ne suis pas payé pour ça. Je suis payé pour quand il y a de la tempête, c'est tout!
— De la tempête, avec toi, il n'y en a jamais!
— Bien non! Il n'y en a pas souvent, mais il y en a, ça arrive!

Finalement, il est là qui les regarde faire. Une fois que c'est déchargé, ils s'en vont dans le bar encore, prendre un verre. Le capitaine, il faut qu'il paye les hommes. Il les paye.

Il y avait d'autres bateaux qui étaient là. Finalement, les capitaines se sont mis à raconter leurs faits puis leurs voyages.

— Ah! on a eu une tempête, mais j'ai engagé un bon homme, moi!
— Ouais?

— Tu n'en as jamais vu de même sur un navire puis moi non plus. Non, jamais!

— Qu'est-ce qu'il a fait?

— Il travaille rien que dans les tempêtes. Il a nagé trois jours de temps en arrière du bateau. Il est venu à bout de *poigner* le bateau au bout de trois jours.

— Mais es-tu fou?

— Je ne suis pas fou *pantoute*! Mais, arrête un peu! Mes matelots sont là, ils peuvent te le dire.

— Oui, c'est vrai! C'est vrai monsieur!

— Ouais!

Le capitaine dit: «Moi, non! Je n'ai pas d'homme comme ça, mais j'en ai un par exemple, c'est un vrai singe dans un mât. Il monte dans un mât, il joue d'un mât à l'autre!»

— Bien, moi, je peux bien essayer le mien, mais bien croire, dans les mâts, il doit être mieux qu'un singe encore.

— Ouais, on va gager! Gageons cinq cents dollars! On donnera deux cents dollars au gagnant puis on gardera la balance!

— O. K.!

Finalement, mon cher ami, le lendemain matin sur leurs navires respectifs, puis ils s'accotent tous les deux ensemble et puis là, bien, finalement, les deux capitaines arrivent avec chacun leur homme puis ils disent: «Qu'est-ce qui commence, là?»

Ça fait que le capitaine de l'autre bateau dit: «Ah! toi, commence! T'es gros et grand, commence, toi!»

Là, mon Gros Jean arrive avec ses grosses mitaines d'étoffe puis il commence à monter un câble. Il montait dix pieds puis il reculait de six, puis il remontait. Ça avait à peu près quarante pieds de hauteur. Ça lui prend bien une heure et demie, je sais bien! Il vient à bout de monter jusqu'à la tête du mât. Ça fait que les gens sur le pont rient à gorge déployée. Ils étaient contents.

Ils ont dit: «En tout cas, on passe une belle demi-journée, c'est plaisant! On rit à notre saoul.»

Rendu en haut, il veut changer de câble: il manque son coup! Le voilà reparti la tête la première, en bas. Mais la Providence, tu sais bien, ça protège toujours les paresseux! Il arrive en bas, il y avait un gros nœud dans le bout d'un câble; il y avait à peu près dix pieds. La tête lui frappe dans le nœud, il vire de bout, il arrive sur le pont *dret* debout, sur les deux pieds.

Il dit à l'autre: «Tiens, fais-en autant, je te dirai que tu es meilleur que moi!»

L'autre dit: «Comment en faire autant! T'es seulement pas capable de monter dans le câble! On sait comment t'as fait!»

— Ah! j'ai fait exprès! C'était pour faire rire les gens. Les gens ont ri! Essaye puis envoye!
— Bien croire, essayer, si je vais essayer! C'est ma mort qui y passe, un demi-pouce seulement de côté!
— Bien, il s'agit de t'envoyer bien droit, de prendre ton aplomb puis t'arrives!

Le gars ne veut pas. Il gagne sa gageure. Là, il s'est en allé chez *eux*.

CONTE-TYPE 1528

Le conte-type 1528 [*Garder le chapeau*] possède une évidente connotation érotico-scatologique. Le héros y montre ses fesses en arguant que, s'étant fait interdire de regarder son voisin en face, il ne lui reste que l'alternative de l'envisager en cul. Le récit culmine sur l'épisode désopilant de l'oiseau sous le chapeau. Une habile substitution le transformera en excrément. On devine la suite.

Une fois de plus, nous sommes en présence d'un récit de la catégorie des *Hommes ingénieux* [1525-1639].

L'OISEAU SOUS LE CHAPEAU

Un jour, il y avait un type qui restait pas loin d'un gros seigneur. Le seigneur avait une espèce de château. Ça fait que, chez le type qui était pas riche, il y avait un petit gars qui avait dix-neuf, vingt ans. Le petit gars était assez âgé. Le petit gars, il était pas fou. Puis le gros seigneur, bien, il avait une fille: elle était pas laide puis elle était d'*adon*.

Et puis, bien, Ti-Jacques allait veiller de temps en temps. Quand il n'avait pas de visite, il allait veiller chez le gros seigneur, puis il veillait avec la fille. Elle l[e] haïssait pas; elle était loin de l[e] haïr; elle l'admirait même.

Un bon jour, ce qui arrive dans le pays? Il était après jaser avec la fille: il arrive une espèce de prince, là, un gros bonnet. Il arrive là en carrosse, vous savez. Bon, il débarque! Finalement, elle, elle part. Elle dit pas «Excusez-moi!» ni rien! Ça fait qu'elle part puis elle s'en va.

— Ma *maudite*, toi! T'es pas assez polie pour t'excuser avant de partir, seulement! Ma *crisse*! Tu me paieras ça, tu me paieras ça à quelque détour!

C'est bien! Il ramasse son chapeau qui était à côté de lui puis il s'en va. Il restait deuxième voisin. Il enfile en grande presse. Il avait une vitrine comme nous autres, là, il se met à regarder. Il s'aperçoit que le gros seigneur était après atteler deux chevaux sur un carrosse.

Il dit: «Tiens! Je gage qu'ils vont faire un coup!»

Ça manque pas le coup! Le type embarque avec le bonhomme puis la fille. Et puis le bonhomme était à l'avant puis il *menait* le cheval et puis, bien, le garçon puis la fille étaient en arrière.

On sait bien que mon gars, lui, dit: «Je vais regarder quel bord ils prennent!»

Finalement, ils partent envers chez *eux*. Ils viennent envers chez *eux*. Puis là, il y avait un châssis, là, à quatre vitres, les anciens châssis à quatre vitres qui sont grands comme ça [geste du conteur]. Ouais! Ils passent devant la porte puis ils s'en vont.

— Ah! ils vont revenir, ça sera pas long! Je vais les *watcher*!

Ça fait que, finalement, il y avait un carreau de châssis qui *rouvrait*: il *rouvre* le carreau. Ça fait qu'il voit que le gros monsieur arrive. Il jasait tranquillement. Ces gros messieurs-là, c'est curieux, ça! Il y a rien de plus curieux comme un gros monsieur: ça, c'est curieux!

Après ça, quand il voit qu'il arrive, il baisse ses culottes vitement, puis il *sacre* les fesses dans les carreaux puis il attend. Le gros monsieur arrive là:

— Wow! Hey! Le jeune homme, tu veux-*tu* bien me dire ce que c'est que cette affaire-là?
— Mon seigneur, je ne sais pas! Ça m'a l'air à des fesses blanches!
— Ouais! Bien, ce que c'est qu'il y a là?
— Bien, c'est moi!
— Oui! Je te défends à l'avenir de me regarder la face, toi!
— C'est bien, monsieur, ça va être final! Je te regarderai plus la face, jamais!
— C'est bien! Ça finit là!

Ça fait qu'après souper, ils rattellent encore le même cheval puis ils s'en reviennent encore. Mais là, il s'envoye encore le haut des fesses dans l'autre carreau.

Le gros monsieur dit: «Bien oui, mais Jacques! C'est toi qui es là?»

— Bien oui, là! J'ai pas pu vous regarder en face, hein! Vous m'avez défendu de vous regarder en face, je vous regarde en cul puis c'est tout!

— Ah! bien, regarde-moi en face, j'aime mieux ça!
— C'est correct! O.K.! C'est bien!

Ah! le cavalier a couché là! Le lendemain, mon cher ami, Ti-Jacques s'en va le long de la clôture du jardin. Il y avait un grand jardin là, avec des fleurs là-dedans. Ça fait que le gros monsieur a été montrer ça à son futur gendre, hein! Il y avait un petit oiseau qui se promenait là.

— Regarde donc ça?
— Ah! je ne sais pas quelle sorte d'oiseau que c'est ça. Je ne sais pas. Ça, c'est un oiseau qui mange après les fleurs; ça, il y a rien de plus fin.

Il avait un gros chapeau de castor.

Il dit: «Il n'est pas *farouche*; je vais essayer de le prendre.

Tout d'un coup... Ah non! C'était le garçon puis la fille qui se trouvaient dans le jardin. J'ai fait une erreur... Finalement, il met le chapeau dessus [l'oiseau].

— Ouais! On va lui dire, à votre père, de venir prendre l'oiseau lui-même. On va lui faire l'honneur de venir prendre le petit oiseau en allant chercher le *casque*!

Ça fait que Ti-Jacques, il saute la clôture vitement, ôte le chapeau, fait ça vitement: il fait une petite crotte, là. Il *revire* de bord puis il va se cacher. Bon! Finalement, bien, il les voit venir avec la cage en main. La fille avait la cage. Ça fait que, finalement, le garçon arrive:

— Monsieur! Vous savez, allez tranquillement. Ouvrez pas trop haut parce qu'il peut passer. Si vous voyez quelque chose de chaud, bien, sautez dessus!
— C'est correct!

Ça fait que, finalement mon cher ami, c'est bien ça, il saute dessus.

— Ah!

Mon Ti-Jacques, lui, il part à rire. Il rit trop fort: le seigneur l'entend.

Il dit: «Viens ici un peu! Il y a quelque chose qui ne va pas dans notre affaire. On est quasiment voisins, il y a rien qu'une maison qui nous sépare. Faut se comprendre! Il y a un bout! Qu'est-ce qu'il y a? Viens ici un peu! Tiens, assieds-toi sur ce banc-là puis conte-moi comment ça se fait que tu ne fais rien que me jouer des tours de même! J'aime pas ça!»

— Bien, je vais vous le dire, monsieur! Votre fille, elle m'a insulté avant-hier quand ce gros monsieur-là *a* arrivé puis il me vaut peut-être pas! Elle s'est seulement pas excusée! Je lui ai dit qu'elle me paierait ça!
— Oui, mais là, c'est différent! C'est pas elle qui paye, bon Dieu! C'est moi!
— Bien, je vous promets que ça arrivera plus, là! Je me suis déchargé le cœur.
— C'est correct!
— O.K.!

Ça se termine là.

CONTE-TYPE 1351

Ce conte [type 1351, *Qui parlera le premier?*] donne tort au préjugé populaire voulant que les femmes soient d'intarissables bavardes. Mal en prit au mari qui pensait mettre à contribution ce travers pour s'éviter une tâche qu'il jugeait ne pas relever de son rôle: rendre un poêlon emprunté chez un voisin.

Ira le rendre qui parlera le premier. L'assurance tranquille du mari ne résista pas à l'entêtement invincible d'une femme timide, croyait-il, mais plus rouée qu'il ne le croyait. Ce conte nous fait assister à une véritable scène de vaudeville que des troupes ambulantes ne se privaient pas de reprendre en en modifiant le canevas. *Qui parlera le premier* est consigné dans la catégorie des *Contes d'époux* [1350-1439].

On l'a retrouvé en Finlande, en Norvège, au Danemark et dans la Flandre.

LE CONTE DU POÊLON

Dans les premiers temps, vous savez, nous autres les colons, là, il fallait qu'ils usent de tous les moyens essentiels pour tâcher de vivre à bon marché. Alors, tous les cultivateurs, dans ce temps-là, vous savez, faisaient leurs chaussures eux autres mêmes.

J'étais nouvellement marié, puis c'était pas de ma faute, moi, j'avais marié une femme qui était très gênée. C'était pas drôle! Mais on était pauvres comme du sel. Puis un beau jour, bien, l'envie de manger des crêpes nous avait pris. Mais il nous manquait un poêlon. Bon! Il y avait le voisin, là, bien lui, il était plus riche que nous autres: il en avait un.

J'ai dit à ma femme: «*Maudit*! J'aurais envie de manger des crêpes à matin!»

Elle dit: «Moi aussi!»

— Bien, tu vas aller emprunter le poêlon.
— Ah non! Ah pas moi!
— Ah! bien, oui mais, *coudon*! Ordinairement, c'est la femme qui s'occupe des ustensiles! Tu vas aller emprunter le poêlon!
— Bien non! J'y *vas* pas!
— Bien, tiens! On va passer un marché tous les deux: je vais aller emprunter le poêlon, mais, par exemple, tu iras le reporter.
— Ah! c'est correct! Pour faire des marchés, je suis bonne! C'est correct!
— C'est bien! Je vais chercher le poêlon.

Elle nous fait cuire des crêpes, on en mange cinq chacun. Ah *maudit*! On avait faim! Finalement, une fois qu'on a bien déjeuné:

— Bon, bien, je dis, *astheure*, tu iras reporter le poêlon!
— Bien, j'y *vas* pas!
— Comment, tu vas pas porter le poêlon? Tu m'as promis que tu irais!
— Ah oui! Mais c'était pour avoir le poêlon! *Astheure* que je l'ai eu puis que j'ai bien déjeuné, *astheure* tu iras porter le poêlon.

J'ai dit: «Non! Ça fera pas, ça!»

— Bien, tiens! On va passer un marché: celui-là qui parlera le premier, ira le porter!
— Ouais! C'est correct!

Moi, j'avais une paire de bottes à coudre, hein! Ça fait que finalement, mon cher ami, bien:

— C'est bien! C'est correct! O.K.!

J'avais une femme... je savais bien qu'elle était un peu bavarde. Je savais que ça ne durerait pas longtemps.

— Oh! j'ai dit, c'est correct! Je vais gagner: elle va être obligée d'aller porter le poêlon.

Finalement, je prends ma botte puis je me mets là, puis je commence à coudre: «Tourelingatte la haye! Tourelingatte la haye! Tourelingatte la haye!»

Tiens! Finalement, il *rentre* un agent d'assurances dans la maison: beau jeune homme de vingt-deux, vingt-trois ans, bien habillé.

— Bonjour, monsieur!
— Tourelingatte la haye! Tourelingatte la haye!

Il parle à ma femme. Elle ne répond pas.

— Tourelingatte la haye!

— Bien oui, mais madame! Je suis venu renouveler vos polices d'assurance. Elles sont échues, là, puis vous vous trouvez pas assurés!

Elle ne dit pas un mot.

— Vous, monsieur, *coudon*! Ah! répondez-moi?

Je piquais mon alêne au milieu: «Tourelingatte la haye! Tourelingatte la haye!»

Il dit: «Voilà-*tu* une affaire curieuse!»

Finalement, lui, il fait pas une ni deux, il prend ma femme par le bras puis il *rentre* dans la chambre avec.

— Tourelingatte la haye! Tourelingatte la haye! Tourelingatte la haye!

Je m'arrête puis je vais écouter. Je m'aperçois... Je *griffe* ma botte, je commence à coudre: «Tourelingatte la haye! Tourelingatte la haye! Tourelingatte la haye!»

Je vais écouter encore: «Sortez, vous autres, de là! J'irai le porter, le poêlon!»

J'ai été obligé d'aller porter le poêlon!

Il était quatre fois...

Joseph Patry

«*Imaginez à l'heure où nous sommes, la race humaine
sans poètes, sans conteurs, sans illusionnistes
et sans apôtres. On aurait beau rouvrir les boucheries.
Nous ne vivrions plus longtemps.*»

Blaise Cendrars

JOSEPH PATRY

J'ai dit, en son temps et en son lieu[1], l'essentiel de la vie de Joseph Patry. Qu'il me suffise d'ajouter ces impressions durables qui me reviennent lorsque je ferme les yeux pour retrouver son image.

Joseph Patry, tel que je le connus, était un homme petit, sec, aux gestes rares. Quand je le rencontrai, la première fois, il avait franchi le cap des quatre-vingts ans et ne paraissait pourtant pas son âge. Le temps avait cristallisé sa physionomie à jamais au seuil de la soixantaine. C'était un homme réservé, d'une apparente froideur qui masquait un tempérament chaleureux. Il fallait, cependant, savoir l'apprivoiser pour voir fondre sa réserve.

Il était, au sens propre, un illettré, ce qui est tout le contraire d'un ignorant quoi qu'on en pense aujourd'hui et quelque association indue qu'on puisse faire entre ces deux termes. Sa science était concrète, pratique et profonde dans les domaines de sa compétence. Il avait compensé son manque d'instruction par une formidable mémoire, allant jusqu'à apprendre les prières usuelles de la messe et des vêpres en latin.

---

1. Bertrand Bergeron, *Les Barbes-bleues*, Montréal, Quinze, 1980, 260 p.

Il y avait tout près de quarante ans qu'il n'avait pas conté lorsqu'il me narra son premier conte. C'est dire la capacité de rétention de sa mémoire, si l'on considère qu'il me raconta ses contes à un âge où la plupart des vieillards assistent, impuissants, à la dissolution de leur mémoire comme un carré de sucre dans une verre d'eau.

Joseph Patry était ce que le père Germain Lemieux appelle un «jongleur de billochet»[2]. Cuisinier dans les chantiers, il donnait des séances de contes le samedi soir. Quand il voulait déroger à ce rituel obligé prétextant d'autres tâches, les bûcherons le forçaient, non sans une certaine rudesse, à occuper le billochet.

Il m'a raconté tout le répertoire que sa mémoire avait soustrait à l'érosion du temps. À l'exception d'un seul dont il m'annonçait le titre tout en s'empressant d'ajouter qu'il ne le savait pas encore assez et que cela irait à la prochaine fois.

Dans la joie et l'espérance de cette prochaine fois, j'allais régulièrement lui rendre visite quoiqu'à des intervalles tout de même assez longs. Après m'être informé des menus détails d'un quotidien qui composent bien souvent l'essentiel de la vie d'un vieillard, j'évoquais ce conte sans cesse annoncé et toujours remis d'une visite à l'autre. J'en vins même à croire que ce conte n'existait pas et qu'il lui servait de prétexte pour recevoir ma visite.

Il m'en avait pourtant donné le titre: *Aurore, l'enfant martyre* non sans que, fatalement, je l'associe à l'archétype des enfants martyrs québécois. J'en supputais déjà la trame, me confortant à l'idée que Joseph Patry mettrait en récit la vie de la petite Aurore d'après ce qu'il en avait retenu à l'époque.

De fois en fois, j'en apprenais un peu plus de ce qu'il concoctait, pour me rendre compte que le récit qu'il élaborait s'éloignait sensiblement de la vie tragique d'Aurore.

---

2.   Germain Lemieux, *Les jongleurs du billochet*, Montréal, Bellarmin, 1972, 134 p.

En fait, j'en vins à l'opinion que Joseph Patry était en train d'assembler et d'ordonner des motifs rescapés de contes qu'il avait jadis sus, pour en composer une œuvre nouvelle qu'il appellerait *Aurore, l'enfant martyre*. Joseph Patry était en train de créer.

D'ailleurs, il m'en avait fait la confidence un jour où j'allai le chercher, par une froide matinée de février, afin qu'il raconte quelques morceaux de son répertoire devant des collégiens. Après m'avoir confié qu'il me considérait comme son ami – ce qui me flatta beaucoup – il ajouta, sans fausse modestie, qu'il était un créateur de contes. Pour surprenante que cette déclaration puisse être, il avait raison, car plusieurs des récits que je reproduis ici sont des créations à partir de motifs traditionnels puisés à même plusieurs sources orales. Par un phénomène assimilable à la coalescence, il les assemblait en des contes inédits qui n'en révèlent pas moins l'origine de chaque partie. Joseph Patry donnait dans la courtepointe orale.

Un jour, Mme Hunter, l'une de ses filles, me téléphona pour me manifester le désir d'assister à une séance d'enregistrement filmé des contes de son père. J'acquiesçai avec d'autant plus d'empressement qu'elle m'avait affirmé n'avoir jamais entendu son père conter. Elle me fournissait, de plus, un public inespéré. Elle vint avec deux de ses fils de Saint-Ludger-de-Milot. Joseph Patry conta *Le pari de ne pas se fâcher* et *L'eau rajeunissante de la fontaine des géants*. À la toute fin, l'un des petits-fils remit à son grand-père un portrait dessiné au crayon de ce dernier. Ce fut un moment émouvant que j'ai conservé sur bande vidéo.

La dernière fois que j'entendis parler de lui, ce fut à Dolbeau lors d'un déjeuner-conférence donné par la Société d'histoire de l'endroit. Après y être allé de mon sempiternel boniment sur notre orature régionale, quelqu'un, dans la salle, dont je n'eus pas la présence d'esprit de m'enquérir du nom, m'entretint de son oncle, Joseph Patry, précisément. Il me révéla de ces petits riens, de ces détails inédits qui achèvent et précisent dans l'esprit l'image plus ou moins vague qu'on se fait forcément de quelqu'un qu'on a côtoyé intimement.

Si je me fie aux propos de mon anonyme interlocuteur, Joseph Patry était fort en honneur dans son milieu. On l'y connaissait sous le sobriquet de Patry la Menterie, sorte d'hommage et d'estime populaires plutôt qu'intention de persifler le personnage.

Chez lui, à Saint-Ludger-de-Milot, il tenait des séances de contes régulièrement. La fréquentation était grande. C'était avant que n'apparaissent ces ersatz du jongleur de billochet que sont la radio et la télévision.

Ces soirées se déroulaient au grand dam de la maîtresse de céans qui voyait surgir, chez elle, des voisins, des amis, des connaissances avec des chaussures plus soucieuses de laisser des traces sensibles de l'occupation de leur propriétaire que de répondre à des considérations de propreté. Mme Patry constatait tous les soirs qu'on s'évertuait à salir son plancher, plus par inconscience que par malice, les canons d'hygiène étant variables d'un individu à l'autre.

Fatiguée de voir ruiner en quelques minutes son labeur quotidien, Mme Patry somma un jour son mari de choisir parmi son répertoire un récit si tant tellement horrifique que plus personne n'en redemanderait.

«Ce qui fut dit fut fait», pour reprendre une expression du conteur. Si je m'en tiens à ce que m'a dit mon interlocuteur, il paraît que, ce soir-là, les récits furent si terrifiants qu'ils ébranlèrent les âmes les mieux trempées et altérèrent les imaginations les plus rassises, à tel point que Joseph Patry dut aller reconduire en voiture certains de ses auditeurs trop apeurés pour affronter seuls les improbables dangers de la nuit.

Mme Patry y gagna sûrement un plancher plus net. La collectivité y perdit plus sûrement l'expression d'un imaginaire qu'elle allait devoir abreuver à une autre source.

Si Joseph Patry est un conteur aux gestes rares, à l'attitude

hiératique, à l'expression faciale impassible, il possède, en contrepartie, un verbe abondant. La bouche est, chez lui, une usine à
produire et à manufacturer la parole. Son discours a la continuité
d'un long fleuve au débit prévisible et régulier.

Il aime les descriptions balzaciennes. Il dit tout de ses personnages, les suit pas à pas, raconte les nombreux détails et les moindres circonstances de leurs aventures, revient parfois sur celles-ci.

Ses princesses sont immanquablement plus belles que le jour
et ses héros – détail intéressant pour un analphabète – ont quelque chose de mallarméen: ils ont lu tous les livres et sont doués
d'une intelligence qui excède largement ce qui est reçu comme
normal. Mais à la différence de Mallarmé, cependant, ce savoir
livresque ne leur donna pas «*la chair triste*», heureusement.

Princesses, princes ou roturiers, selon le cas, se font des mondanités à n'en plus finir, se complimentant, se félicitant, mettant
en évidence leur réciproque beauté. On en arrive à se croire à
l'hôtel de Rambouillet ou dans un de ces récits courtois et précieux dont la comtesse d'Aulnois avait le secret.

À certains moments, on a l'impression que le plaisir de dire
prend le pas sur l'aventure, qui n'offre plus d'autre prétexte au
conteur qu'à tisser, autour de l'auditeur, un cocon de mots. La
merveille des merveilles ne serait-elle pas que l'auditeur se réveille papillon après s'être assoupi chenille?

CONTE-TYPE 1000

Le roi Philippe sollicite le concours de plusieurs types qui tournent autour d'un contrat dont on chercherait en vain l'équivalent
dans nos modernes relations de travail: les parties conviennent
mutuellement de ne pas se fâcher, quoi qu'elles entreprennent
l'une contre l'autre [conte-type 1000, *Le pari de ne pas se fâcher*].

En conséquence, le héros s'évertue à faire enrager le roi en dilapidant ses biens [type 1001, *La dilapidation de la propriété de l'ogre*], en plantant les oreilles et la queue des cochons dans la boue [type 1004, *Les porcs dans la boue; le mouton dans l'air*], et en couchant avec la femme et la fille du roi [type 1563, *Les deux?*]. Récit complexe donc, dans lequel le conteur se meut avec aisance. Les épisodes de la langue latine et de l'annonce au roi qu'il a été cocufié sont particulièrement réussis.

On a recueilli ce conte sous une version ou une autre en Estonie, en Finlande, en Norvège, en Suède, et en Amérique naturellement.

LE ROI PHILIPPE OU LE PARI DE NE PAS SE FÂCHER

C'est bon de vous dire: une fois, ça se trouvait dans une province. Dans cette province-là, bien, ils avaient un roi: il s'appelait le roi Philippe. On va dire que c'était un barbare épouvantable, ce roi-là. Il engageait du monde, puis ensuite, il travaillait tout le temps pour les faire fâcher. Quand ça ne faisait pas son affaire, il leur *plumait* une courroie puis il les envoyait dans la basse-fosse.

On va dire que dans les contes, ça va bien vite: il en fait périr plusieurs comme ça. Il envoyait ça dans les basses-fosses puis ils se faisaient manger par les bêtes.

On va dire qu'il y avait un jeune homme qui était fort et capable: il s'appelait Jean-Paul. Un bon jour, il avait entendu dire ça, sur le journal, que ce roi-là était méchant, puis c'est ci, puis c'est ça, toutes sortes de choses qui pouvaient se dire contre le roi.

Il dit à son père: «J'ai envie d'y aller, moi! Le roi, en tous les cas – il était fort et capable – en tous les cas, je vais me risquer!»

Puis il s'en va s'engager chez le roi. Et c'était un homme qui était farceur puis ensuite capable, puis intelligent au bout! Il s'engage chez le roi. Ça va bien! Le roi s'engage par papier.

Il dit: «Mon jeune homme, moi, quand j'engage des gens, c'est par papier. Celui-là qui se fâchera devant l'autre, il lui *plumera* la courroie. La courroie, ça veut dire partir du talon aller virer jusqu'à la fosse du cou, un pouce de large.»

Là, il était fini, une fois une affaire de même! Une courroie comme ça, c'était final!

Toujours, on va dire qu'il commence son ouvrage. Ça se trouvait dans l'été. Il commence à travailler chez le roi. Quand ça vient à l'automne, voilà les récoltes qui commencent! Lui, il fauche tout ça puis il ramasse tout ça: il était travaillant au bout!

Le roi dit: «Bien, *astheure*, écoute! Il faut que tu battes ce grain-là, il faut que ça se batte!»

Dans ce temps-là, c'était rien qu'au *fleau*. On va dire que lui, il se fait un *somme fleau*. Il prend un côté de cuir puis il se prend une affaire de huit, neuf pieds de hauteur pour le *batte*; puis le manche, c'est pareil: une affaire qui n'avait pas de bon sens! Et il commence à battre son grain. Il met ça dans la batterie puis il *griffe* son *fleau*. En tous les cas, le *fleau* est assez long, il commence à voir revoler les bardeaux de la grange. Puis le roi est découragé: c'était un *barda* épouvantable!

On va dire que dans trois jours, la récolte est battue. Une grosse récolte, tout est battu! Et lui, le soir, après sa journée, il prenait le crible puis il criblait. Il prenait le grain puis il allait le vendre à la ville. Et un bon moment donné, ses trois jours écoulés, le grain était tout vanné puis il n'y avait plus de grain dans la grange. Seulement qu'il t'avait mis un tas de balle en arrière de la grange.

Ça fait qu'il part puis il va chercher le roi.

Il dit: «Sire mon roi, venez voir! J'ai fini: tout est battu puis tout est fait!»

Le roi part puis il s'en va voir.

— Tiens! Regardez le tas de grain qu'il y a là! Allez voir! Allez voir! Fourrez-vous la main puis regardez!

Le roi s'avance puis il se fourre le bras d'en par ici puis c'est rien que de la balle: il n'y a pas une graine de grain! Il avait tout vendu le grain au village.

— Ah! le grain! Tu m'as trahi! T'as tout vendu le grain!
— Bien oui! Comment, vous êtes-*ti* fâché?
— Ah non! Mais je ne suis pas content pareil!
— Bien, prenez garde!

Il avait toujours un couteau *affilé* tranchant, lui, dans sa ceinture, Jean-Paul.

Il dit: «Regardez mon couteau, Sire mon roi! Prenez-y garde! Vous avez coutume de *plumer* la courroie! Moi là, le papier est passé; prenez garde!»

— Ah! je ne suis pas fâché! Je ne suis pas fâché!
— Bien, c'est bien! Si tu n'es pas fâché, c'est correct!

On va dire que l'année se passe. Il travaille chez le roi; ça va bien. Rendu dans le temps des foins, dans le printemps, il fait les foins. Puis le roi, lui, il avait un gros chat blanc: il s'appelait Sire. On va dire que le foin est bien fait, est bien sec, tout en *veilloches*. Il t'avait un champ épouvantable!

Ça fait que Jean dit: «*Astheure*, c'est le temps! Il faut absolument que je joue un tour au roi pour le faire fâcher.»

Il lui avait dit d'abord qu'il y avait la moitié du royaume pris par papier: celui-là qui *plumera* la courroie de l'autre aura la moitié du royaume.

— Il faut absolument que je m'*amanche* quelque chose de bien!

Il part, il va trouver le roi.

Il dit: «Sire mon roi, savez-vous parler la langue latine, vous?»

— Ah! je comprends un peu la langue latine, mais je ne parle pas vraiment, vraiment!
— Comme ça, vous comprenez la langue latine?
— Ah oui! Un peu mais pas vraiment!

Toujours, dans la journée, il prend un morceau d'écorce – puis le foin était bien sec! – il *poigne* le chat puis il lui attache un morceau d'écorce à la queue puis il *sacre* le feu à la queue du chat puis il envoye le chat dans le champ.

Puis il ventait fort! Voilà les *veilloches* prises en feu! Quand il voit que toutes les *veilloches* sont bien prises en feu, il part vitement puis il s'en va trouver le roi:

— Hey! Sire mon roi, levez-vous sur votre *degré*, prenez vos *intertorses*, allez voir Sire avec son grand visage blanc! Quand elles iront en dessous de la queue, toutes les *montagnes* seront en feu! Puis allez *qu'ri* le *vire alentour* pour éteindre les *montagnes* hautes.

Le roi, il disait qu'il le comprenait, mais: «Ce que c'est? Ce que c'est? Ce que c'est?»

Il dit: «Vite, dépêchez-vous!»

Il lui redit une deuxième fois. Toujours, le roi, il se lève vitement puis il met ses *intertorses* puis il part pour sortir. C'est quand il voit son foin tout en *flambes*! Puis il lui avait dit d'aller chercher le *vire alentour*: c'était un petit lac qu'il y avait pas bien loin. Et lui, il avait baptisé ça *vire alentour*.

Ça fait qu'il dit: «Vous comprenez pas la langue latine, Sire mon roi! Entendre parler que vous parliez la langue latine? Vous êtes pas bon pour la langue latine!»

— Ah! écoute, écoute! Je t'ai compris la langue latine, mais là, je ne suis pas de bonne humeur! Tu m'as tout fait brûler mon foin!

— C'est pas moi, c'est votre Sire qui a presque tout brûlé ça! Votre chat blanc, là, c'est votre Sire!

— Ah! c'est pas mon Sire! Je ne suis pas content! En tous les cas!

Il dit: «Sire mon roi, vous savez ce qui s'est passé! Prenez garde! Si vous êtes pas content, je peux vous *plumer* la courroie, ça vous prendra une minute!»

— Ah non! Arrête un peu! Attends encore un peu! Je ne suis pas fâché, fâché!

— Bien, c'est correct d'abord!

On va dire que ça se passe encore de même. Le roi est pas mal de mauvaise humeur, mais ce que tu veux qu'il fasse! Il ne peut rien faire: il va se faire *plumer* la courroie.

On va dire qu'il avait une dizaine de beaux porcs, de beaux cochons, là, qui étaient à peu près à une couple de cents livres.

Puis un bon jour, le roi dit: «Écoute, Jean-Paul! Moi, j'ai un terrain l'autre bord, dessus une île, puis il y a un chemin pour passer. Il faudrait que tu emmènerais mes cochons là. Là, je n'ai plus de grain, je n'ai plus rien, là! J'ai un fermier là. Puis [ça serait] pour aller porter mes cochons là pour qu'ils soient soignés puis engraissés.»

— Ah! c'est correct, Sire mon roi! Je m'en vais y aller.

Il part avec une couple d'hommes puis ils envoyent les dix cochons en avant d'eux autres. Puis il y avait rien qu'un chemin pour passer. Aux côtés, il y avait une vasière qui était épouvantable! Personne était capable de passer là; sans ça, il se serait noyé, c'est bien court! C'était terrible!

Il vient à bout d'envoyer les cochons dans le bon chemin puis ensuite, il file. Quand il arrive dans le petit village là où ce que le roi lui avait enseigné, le fermier était là. Lui, il s'occupe pas du fermier, il s'en va dans les boucheries, il vend les cochons puis il réserve les oreilles puis la queue. Il met ça dans un sac. Il vend tous les cochons. Tout est vendu puis payé, puis tout!

Il prend l'argent dans sa poche puis il part. Puis en passant à la vasière, là, il commence à piquer les têtes [oreilles] de cochons là, puis une oreille là, puis la queue: faire comme un cochon! Il pique tout ça dans la vasière.

— Bon, puis *astheure*, je m'en vais aller chercher le roi!

Ça fait qu'il part puis il s'en va chercher le roi.

Il dit: «Sire mon roi, je viens vous dire – moi, je n'ai pas de bottes, je ne suis pas chaussé pour ça – vos cochons sont tous calés dans la vasière puis ils ont juste la queue sortie puis une oreille! On n'a pas été capable de les envoyer autrement. Ils se sont envoyés dans la vasière puis ils sont pris là. Ils sont calés: on voit rien que les oreilles puis la queue, puis c'est tout!»

Le roi dit: «Bien, c'est épouvantable!

Le roi prend sa course puis il arrive là, puis il voit bien la vasière puis les queues de cochon puis les oreilles!

Il dit: «Écoute Jean-Paul! Prends la course, là, puis va chercher mes bottes qu'il y a au château! Je n'ai pas de bottes puis, bien croire, ça me prend mes bottes pour aller là!»

Jean-Paul dit: «Moi, j'en ai pas de bottes, certain! Je ne suis pas chaussé pour m'envoyer dans cette vase-là!»

Paul part à la belle course pour aller chercher les bottes du roi. Il fait un bout.

Il crie au roi: «Hey! Sire mon roi, les deux?»

— Bien, tu sais toujours bien que ça prend les deux *bottes*, hein!

Il part puis il se rend au château: il couche avec la princesse du roi.

Puis il dit: «Vite!»

Il va trouver la reine puis il couche avec la reine.

Il dit: «Il m'a dit de coucher avec les deux! Ça en prend deux!»

Ça fait qu'il *revire* de bord puis il s'en va avec les bottes. Il s'en va porter les bottes au roi.

On va dire que le roi arrive puis il dit: «T'as bien été longtemps?»

— Bien, vous m'avez dit les deux!
— Comment les deux?
— Bien oui! J'ai couché avec la princesse puis votre reine: ça prend un peu de temps! Je vous ai emmené les bottes!
— Ah! misérable que tu es! Là, par exemple, je ne suis pas content bien, bien!
— Prenez garde, Sire mon roi! Je m'en vais vous *plumer* la courroie! Prenez garde! Mettez vos bottes, en tous les cas, puis allez arracher vos cochons, là!

Toujours, le roi, bien, fourre les bottes puis il part. Bien, il arrive à la queue du cochon puis il se fait un tour dans les mains puis il *sacre* un coup: il tombe sur le dos dans la vase avec la queue dans la main.

Il dit: «J'ai donné un coup trop fort, je suppose! Il faut aller tranquillement, il n'y a pas moyen!»

Toujours, il se relève puis il prend les deux oreilles comme il faut puis il *sacre* encore un coup: il tombe encore sur le dos dans la vase.

— *Maudit!* Ça n'a pas de bon sens! Il faut toujours que je prenne garde comment frapper!

Toujours, il s'en va à l'autre cochon puis là, il arrive tranquillement, tu comprends, puis il prend la queue:

— *Maudit!*

La queue s'arrache quasiment toute seule. Il se met à regarder ça.

Il dit: «*Maudit!* Ah! mon *maudit* Jean-Paul! C'est toi, là! Mes cochons, t'as coupé les oreilles puis t'as planté les queues là-dedans! Puis me voilà rendu tout plein de terre, moi, puis tout plein de *bouette!* Puis t'as couché avec mes princesses! Bien, écoute! T'as fini d'en par là! Là, moi, je ne suis pas content! C'est vrai que je ne suis pas content!»

— Bien, Paul dit, arrête un peu! C'est justement le temps!

Paul avait son couteau qui était *flambant*: il fait partir les habits du roi puis il te le *griffe* sous son bras! Il lui *plume* une *maudite* courroie! Là, on va dire qu'il l'emmène au château sous son bras puis il le *sacre* dans les basses-fosses.

Puis il dit: «*Astheure*, tu te fais faire comme tu as fait aux autres, Sire mon roi! T'es récompensé de ce que tu as fait!»

Puis lui, on va dire que Jean-Paul a hérité du château puis il a resté avec ses deux princesses comme un beau roi, puis il a vécu heureusement avec ses princesses, comme de raison. C'est tout.

Ça, c'est un conte rien que pour la forme puis c'est tout, là! C'est un conte de *faisants mal!*

CONTE-TYPE 551

Le thème de l'eau de Jouvence qui procure une éternelle jeunesse hante l'imaginaire de l'homme depuis la nuit des temps, quand il a observé de lui-même une image décrépite dans le reflet de l'eau. Aux heures qui fuient et nous poussent inexorablement vers le tombeau, l'homme a toujours voulu opposer un temps qui suspendrait son vol comme le souhaitait Lamartine ou Dali qui peignit des montres molles et dégoulinantes. Les Romains, plus réalistes, inscrivaient, non sans raison, sous leurs horloges solaires: «*Omnes vulnerant, ultima necat*» [toutes les heures blessent, la dernière tue].

Dans cet authentique produit de la tradition orale, le conteur nous présente un héros formé dans la plus pure tradition savante: celle de l'écriture. Il a lu tous les livres à l'instar de Mallarmé. Ayant fait son plein de connaissances, il ne cherche plus qu'à «*fuir, là-bas fuir*» [*Brise marine*, S. Mallarmé].

Le conte se complique de nombreux motifs qu'on retrouve, éparpillés, dans divers récits. On y rencontre successivement les motifs H942 [*La tâche assignée comme paiement à la suite d'une perte au jeu*], H1219.1 [*La quête assignée comme paiement à la suite d'une perte au jeu*], H951 [*Contretâche assignée comme paiement à la suite d'une perte au jeu* – il s'agit de la reine qui doit attendre le retour du héros dans une position peu confortable], H1321.3 [*La quête de l'eau de jeunesse*] et K337 [*Saler la nourriture du géant pour qu'il aille chercher de l'eau*].

Le conte-type 551 [*Les fils qui partent à la recherche d'un remède miraculeux pour leur père*] est aussi raconté en Estonie, en Finlande, en Laponie, en Norvège, en Suède, dans la Flandre, en Sicile, en Tchécoslovaquie, en Russie, en Grèce et en Amérique du Nord.

L'EAU RAJEUNISSANTE DE LA FONTAINE DES GÉANTS

C'est bon de vous dire: une fois, ça se trouvait dans une petite paroisse. Et il y avait un cultivateur; il avait beaucoup d'enfants.

Et il en avait un: son plus vieux, c'était un jeune homme. Et il était tellement fin, c'était épouvantable! Et une tête terrible! Il allait aux études et il apprenait tout ce qu'il voulait. Et ensuite, il a été aux études jusqu'à l'âge de vingt et un ans.

Et, temps en temps, en allant aux études, il disait à son père: «Tenez! Pensez-vous, mon père, que je m'en vais rester pauvre comme ça? Jamais! Rendu à l'âge de vingt et un ans, moi, je pars pour déclarer fortune. Il faut absolument! Moi, rester pauvre, c'est impossible!»

Et il était tellement intelligent! Rendu à vingt et un ans, il n'y a plus un maître d'école pour lui montrer. Il avait lu dans toutes sortes de livres puis ensuite il était intelligent au bout!

On va dire que le jeune homme part, un bon moment donné, pour aller déclarer fortune. Là, il souhaite le bonsoir à sa mère puis à son père.

Puis il dit: «Adieu! Je ne sais pas si je vais revenir, mais je m'en vais terriblement loin! Tant que j'aurai pas déclaré fortune, vous aurez pas connaissance de moi. Là, je pars puis bonsoir!»

Sa mère lui avait fait un bon sac de galettes puis des provisions. Ensuite, il part à pied comme ça. Il prend des chemins habités et il était armé de revolvers et de baïonnettes, et tout ce qu'il faut.

On va dire qu'il prend le bois à pied et ça file. Il est trois jours de même dans la forêt à combattre avec les bêtes féroces du bois, à coucher dans la tête des arbres. Qu'il mouille, qu'il grêle, ça ne lui faisait rien, capable comme un ours et toujours encouragé d'aller où ce qu'il voulait aller.

On va dire qu'il marche de même trois jours de temps dans la forêt. Un bon moment donné, il arrive dans une clairière: il s'aperçoit, – il faisait comme le *brun* le soir – il s'aperçoit d'une grande clairière puis il voit une affaire qui éclaire en avant de lui, épouvantable! Il faisait bien *brun*. Ce qu'il voit? Des lumières partout, puis des lumières!

Il dit: «Je suppose que je suis arrivé dans une ville! Je le sais pas!»

Toujours, il file. Et il s'envoye, oh hey! Plus qu'il marchait, plus qu'il s'apercoit que c'était un château; le plus beau château du monde qu'il voit. Il voit un château terrible. Et il arrive en pleine nuit à la porte du château. Il s'informe aux gardiens.

Il dit: «Est-ce que je pourrais voir le roi?»

Ils ont dit: «Oui mon ami! D'où ce que tu viens?»

— Ah! je suis parti pour déclarer fortune dans la forêt puis ça fait trois jours que je marche. Puis j'ai bien faim! J'ai plus de provisions, j'ai plus rien! Seulement que je voudrais avoir à manger pour commencer.

Ils ont dit: «Oui mon ami! Tiens, va là, à une telle place, là, puis tu vas avoir à manger. On reçoit tout le monde ici. Tout le monde.»

— Ah!

Il est rendu là; il y a des ménagères. Ensuite, elles le mettent à la table, elles lui servent toutes sortes de choses. Il est porté comme sur la main, on va dire.

Il dit: «*Astheure*, moi, j'aimerais à connaître le roi et connaître la reine, et connaître le roi.»

Ils ont dit: «Oui!»

Il y avait un grand vizir du roi: il s'en vient le trouver.

Il dit: «Mon jeune homme, viens ici! Je m'en vais t'*introduire* le roi.»

Et il était tellement poli puis tellement fin, c'était épouvantable! Toujours, il s'en va trouver le roi. Le jeune homme s'en va trouver le roi puis il lui *adonne*:

— Tiens, c'est ça le roi!

Il se met un genou à terre puis il lui présente la main puis il lui nomme son nom.

— Mon nom, moi, c'est John! Je vous dirai bien, Sire mon roi, c'est la première fois que je sors dans les grandes villes; j'ai été élevé *en* campagne et j'ai pas connu d'autre chose. Vous allez m'excuser: des fois je peux faire quelque chose de pas bien, mais excusez-moi, c'est impossible! Tout ce que je peux vous dire: je suis bien instruit, je peux faire n'importe quoi. Tant que ça vous fera plaisir de me dire quelque chose, de faire quelque chose, vous me le direz puis je suis prêt à obéir.

La reine, elle, c'était une joueuse de cartes, cette reine-là. Elle jouait aux cartes terriblement. Puis elle trouvait que John, c'était un homme bien mis puis un bel homme épouvantable: un beau jeune homme effrayant puis assez d'*adon*, c'était terrible! La reine, elle le rencontre, elle.

Elle ne peut pas faire autrement que dire· «J'ai jamais vu un jeune homme semblable!»

Et la femme, elle le voit plusieurs jours de même. Elle commence à s'accoutumer *avec* lui, la reine. Et lui, il avait la plus belle princesse du jour, le roi. Mais elle était tellement belle qu'elle n'avait jamais vu le jour de sa vie. Elle avait toujours un voile sur le visage et jamais qu'il voulait la montrer à personne.

On va dire que le jeune homme est dans le château; ça va bien.

Un bon jour, la reine, elle dit: «Moi, écoute mon jeune homme! je voudrais jouer aux cartes avec toi!»

Il dit: «Oui Reine! C'est comme ça vous fait plaisir!»

Puis lui, ça s'*adonnait* bien: c'était un amateur de cartes aussi. Il avait appris les cartes.

Il dit: «Reine, ça me ferait plaisir de jouer avec vous.»

— Mais écoute! Si tu joues avec moi, c'est sérieux. Moi, si je joue avec toi, je m'en vais te donner la pénitence que je voudrai!

Puis il dit: «Moi?»

— Bien, si tu gagnes, tu me donneras la punition que tu voudras!
— O.K.! Reine! O.K.! j'accepte!
— O.K.! c'est correct!

Toujours là, elle passe un papier de ça puis ils se donnent la main puis ils commencent à jouer aux cartes. La reine gagne!

— Bien, Reine, quelle punition vous allez me donner?
— Bien, je m'en vais vous donner la punition: je suis âgée de soixante-cinq ans – elle était vieille pas mal! – mais il faut que tu ailles me chercher de l'eau rajeunissante à la fontaine des géants ou sinon...

Il dit: «Écoutez, Reine, c'est correct! J'accepte votre demande si ça existe. Je sais pas si ça existe. J'ai lu dans toutes sortes de livres, j'ai jamais entendu parler de l'eau rajeunissante à la fontaine des géants. Vous allez me donner trois jours pour lire dans les livres, comprendre si ça existe. Si ça existe pas, je ne suis pas capable de faire une affaire qui existe pas! Si ça existe, vous allez l'avoir. Je vais y aller certain. Mais on va jouer une autre partie.»

— Ah oui, certainement!

Ça fait qu'il joue une partie avec la reine. Bien, il gagne!

— Bien, quelle punition vous me donnez, John?

— Bien, la punition que je vais vous donner, Reine, c'est pas une grosse affaire. Mais, *mais que* je parte pour aller chercher de l'eau rajeunissante, là, vous allez vous faire monter sur le comble de votre château par les domestiques, vous allez vous asseoir sur votre pot de chambre puis vous allez manger après un épi de blé d'Inde jusqu'au temps que je sois de retour de mon voyage.

— Ah! tu vois toujours bien, John, que ç'a pas de bon sens. J'ai le temps de mourir tout d'un coup!

— Reine, vous avez tout fait ça par papier! Vous m'avez donné la pénitence que vous avez voulue, moi je vous donne la pénitence que je veux!

Il était intelligent épouvantable!

Toujours, mon Dieu, la reine! je te dis qu'elle rêve quasiment à ça puis elle a une *maudite* peur. Elle voit bien que c'est épouvantable! Elle aurait été aussi bien de dédire quoi ce qu'elle avait dit, mais c'était fait, hein!

Lui, il avait demandé trois jours. Il prend les livres puis il se met à lire. Il se met à lire dans toutes sortes de livres magiques qu'il pouvait trouver. Il y avait rien qu'un livre qu'il avait pas vu: un vieux livre quasiment fini! Il prend ce vieux livre-là, il se met à regarder dedans.

— *Maudit*!

Il aperçoit ça qu'il y avait de l'eau rajeunissante à la fontaine des géants, puis c'est gardé par des géants à part de ça!

Il dit: «En tous les cas, je l'ai trouvée! Ça existe, je suis obligé d'y aller.»

Ça faisait trois jours qu'il cherchait. Il s'en va trouver la reine.

— Bien, il dit, Reine, écoutez là! Demain matin, *trimez*-vous là! Moi, je pars pour aller chercher de l'eau rajeunissante. De l'eau rajeunissante, je vous promets que vous allez tomber à l'âge de vingt ans, aucun mal! C'est marqué dans le livre puis c'est ça qui va arriver: vous puis votre roi, vous allez tomber à l'âge de vingt ans. Vous, vous allez monter, demain matin, *mais que* je parte, les domestiques vont vous monter sur le comble du château: vous allez vous asseoir sur votre pot de chambre puis vous allez manger après un épi de blé d'Inde, puis vous allez boire l'eau qui va descendre du ciel jusqu'au temps que je sois de retour de mon voyage!

Elle dit: «Bien, John, ç'a pas de bon sens! Je vais mourir!»

— Ça me fait rien, moi! Vous savez pas si je vais mourir! Moi, je pars pour aller combattre avec les géants pour aller chercher l'eau rajeunissante. Ça, c'est gardé par les géants! Que voulez-vous faire que je fasse avec ça? Je le sais pas si je vais mourir ou bien si je vais revenir! Je le sais pas! Mais tant que je ne serai pas arrivé, vous resterez sur le comble de votre château. Quand je serai arrivé, là, vous descendrez.

Toujours, elle dit: «Il faut bien!»

Le lendemain matin, lui, il se *trime* pour partir. Il s'en va au château, là, puis il s'en va donner les ordres aux domestiques de prendre la reine puis de la monter sur le comble du château puis de l'asseoir sur son pot de chambre, puis de lui donner un épi de blé d'Inde puis boire l'eau qui va descendre du ciel jusqu'au temps qu'il soit de retour de son voyage.

La reine s'habille comme elle peut, comme de raison; il faut bien: c'est fait par papier puis il faut qu'elle obéisse *sur les* ordres de John absolument.

On va dire, quand c'est vrai que la reine, là, est sur le comble du château telle comme il leur a dit, puis il défend aux domestiques: «S'il y a quelqu'un qui travaille pour la descendre, il mourra! C'est sa mort! Je vous défends bien: la laisser mourir là s'il y a besoin, jusqu'au temps que je sois de retour de mon voyage. Elle m'a donné la pénitence au plus *rough* qu'elle a pu: aller chercher de l'eau rajeunissante à la fontaine des géants. On sait pas comment ce qu'il y a de milles d'ici! Je le sais pas! Je sais que ça existe parce que je l'ai vu dans les livres puis ça existe. S'il y a moyen, en tous les cas, je m'en vais être ici. Prenez bien garde à vous autres: qu'elle mange après son épi de blé d'Inde puis qu'elle boive l'eau qui va descendre du ciel jusqu'au temps que je sois de retour de mon voyage!»

Là, ils lui promettent. Toujours que John part. Bien, souvent, il fait un signal à la reine puis après ça, elle était rendue sur le comble de son château, puis lui, il part.

Il part à pied armé jusqu'aux dents, comme de raison, avec des provisions, tout ce qu'il faut. Il part à pied. Il y avait des chemins habités par les cultivateurs puis ceux-là qui charrient du bois. Et il prend un vieux chemin comme ça puis il file. Quand il est rendu au bout, comme ça, du chemin: là, il n'y a plus de chemin. On va dire qu'il s'enfile dans le bois. Il prend le bois.

Il est encore un quatre, cinq jours dans le bois à combattre puis à avoir une misère épouvantable. Un bon jour, il sort dans un petit désert. Et un petit désert *qu*'il y avait rien qu'une petite affaire de terre de faite, mais très peu. Et il voit une petite grotte, bien, là-dedans, une petite bâtisse qu'il y avait là-dedans. Et il arrivait là comme la *brin* du soir. Et le géant, lui, c'était la bâtisse des géants. Puis lui, il ne savait pas où ce qu'était la fontaine des géants, ni cercle, ni branche, ni rien. Seulement qu'il savait pas ce que c'était cette cabane-là.

On va dire que, rendu à la cabane, là, lui, il dit: «Cogner à la porte, on sait pas! Je peux aussi bien me faire étrangler! Je ne peux pas!»

Il arrive *cachettement*. Puis le géant, le soir, pour aller chercher de l'eau, là... Lui [John], j'avais oublié de vous dire qu'il s'était pris un sac de sel, un beau petit sac de sel. Il avait traîné ça avec ça; c'était son idée.

Toujours, la vieille, elle faisait... dans la cheminée, là, il y avait un foyer: elle faisait de la bouillie là-dedans; c'était des morts, toutes sortes de choses: c'était pour les géants, c'était de la chair humaine ni plus, ni moins, hein!

Puis le géant, il avait un soleil, lui. Il allait tirer sur une corde puis le soleil sortait par la cheminée que ça éclairait jusqu'à sa fontaine, la fontaine des géants.

Toujours, lui [John], quand il voit ça, il vient à bout de grimper, le soir, sur le comble de cette petite bâtisse-là puis il regarde en bas: la bonnefemme était après faire de la bouillie puis elle brassait ça avec une grande cuiller. Temps en temps, elle y goûtait.

Lui, il prend son sac de sel. Quand la bonnefemme vient prête puis il lui vide son sac là-dedans. La bonnefemme commence à brasser.

Puis elle dit au géant: «Viens donc goûter à ça, voir! Viens, viens goûter à la bouillie! Viens goûter!»

Il part puis il prend une cuiller.

— *Maudite!* Vieille *maudite*! Tu l'as bien trop salée. C'est rien que du sel!
— Bien oui! Mais non, je ne l'ai pas salée plus que de coutume!

Il dit: «Vite! Il faut aller chercher de l'eau vite, bien croire! Il faut absolument, bien croire, c'est trop salé, ça n'a pas de bon sens!»

Il hale la corde puis le soleil paraît. *Maudit!* Là, il voit clair, *maudit*! comme le jour! On ne demande pas: le soleil sur le comble de la maison!

Il débarque puis il se cache puis il *watche* où ce qu'il va, où ce que le géant va. Puis là, le soleil, il l'éclaire jusqu'à la fontaine. Dès qu'il fait soleil, le géant part avec deux grands seaux, puis le voilà parti puis qui arrive à la fontaine. Il vire, il *vide* ses seaux, ah! bien pleins, puis il arrive à la maison.

Il dit à la vieille: «Vieille *maudite*! Tu l'as mise bien trop salée, hein! Vide, vide les seaux, vide les seaux dedans!»

Il t'avait une grande chaudière, en tous les cas, épouvantable! C'était bien plein. Il vide ses deux seaux d'eau là-dedans puis il se retourne de nouveau.

Puis là, lui, écoute un peu que John le *watche* en *maudit*! Là, il avait fait un bout puis il s' était caché pas loin de la fontaine puis là, il *watche*.

Le géant arrive encore avec ses deux grands seaux puis il vide ça là-dedans.

— Tiens!

Là, il goûte un peu à sa bouillie: c'était moins salé. Mais en tous les cas, ça pouvait faire, ça pouvait se manger. Le géant était en fureur contre sa femme; il *sacre* une *volée* à sa bonnefemme, *maudite*!

Puis là, lui [John], il entend le *barda*. Puis il faisait noir. Il ne pouvait pas s'en aller.

Il dit: «Dis-moi donc, *astheure*, comment que je vais faire?»

Lui, il s'était emporté une grande bouteille. Puis sa bouteille, bien croire, elle était encore bien vide.

Puis il dit: «Dis-moi donc comment je vais faire pour aller emplir ça de nuit? Il fait noir! Je ne sais pas comment! Je vais me tuer!»

Toujours, il attend un peu. Quand la lune paraissait et quand il venait que la lune pouvait paraître, lui, il faisait un petit bout. Puis la lune, ça faisait exprès: il y avait des nuées sur la lune qui la cachaient. Il ne voyait rien.

Et au travers du bois, il vient à bout, en tous les cas, à force de travailler, il vient à bout de se rendre à la fontaine. Rendu à la fontaine là, il se remplit sa bouteille, là, puis sa bouteille bien pleine, puis ensuite il la bouche.

Il dit: «*Astheure* que j'ai ma bouteille d'eau rajeunissante! Je ne sais pas si c'est de l'eau rajeunissante vraiment, mais en tous les cas, c'est la fontaine des géants. En tous les cas!»

Il part avec ça. Là, il passe au côté de la cabane puis il prend le même endroit là où ce qu'il avait passé.

On va dire qu'il marche encore avec sa bouteille de vin dans sa poche, mais je te dis, écoute un peu là, il marche encore trois, quatre jours dans la forêt.

La reine, elle, qui était sur le comble du château, ils avaient été obligés de lui faire des accotoirs pour pas qu'elle tombe. Je te dis qu'elle était faible en *crisse*! Toujours qu'elle avait pas qu'une petite hâte qu'il arrive. Ça faisait huit jours qu'il était parti!

La huitième journée, en tous les cas, il vient à bout de se trouver, il vient à bout d'arriver au château. On va dire qu'en arrivant au château, rien de plus pressé que la reine: elle s'est fait débarquer au plus *maudit*! Et John lui souhaite un bon *réussir* à la reine; il lui présente sa bouteille d'eau rajeunissante.

— Tiens, Reine! Avec ça vous allez tomber à l'âge de vingt ans!
— Jamais je croirai, John, jamais je croirai! Mais je me meurs! Je me meurs! T'as donc été longtemps!
— Bien oui, mais, Reine, j'ai passé proche de me faire étrangler pour vous. *Astheure*...

Il lui donne la bouteille puis la bonnefemme prend un coup. Elle s'aperçoit tout de suite que ça change les affaires: c'est plus pareil! La bonnefemme, il faut qu'elle en prenne huit jours de temps!

Au bout de huit jours de temps, la bonnefemme est à l'âge de vingt ans et son vieux pareil.

On va dire que lui, il a la moitié du royaume. La moitié du royaume, le roi, lui, ça lui faisait pas mal! Puis il était riche, fortuné. Le roi était épouvantable!

Là, il est content de son voyage! Il est bien content, on va dire.

Il dit au roi: «Si vous voulez, Sire mon roi, j'ai mon père puis ma mère qui ont été toujours bien pauvres, et mes petits frères, mes petites sœurs. Puis pauvres! Ça vit rien qu'à *waboche*. Si vous *voudriez*, j'essaierais *à* faire un voyage pour tâcher d'aller les chercher et les emmener avec moi vivre dans mon royaume.»

Et le roi est bien consentant.

Il dit: «Écoute, John, tu nous as rendus à l'âge de vingt ans, t'as fait tout ton grand possible, t'as risqué ta vie pour nous autres! Bien, vas-y puis emmène toute ta famille si tu veux!»

On va dire que John a été chercher tout, son père puis sa mère. Et ensuite, le roi a vécu heureusement. Et lui, il a hérité de la princesse du roi qui n'avait jamais vu le soleil. Mais la princesse, en voyant John qui était si beau et si fin, là, elle l'a épousé. Le roi a consenti de lui donner la main et ensuite il a épousé la princesse du roi. Et j'ai passé par là puis ils étaient tous heureux puis ils vivaient tous ensemble.

C'est correct!

CONTE-TYPE 676

Depuis leur première traduction française par Antoine Galland [1646-1715], les *Mille et une nuits* ont connu, l'exotisme aidant, une fortune littéraire immense en Occident. Ces contes sont-ils à l'origine de l'entichement du dix-huitième siècle pour l'Orient, un Orient avec lequel il avait perdu contact, sauf à l'occasion de conflits militaires comme la dernière croisade conduite par saint Louis [1270], la chute du royaume de Grenade [1492], la bataille navale de Lépante [1571], entichement qui aboutit sûrement aux *Lettres persanes* de Montesquieu? Ce serait à vérifier.

Une touchante tradition s'attache au traducteur de ces contes qui ajoute une mille et deuxième nuit à l'œuvre. On raconte qu'une nuit Galland fut tiré de son sommeil par des cailloux qui heurtaient sa fenêtre. Il alla voir qui s'amusait à contrarier ainsi son repos et il aperçut des enfants attroupés sous sa fenêtre qui réclamaient un conte. Galland se fit un plaisir de les satisfaire, trop heureux de ne pas interrompre une si belle tradition nocturne.

Le jeune homme et les voleurs [conte-type 676, *Sésame, ouvre-toi*] reprend, en gros, le canevas d'*Ali Baba et les quarante voleurs*, universellement connu, avec de nombreuses variantes cependant. L'épisode célèbre des bandits dissimulés dans des urnes y est absent. La générosité du héros demeure, en tout cas, un trait constant.

Ce conte a été retracé en Estonie, en Finlande, en Laponie, au Danemark, en Norvège, dans la Flandre, en Sicile, en Russie, en Afrique et en Amérique.

LE JEUNE HOMME ET LES VOLEURS

Il est bon de vous dire: une fois, ça se trouvait dans un petit village: le monde était terriblement pauvre, c'était effrayant. Et il y avait un petit jeune homme qui était âgé d'une quinzaine d'années. Il avait toujours une petite mule, lui, un petit mulet puis il se voyageait tout le temps à cheval sur son petit mulet. Il allait faire des tours terriblement loin. Et il s'en revenait. Il avait des provisions puis des fois qu'il passait la journée parti: il lunchait en chemin puis tiens bien!

On va dire qu'un bon jour, le petit jeune homme grandissait. Et avec son petit âne, il s'embarquait à cheval puis il voyageait. Un bon moment donné, il prend un chemin de bois et ça file! Il trouvait que le chemin était habité, épouvantable! par tous les gens du pays; les pistes de chevaux, c'était battu terriblement.

On va dire que le jeune homme suit le chemin. Quand il arrive au pied d'un cap, un cap épouvantable, un cran terrible, et le chemin allait à la porte de ce cran-là, vis-à-vis ce cran-là. Le jeune homme se rend là avec son petit âne. Il était après examiner ça. Il savait pas, comme de raison, le nom de cette porte-là ni rien en tout. Et tout en regardant ça, tout d'un coup, il entend du *barda*. Et tout d'un coup, ce qu'il entend venir? Bien croire, il entend venir les brigands qui s'en viennent, les voleurs.

Il part vitement puis il cache son poney. Il se fourre dans le bois avec son poney et s'en va mettre, vois-tu, son petit âne pas mal éloigné de là, puis lui, il s'en revient. Comme il arrive au cran, les brigands, les voleurs arrivent. Et tout de suite, il se prend l'oreille en *écart* puis il écoute voir quoi ce qu'ils vont dire.

Là, ils arrivent à la porte.

Ils ont dit: «Sésame, *rouvre*-toi!»

Sésame se *rouvre*.

— Sésame, ferme-toi!

La porte se ferme. Puis lui, là, il remarque ça, le jeune homme.

Il dit: «Je m'en vais attendre qu'ils partent.»

Toujours, ils sont à peu près une couple d'heures là-dedans, eux autres, dans le souterrain. Un bon moment donné, ils arrivent: «Sésame, *rouvre*-toi!»

Sésame se *rouvre* et il voit sortir les voleurs. Et il remarque le nom pas mal. Quand il voit qu'ils sont partis, là, lui, le jeune homme, il part puis il s'en va à la porte. Il se met à chercher puis là, il s'est mêlé dans les noms. Il dit plusieurs noms puis il se rappelle plus de «Sésame, *rouvre*-toi!», puis il cherche des noms. Ça lui prend une heure. Un bon moment donné, il tombe sur le nom «Sésame, *rouvre*-toi!».

— Sésame, rouvre-toi!

Ah! bien la porte se *rouvre*. Il *rentre* et la porte se ferme. Une fois qu'il est *rentré*, comme de raison, il file. Il ne s'occupe pas de son petit âne ni rien en tout. Il s'en va à l'autre bout. Où ce qu'il arrive là? C'était un pas mal grand souterrain, pas mal grand! Et ce qu'il voit? C'est des plateaux d'or puis de l'argent épouvantable! L'argent, les petits garçons, il s'arrachait quasiment les cheveux, lui qui avait jamais vu ça de sa vie; il était pauvre comme Job.

Et de voir tant d'or puis tant d'argent dans les plateaux! Il avait son petit sac, il cherchait des provisions, il avait mis des provisions, et il emplit son sac tant qu'il peut, mais il le trouvait pas encore assez grand comme de raison. Il était à poignées dans l'or puis dans la monnaie.

Un bon moment donné, il part, il s'en va à la porte. Mais la porte, là, il ne se rappelle plus du nom. Pas capable de *rouvrir* la porte! Il avait beau chercher des noms, puis «Sésame, *rouvre*-toi!» il ne trouvait pas ça. Il pouvait pas! Tout en attendant comme ça, il est là deux jours de temps.

Tout d'un coup, ce qui arrive? Les brigands! Lui, il se cache, hein! Il se cache, comme de raison, pour pas qu'ils le trouvent, dans un petit trou; puis il n'était pas bien gros: il se cache pour essayer *à parer* sa vie.

On va dire qu'ils arrivent encore avec de l'or puis de l'argent: c'était des voleurs! Et ils se doutent pas de rien, comme de raison. Le jeune homme les voit faire puis ils mettent ça dans les plateaux: de l'argent puis de l'or puis de la monnaie, toutes sortes de choses. Et le jeune homme en tremblait ni plus ni moins de voir autant de richesses que ça!

On va dire qu'ils en ont pas connaissance. Puis quand ils partent pour partir, le jeune homme, là, il *watche*.

Il dit: «Je m'en vais toujours marquer le nom, comment ce qu'ils font pour *rouvrir* cette porte-là.»

Là, il les suit tranquillement en arrière puis il se met l'oreille à l'*écart*.

Puis un bon moment donné, il entend dire: «Sésame, *rouvre-toi*! Sésame, ferme-toi!»

— Ah! bien, là je l'ai! Là, c'est correct!

Là, quand il voit que les voleurs sont partis, il sort chargé d'or puis d'argent, bien, tant qu'il peut en porter, ses poches bien pleines puis son petit sac bien plein. Et il arrive. Il prend son petit âne puis il s'en va.

À toutes les premières maisons qu'il arrivait, le jeune homme, il était en fringale: ça faisait longtemps qu'il n'avait pas mangé.

Il dit à la femme: «Donnez-moi à manger s'il vous plaît!»

Il prend une poignée d'or puis il tire ça sur la table: «Tiens!»

La femme reste bien surprise. À toutes les maisons, il s'arrête puis une poignée d'or! Voir qu'eux autres, c'était si pauvre, hein! Le monde était découragé de voir le jeune homme d'un bon cœur de même. Il arrive, il vide quasiment son sac, il court tout ce qu'il y a de maisons puis il leur donne de l'or comme ça par poignées. Ils étaient découragés de voir cet enfant-là être aussi riche.

On va dire que l'enfant, bien intelligent, il commence à parler de ça à des grandes *genses* dans le petit village. Et il commence à se *trimer* une armée, une armée armée jusqu'aux dents, c'est bien court là, pour essayer *à* détruire les voleurs.

Il conte toute cette affaire-là, la richesse qu'il y avait, énorme, là-dedans puis il dit: «Il y a pas moyen, il faut absolument que ce souterrain-là nous appartienne un jour. On va travailler jusqu'à la mort pour avoir le souterrain!»

Puis c'était pas absolument loin du petit village. Il se *trime* une armée terrible. Les autres, ils étaient à peu près une dizaine de voleurs armés jusqu'aux dents aussi. Et c'étaient des vieux à grande barbe puis on va dire des *coppeurses*, des voleurs, des *coppeurses*!

Toujours, comme de raison, le petit gars se *trime* une armée, une armée épouvantable, une armée terrible. Ils étaient pas moins qu'une couple de mille soldats qui étaient tous *trimés* puis armés. Ça lui a pris un an avant de s'organiser.

Une fois qu'ils ont été bien organisés, ils *ont* parti. C'est lui qui était le premier en tête. On va dire qu'ils s'en vont justement à la caverne. Rendus à la caverne, là, les voleurs étaient partis. Ils voyaient [par] les pistes de chevaux qu'ils étaient partis.

Ils ont dit: «Comment ce qu'on va faire? Ils sont partis. Il faut absolument attendre qu'ils reviennent pour les détruire.»

Puis là, il avait marqué le nom «Sésame, *rouvre*-toi». C'était marqué sur un papier pour pas se tromper, pour connaître le nom, quoi ce que c'était.

On va dire, comme de raison, que le petit gars *watche*. Ils sont deux jours là à *watcher* les voleurs. Un bon moment donné, les voleurs qui arrivent! Là, en arrivant, eux autres étaient cachés dans le bord du bois, de la forêt, et ils voient arriver les voleurs qui arrivent. Ils étaient une vingtaine de voleurs et ensuite ils arrivent à la porte.

— Sésame, *rouvre*-toi!

Puis: «Sésame, ferme-toi!»

Mais lui, il comprend le nom.

Là, il dit: «Vite! Fonçons!»

Là, ils ont foncé toute la *gang* et en arrivant, lui, il dit: «Sésame, *rouvre*-toi!»

Puis: «Sésame, ferme-toi!»

Quand son armée est toute *rentrée* et, je vous demande pas, l'armée, ils ont fait pas qu'une petite guerre, c'était épouvantable! Ils ont tout mis à feu et à sang ce qu'il pouvait y avoir de voleurs.

Le petit gars dit: «C'est impossible, il faut pas les laisser en dedans! Il faut sortir ça bien propre puis nettoyer ça bien propre!»

Ils ont fait allumer un feu de bois sec en dehors du camp, ils ont tout charrié les cadavres qu'ils avaient tués puis ils ont fait brûler ça à petit feu.

On va dire que tout le village est *venu* tellement riche que tous les gens ont commencé à se bâtir des châteaux et c'était une affaire épouvantable et heureuse de voir que le village était si riche tout d'un coup. On ne demande pas *que* les enfants étaient heureux!

Et le petit jeune homme, il s'est marié avec la plus belle princesse du jour. Il était riche et il a hérité de «Sésame, *rouvre*-toi!».

J'ai passé par là puis il avait encore «Sésame, *rouvre*-toi!».

CONTE-TYPE 545

Normalement, ce conte se verrait assigner le type 545 [*Le chat comme aide*]. Mais de son modèle, celui de Perrault, il ne lui reste plus que les attributs vestimentaires, en particulier les bottes.

En fait, Joseph Patry se permet des libertés avec la tradition orale. Au lieu de suivre plus ou moins fidèlement le canevas traditionnel, il fabrique un conte en rassemblant des motifs épars au sein d'un récit dont la cohérence rencontre des fortunes diverses. Nous nous trouvons donc devant un puzzle dont les pièces maîtresses sont les suivantes: D100 [*Métamorphose d'un homme en animal*], D700 [*Personne désenchantée*] et D712.1.1 [*Désenchantement en coupant un membre d'un animal*].

Voilà ce qu'on pourrait nommer une création même si le matériau paraît, de prime abord, hétéroclite. Mais dans le domaine de l'art, le créateur agit souvent de semblable manière: Picasso ne bricola-t-il pas une tête de taureau stylisée en assemblant des guidons à une selle de bicyclette?

Dans ce récit, Joseph Patry est plus disert, plus balzacien, dirais-je. Les descriptions sont plus fouillées qu'à l'ordinaire et les dialogues plus élaborés.

LE CHAT BOTTÉ

C'est bon de vous dire, une fois ça se trouvait dans une province. Dans cette province-là, il y avait un roi. Ce roi-là, il était tellement riche, c'était épouvantable! Et dans les provinces voisines, ils étaient tellement jaloux du roi *par* sa richesse, c'était épouvantable!

Et, éloignée un peu de la ville, il y avait une *gang* de Peaux-Rouges qui passaient leur temps à faire du mal. Ils étaient à peu près à une vingtaine de milles, je suppose, des villes et à tout bout de champ, ils s'en venaient *mener le diable* de même dans les villes du roi.

On va dire que le roi était extrêmement riche. Et le roi s'était marié vieux garçon et il avait eu seulement qu'un fils. Et ce fils-là était rendu à dix-sept ans et il avait pratiqué la *drill* tout le temps, l'arme blanche autant que possible.

On va dire que le jeune homme est âgé de dix-sept ans et voilà les rois qui commencent à leur faire de la *broue*, on va dire. Ils s'en viennent pour détruire le roi *par* ses richesses. Puis les Peaux-Rouges, c'est pareil par leur bord. Et le jeune homme combat. Il avait une couple de soldats et il combat. Il était tellement bien armé et assez habile, il venait toujours à bout de passer au travers d'eux autres.

Et à tout bout de champ, à toute chaque année, il y avait la même histoire: c'était une chicane épouvantable, et pendant cinq, six ans comme ça, à combattre à tous les ans. On va dire que le jeune homme était venu à bout par sa vitesse et sa *finance* de *parer* son château, son royaume. Son père est mort *par* la tristesse qu'il avait de perdre son royaume; il avait peur de perdre son royaume. Il est tombé d'une maladie assez courte et le roi est mort. Et la princesse, pas longtemps après, elle meurt aussi.

On va dire que le jeune homme est resté seul dans le château. Et tous ses domestiques puis ses servantes avaient été quasiment tous tués, presque morts, et lui, il avait plus rien que quelques soldats. Et lui qui était encore bien vivant, puis là, il restait tout seul dans le château, voyant que tout son royaume était quasiment tout à feu et à sang. Il y a seulement qu'il avait dans son château plus de serviteurs, plus rien.

Il était venu à bout, pendant quelques années, de se *greyer* à nouveau, de mettre des terriens pour tâcher de travailler pour essayer de remettre son royaume comme il était. Et lui est tout seul dans son château: plus de servantes, plus rien. Il se faisait à manger puis il était tout seul dans son château.

On va dire qu'un bon jour, le jeune homme en se voyant seul de même, c'était le plus beau prince du jour, capable, gros et capable, et c'était le plus beau prince qui s'était jamais vu. Il était rendu à vingt-trois ans et il connaissait l'arme blanche et toutes sortes de carabines puis toutes sortes d'outils, lui. Il pouvait tout se servir, il était habile terriblement.

On va dire que pendant deux, trois ans, tout seul dans le royaume comme ça à s'ennuyer, un bon jour il pense à son affaire.

Il dit: «Je suis bien bête; je suis riche encore, assez riche pour pouvoir me marier.»

Mais lui, il voulait se marier avec la plus jolie princesse qu'il pouvait y avoir. On va dire qu'un jour, qu'il se décide. Il se prend des provisions et des armes et ensuite le voilà parti pour aller en caravane pour essayer *à* se trouver une belle princesse. Et il marche pendant un sept, huit jours, *changement* de province. Il couchait dans les provinces, tout ça, puis il s'informait, mais il n'y avait pas de princesses à son goût.

On va dire qu'un bon jour, il traverse une grande forêt. En traversant la grande forêt comme ça, il y avait des chemins d'habités partout. Et, tout en s'en allant le long du chemin, là, il était seul dans la forêt. Il s'est décidé de partir tout seul.

On va dire qu'il est seul, armé; il avait une baïonnette puis un revolver au besoin et il combattait avec toutes sortes de *bétails* qu'il rencontrait sur son chemin.

Mais on va dire qu'il arrive... Un bon moment donné, le long du chemin, ce qu'il voit? Il y avait une vieille qui était assise là sur un arbre puis qui avait de la mousse au visage. Et terriblement vieille, vieille épouvantable puis laide terriblement.

— Tiens, bonjour, ma bonne grand-mère!
— Bonjour, beau prince! Mon Dieu, vous êtes beau, c'est terrible! Où ce que vous allez?
— Ah! bonne grand-mère! Je me cherche une jolie princesse. Ça fait plusieurs jours que je suis parti du royaume puis j'ai pas

encore trouvé des princesses à mon goût. Et aujourd'hui, je suis parti pour ça.

— Ah! mon petit garçon! Moi, j'en ai une, une belle princesse. Tu pourrais jamais trouver mieux que ça. Écoute là! Donne-moi un peu de galettes, je suis prête à mourir de faim. Je me meurs de faim! Je suis tellement faible! Donne-moi un peu de galettes.

— Ma bonne grand-mère, c'est bien de valeur, mais de la galette, j'en ai rien que bien pour moi. C'est bien de valeur, je ne suis pas capable de vous secourir.

— T'es bien beau puis t'es bien fin, mais tu resteras pas de même!

La bonnefemme le souhaite en chat botté. On va dire qu'elle te le souhaite, là: il a les yeux sortis de la tête puis il t'a une moustache épouvantable, la tête comme un chat. Seulement, il a le corps comme un homme et il avait les mains, c'était griffé pareil comme un chat. Seulement qu'elle lui avait souhaité une paire de bottes puis elle l'a baptisé: le Chat Botté.

Elle dit: «T'es trop d'un bon cœur, t'es trop fin puis t'es trop beau! Tu vas aller faire un tour comme ça. Tu vas connaître comment vivre! Je t'ai demandé un peu de galettes, tu m'as refusé. Moi, j'ai la plus jolie princesse du jour. Si tu m'avais eu répondu puis me donner de la galette, je t'aurais enseigné la plus belle princesse du jour. Comme t'es pas *smat*, je te récompense pas.»

Là, lui, il tombe en chat botté comme de raison, comme la bonnefemme lui avait dit. Il vire de bord et il faut qu'il prenne le bord de son royaume. Comme de raison, il ne peut pas aller plus loin. Là, c'était épouvantable qu'il était enragé ni plus ni moins.

Et il s'en va en son royaume. Et tout le monde le pensait parti et jamais qu'il était revenu. Ça faisait longtemps qu'il était parti du royaume. Un bon moment donné, il y avait quelques domestiques qui ont connaissance du *barda* dans le château: les portes se débarrent et ensuite ils entendaient marcher. Il tenait un *barda* avec ces bottes-là, épouvantable!

Et le monde *ont* commencé à se renseigner, de voir voir.

— Dis-moi donc quoi ce qu'il y a là dans ce château-là. Il y a presque plus de monde: rien que quelques valets puis quelques servantes puis c'est tout. Puis ils disent entendre un *barda* épouvantable là-dedans.

Là, le monde commence à s'exciter pas mal et tout chacun s'approchait du château. Mais ils pouvaient rien voir presque. Mais ce qu'ils entendaient, c'était du *barda*. Tout tremblait ni moins dans le château.

On va dire qu'un bon jour, il y avait un jeune homme qui s'appelait Jean. Lui, il a entendu parler de ça au travers du bois, on va dire, au travers du monde, qui lisait les journaux puis tout, puis il entend parler du Chat Botté.

Il dit: «Moi, ça – il lisait dans toutes sortes de livres, ce jeune homme-là – moi, il me semble qu'y aller là, que je pourrais le connaître, ce chat-là. Le Chat Botté, ça, ça doit être une affaire quelque chose de grave. Il faut que j'y aille voir absolument.»

Le jeune homme qui était bien intelligent, pas bien gros mais bien intelligent, on va dire qu'il prend la forêt un jour pour aller justement *changement* de province.

On va dire que le jeune homme prend le bois: il a beaucoup de misère à traverser, c'est épouvantable. Il manque se faire étrangler, tout ça, par les bêtes, mais il était pas mal et ensuite il vient à bout de se défendre comme il peut.

Un bon jour, il arrive justement dans la province, là, du Chat Botté, on va dire. Il s'informe là où ce qu'était le château du Chat Botté et le monde le renseigne.

Ils ont dit: «Mon cher jeune homme, ça sert à rien pour toi d'aller là, c'est tremblement de terre! On *rentre* dans le château, ce qu'on entend? C'est rien que du *barda* puis un homme qui marche puis on sait pas quelle sorte de bottes il a. Il te mène un *barda* épouvantable puis c'est vraiment *épeurant*. Puis il te lâche des cris puis des miaulements effrayants! C'est pas croyable, c'est pas restable là!»

Le jeune homme dit: «En tous les cas, mourir pour mourir, moi je m'essaye!»

Il part pour aller au château. Il y avait un domestique à la porte. Le domestique dit: «Mon cher ami, t'es aussi bien de pas *rentrer* dans le château. C'est un tremblement de terre, c'est une bête féroce qu'il y a là, et c'est comme un chat botté qu'il y a là. C'est effrayant, il y a pas de *toffer*, on peut aussi bien être étranglé, quelque chose. C'est un *barda* puis un miaulement épouvantable! C'est vraiment *épeurant*.»

Le jeune homme dit: «Ça me fait rien, je ne suis pas peureux. En tous les cas, je vais *rentrer*!»

On va dire que le jeune homme *rentre* dans le château. Et en *rentrant* dans le château, il voit des belles tables puis tout est *greyé*: il y a du manger sur les tables puis il y a tout!

Puis il dit: «C'est pas si *épeurant* qu'ils disent ici! Ç'a de l'air que tout est [normal]: il y a du manger sur les tables, la liqueur puis la boisson puis toutes sortes de choses. On est bien ici.»

Le jeune homme s'assied. Tout en s'assoyant comme ça, tout d'un coup, il entend un *barda* énorme. C'est comme si ça avait eu pris des *quarts* chargés de chaînes et puis toutes sortes de choses. Ça roule, ça, puis il t'entend des miaulements graves.

Le jeune homme dit: «Dis-moi donc ce qui peut bien faire ça dans le château?»

Et le jeune homme, assez curieux, il dit: «Moi, il faut que je m'assure.»

Il part puis il s'en va où ce qu'est le *barda* puis il examine. Mais il pouvait pas le voir, c'est impossible. On dirait qu'il avait honte de lui. Il se cachait pour pas que personne le voie. Mais il tenait pas qu'un petit vacarme!

Le jeune homme, à force de se cacher puis de chercher, il vient à bout de l'apercevoir. Il trouve qu'il est tellement laid, c'était épouvantable! Une moustache, il avait une moustache de trois, quatre pieds de long, et ensuite les yeux sortis de la tête et les griffes épouvantables! Et il était comme un homme, la *formance* d'un homme.

Et le jeune homme se cache puis il aperçoit cet animal. Il en avait tellement peur, c'était épouvantable. Et il avait une queue d'à peu près cinq, six pieds de long. Il traînait ça partout. La queue, quand elle frappait quelque chose, on dirait qu'elle faisait des flammèches ni plus ni moins. C'était terrible. Le jeune homme a la dernière de ses peurs. En un bond, il descend en bas.

Le jeune homme, en tous les cas, il dit: «Ils ont garde de le dire: "C'est pas qu'un petit Chat Botté!" C'est vraiment *épeurant* de voir ça!»

On va dire que le jeune homme dit: «Jamais je croirai! Ça doit être quelque chose d'*amorphosé* par quelqu'un, je le sais pas. Mais en tous les cas, il faut absolument que je m'informe.»

On va dire que tout en entendant comme ça les affaires, tout d'un coup le jeune homme va faire un tour dans la forêt. En allant faire un tour dans la forêt, il voit une vieille encore qui était assise sur le bord d'un *corps mort*.

Il dit: «Dis-moi donc un bonjour, bonne vieille!»

— Bonjour, mon jeune homme! Eh! comme tu as l'air intelligent!

— Non, bonne grand-mère! Mais je suis venu faire un tour dans la forêt, ici, puis ça me fait plaisir de vous rencontrer.

— Mon Dieu! mon petit garçon, t'as-*ti* de la galette, toi?

Il dit: «Oui, bien sûr, bonne grand-mère, j'ai de la galette! En voulez-vous?»

Elle dit: «Oui, j'ai assez faim, je me meurs !»

Il prend de la galette puis toutes sortes de gâteaux, puis il donne ça à la bonnefemme. La bonnefemme se *bourre* et elle avait pas qu'une petite faim.

Elle dit: «Tiens! toi, t'es terriblement *smat*, je m'en vais te récompenser. Est-ce que tu vas au château du Chat Botté?»

Il dit: «Oui, justement ma bonne grand-mère! Comment connaissez-vous le Chat Botté?»

— Ah oui! Je le connais très bien, le Chat Botté. C'est un beau prince, ça, le Chat Botté! Si tu voyais: c'est le plus beau prince du jour, mon jeune homme. Mais il a mal agi et ensuite il a tombé en chat botté parce qu'il a été pas assez *smat* pour me donner à manger. Et tu vois comment ce qu'il est! Il est tombé en chat botté. Mais toi, t'es *smat*, t'es terrible, intelligent, écoute. Si tu veux faire comme je vais te dire, tu vas le détruire. Va-t'en au château du Chat Botté. Il n'y a pas de danger qu'il te fasse mal, c'est le meilleur prince du jour. Il va faire du *barda* en *masse* puis il va miauler, mais il te fera pas mal, j'en suis sûre. Crains rien, il te touchera pas, c'est le meilleur garçon du jour. Va-t'en dans le château puis fais voir de rien. Un bon moment donné, quand tu pourras lui couper la queue, si tu peux: en lui coupant la queue, il va *virer* en beau prince. Tu vois, il a une grande queue qui a peut-être bien cinq, six pieds de long. Bien, tâche de t'*amancher* d'une manière pour tâcher de lui couper la queue et ensuite il va tomber en beau prince. Tu vas voir, c'est le plus joli prince que t'as jamais vu de ta vie.
— Bien, ma bonne grand-mère, je vous remercie cent fois. Je m'en vais essayer tel que vous m'avez enseigné. Je m'en vais essayer. J'aimerais à délivrer ce beau prince-là pour le voir en personne.

On va dire que Ti-Jean vire de bord puis il s'en va au château. Au château, c'est encore la même histoire. Il entend du *barda* épouvantable. Et il mange puis il boit puis il mange tout: il y a tout ce qu'il faut sur les tables. Je sais pas si c'est le Chat Botté qui *trimait* ça, j'en sais rien, mais il y a toujours quelque chose de nouveau sur les tables; il y a du manger tant qu'il veut. Il se couchait puis il dormait.

Il passe un sept, huit jours dans le château comme ça puis il pouvait pas rien trouver. Il essayait *à* rencontrer le Chat pour essayer *à* [lui couper la queue]; pas moyen de le rencontrer.

Un bon jour, il se met à voyager dans le château puis il rencontre le Chat Botté. Le Chat Botté, en voyant le jeune homme, il part en peur et il ferme une porte de chambre assez vite qu'il reste la queue prise dans la porte de chambre. Il est plus capable de s'arracher la queue; il est pris bien serré là.

Le jeune homme fait pas ni une ni deux, lui, là. Il prend son sabre et ensuite il coupe la queue du chat à effleurement de la porte. Et en coupant la queue du chat, la porte se *rouvre* et c'est le plus beau prince du jour. Le prince lui saute au cou:

— Beau jeune homme, je te remercie, tu m'as rendu un gros service! Ça prenait justement toi pour venir me délivrer. Ah! la vieille qui m'a souhaité ça, c'est terrible! Voir que ça fait plusieurs années que je suis misérable et être beau prince comme je suis et riche! Et tu vois, aujourd'hui, bien, tu m'as délivré. Tu mérites de rester avec moi dans mon royaume le restant de tes jours.

On va dire que le Chat Botté, une fois qu'il a été délivré, il dit: «*Astheure*, mon jeune homme, on va être tous les deux. Tu vas rester avec moi et, il y a pas moyen, il faut absolument se *fiancer*.»

Il dit: «Beau prince, voulez-vous avoir la plus belle fille, la plus belle princesse du jour?»

— Bien, Jean dit, je m'en vais travailler pour essayer *à* vous *fiancer* avec la plus belle princesse du jour. Vous allez voir. Je ne suis pas gros mais je suis assez intelligent. D'abord, moi, je suis aimé par une vieille et en rencontrant ma vieille, moi, je vous en réponds, vous allez voir!

Toujours, le jeune homme prend le bois encore tranquillement.

Il dit à son prince: «Je m'en vais me prendre un sac de galettes et je m'en vais faire un tour dans la forêt.»

Il va faire un tour dans la forêt. Il rencontre encore la même vieille à la même place qu'il l'avait rencontrée.

— Bonjour, ma bonne grand-mère!

Elle dit: «Bonjour, mon Ti-Jean. Bon Dieu que t'es fin! Tu viens me voir?»

— Oui, ma bonne grand-mère. Je viens vous voir parce que j'ai absolument affaire à vous.
— Ah! mon jeune homme, t'as réussi, hein! à délivrer le beau prince?
— Ah oui, ma vieille! C'est le plus beau prince du jour. C'est épouvantable qu'il est aimable puis qu'il est plaisant, c'est effrayant!
— Puis toi, ce que tu veux faire?
— Bien, ce que je veux faire, bonne grand-mère, je viens vous demander: vous avez dit que vous aviez la plus belle princesse du jour.
— Oui, Jean! Elle est *renfermée*, elle a jamais vu le jour de sa vie. La plus belle princesse, c'est moi qui l'*a*. Si tu la voyais, c'est terrible, tu pourrais pas faire autrement que dire: «Mon Dieu! Belle princesse, que vous êtes belle!» Tu veux-*ti* la voir, Ti-Jean?
— Bien oui, belle vieille, bien sûr que je voudrais la voir! Si vous avez une belle princesse comme ça, ça serait aimable pour moi de la voir. J'aimerais beaucoup la voir.
— Bien, tu vas venir avec moi puis je m'en vais venir te la montrer, la princesse.

Voilà la bonnefemme partie avec Jean et ils font un bon bout. Un bon jour, la bonnefemme s'élève comme si elle s'était levée dans les airs avec Jean et ensuite elle arrive au château. Elle voulait pas faire voir où ce qu'elle restait à personne.

On va dire qu'elle arrive presque au vol avec Ti-Jean. Et en arrivant au château, elle cogne à la porte. Puis la princesse, elle vient lui ouvrir la porte. Elle saute au cou de sa grand-mère.

— Bonjour, grand-mère! Ça fait assez longtemps que vous êtes partie! Je me suis ennuyée terriblement de vous.

Puis le jeune homme était en arrière de la vieille.

Elle dit: «Mon Dieu, le beau jeune homme que vous avez avec vous, grand-mère!»

— Oui! Je te l'ai *introduit*. Ça, c'est un nommé Ti-Jean, le plus beau jeune homme qu'il y a pas, puis il est intelligent! Regarde, belle princesse!

Il dit: «Mais pas pour moi, belle princesse! Moi, je suis venu, je suis jeune encore. J'ai un beau prince, le plus beau prince du jour qui est riche, fortuné. Si vous voulez, par exemple, m'accompagner, on va s'en aller au château. Vous, ma bonne grand-mère, tâchez de me rendre ce service-là! Je serai toujours bon pour vous et toujours aimable envers vous. Et vous êtes capable de me rendre ce service-là.»

— Oui, Jean! *Par* ta finesse, t'es assez fin puis assez aimable puis t'as un cœur généreux. Oui! Écoute, princesse! *Trime*-toi sur ton plus beau, sur ton plus fin, je m'en vais t'envoyer avec Jean. Je m'en vais vous souhaiter un beau carrosse et vous aurez pas de misère du voyage. Vous allez voir, ça va bien aller.

La bonnefemme, elle leur souhaite un chemin fait puis un beau carrosse. Et elle a fait tout ce qu'il fallait, cette bonnefemme-là, par ses soins. C'était une vraie, une pure fée.

On va dire que Jean embarque avec la belle princesse et ils s'en vont au royaume. En arrivant au royaume, comme de raison, le prince, il avait quasiment honte de lui de voir qu'il avait été longtemps en chat botté, puis que le monde n'y allait plus presque. Ils le connaissaient plus, bien croire. On ne demande pas, un chat botté, personne voulait aller au château. Et à force, il sortait, puis les valets ont commencé à parler de ça.

Ils ont dit: «Le beau prince est revenu en beau prince et c'est le plus beau prince du jour.»

Et le monde est revenu à [se] rapprocher du château. Ils ont commencé à lui rendre visite et ensuite le château est venu à s'emplir presque de monde comme d'habitude.

Et ensuite là, Ti-Jean arrive un bon jour avec la princesse. Ça faisait plusieurs jours que Ti-Jean était parti. Il arrive avec sa princesse au château. On ne demande pas qu'en arrivant avec sa princesse, la princesse est reçue sur la main, et lui, il s'en va trouver le beau prince.

Il dit: «Beau prince, je vous ai emmené une visite. Venez voir la plus belle princesse du jour! Je vous l'ai emmenée comme votre épouse. Il faut absolument que vous *fianciez* la princesse. Venez voir!»

Le prince part vitement. Il se *trime* sur son plus fin, comme de raison, il avait toutes sortes de beaux habits et on ne demande pas qu'il se *trime* comme il faut. C'était le plus beau prince du jour. Et Ti-Jean va le présenter à la princesse.

Et quand il voit la princesse, c'est épouvantable! Il la trouve tellement belle, c'est effrayant! Et la princesse saute au cou du beau prince.

— Beau prince, que vous êtes beau!
— Bien, il dit, vous pareil, belle Reine! Si vous voulez, on va se *fiancer* et tout mon royaume est à vous complètement.

Et la princesse a pas fait un ni deux, comme de raison; elle a pas pu refuser le roi. On va dire qu'ils se sont *fiancés* tous les deux. Et Ti-Jean a fait ami avec une princesse lui *itou* et il s'est marié. Ils *ont* resté tous les deux bien dans le royaume, bien heureux tous les deux et bien amis.

Et j'ai passé par là, ils étaient encore tous les deux ensemble. Ils vivaient tous comme des messieurs. C'est tout.

CONTE-TYPE 432

En forçant beaucoup les choses, *Le prince amorphosé* pourrait s'apparenter au conte-type 432 [*Le prince comme oiseau*]. De fait, le prince dont il est question dans ce récit a bien été métamorphosé en pigeon. Mais il a bien mérité le sort qui l'afflige en se montrant désagréable et désobligeant envers une fée. Il n'est ni le héros du conte, ni une victime innocente à proprement parler. Il expie son manque de tact. Un revirement dans les sentiments de la fée mourante à son endroit lance le héros sur sa piste et permet de mettre fin à l'enchantement.

Ce conte, fabriqué par Joseph Patry, réunit les motifs suivants: D150 [*Métamorphose: un homme en oiseau*]; D154.2 [*Métamorphose: un homme en pigeon*]; D700 [*Personne désenchantée*]; D711 [*Désenchantement par décapitation*].

LE PRINCE AMORPHOSÉ

C'est pour vous dire, une fois, ça se trouvait dans une province. Il y avait un roi extrêmement riche et il avait un garçon qui était fils unique.

Et un bon jour, son garçon se met à lui dire, il dit: «Mon père, il faut absolument que j'aille faire une marche.»

Il se bride un cheval puis une selle et il se fait faire un sac de galettes par sa mère et ensuite, il part à cheval pour aller déclarer fortune pour trois, quatre jours s'il y a besoin.

On va dire, le voilà parti le jeune homme. Bridé et sellé, il part armé jusqu'aux dents. Et ensuite il s'en va. En passant dans la forêt, il couche dans la tête des arbres comme il peut puis il se débat avec les bêtes féroces du bois comme il peut. Finalement, il est cinq, six jours dans le bois.

On va dire qu'un bon jour il *ressourd* auprès de la mer. Rendu au bord de la mer, il était tellement content: une belle *batture*, tout ça!

— Bien, il dit, ça fait longtemps que je suis dans le bois; je m'en vais toujours marcher à mon aise.

Il part le long de la mer avec son cheval et ça s'en va le long de la mer. En arrivant, il fait à peu près une couple de milles comme ça. Ce qui arrive? Le long de la mer, tout près d'un petit bois qu'il y avait là, il aperçoit une grotte.

Rien de plus pressé qu'il part puis il s'en va frapper à la porte de la grotte. Ce qui arrive? Une vieille qui avait de la misère à marcher, qui était laide comme les sept péchés capitaux! C'est bien court, il tombe quasiment sur le derrière en la voyant.

Il dit: «Bonjour, bonne grand-mère!»

Elle dit: «Bonjour, mon jeune homme, mon beau prince! Dis-moi donc où ce que tu vas, mon beau prince, aujourd'hui?»

Il dit: «Ma bonne grand-mère, je m'en vais pour déclarer fortune.»

— Bien, tu sais que moi, là, ça fait trois, quatre jours que j'ai pas mangé. Tu serais-*tu* assez fin, assez aimable pour me donner un peu de galettes pour que je *peuve* manger un peu? Je me meurs de faim.

Il dit: «Ma grand-mère, si vous voulez avoir de la galette, vous vous en ferez faire! Moi, j'en ai rien bien pour mon voyage.»

— Oui! Mais comme t'es poli pour un beau prince puis comme t'es salaud! Bien, je m'en vais te récompenser, moi, tu vas voir. Toi, tu iras pas loin! Je te souhaite pigeon puis *renfermé* dans mon coffre, là, en vie, pigeon *renfermé* dans mon coffre puis je te *sacre* à la mer.

Et elle l'envoye à la mer. Voilà le beau prince qui est *viré* en pigeon puis elle le *renferme* dans son coffre puis elle le *sacre* à la mer, dans le milieu de la mer pour sa pénitence. Toujours, on va dire qu'il reste là, lui, hein!

Revenons à Ti-Jean *avec* sa petite sœur qui étaient pauvres comme Job.

Un bon jour, il dit à sa petite sœur, il dit: «Écoute! Il faudrait aller faire un voyage tous les deux. Mon père puis ma mère sont pauvres terriblement.»

Puis elle, c'était la plus belle petite fille du jour.

Il dit: «On va partir tous les deux puis, en tous les cas, à la volonté de Dieu! On va peut-être bien venir à bout de frapper quelque bâtisse, quelque roi pour s'engager, tâcher de gagner notre vie.»

Elle dit: «C'est correct!»

La petite fille était bien consentante. Elle avait quinze ans puis le petit garçon en avait dix-huit. On va dire, c'étaient plus des enfants, c'était quasiment du grand monde.

Et toujours, en tous les cas, un bon moment donné, ils se *triment* un sac de galettes et puis ensuite ils partent de chez eux en souhaitant le bonsoir à sa mère et à son père. Et les voilà partis!

Ils prennent la forêt. Ils marchent comme ça pendant quatre jours de temps, dans la forêt, de nuit au jour, à combattre. Lui, il était armé, par exemple: il s'était pris des baïonnettes puis tout ce qu'il fallait, des revolvers. Et on va dire qu'un bon jour, au bout des quatre jours dans la forêt, ils arrivent auprès de la mer.

En arrivant à la mer, je vous dis qu'ils jettent un gros soupir. Je vous dis que c'est frais puis ils voyent la mer puis là, ils sont assez contents, c'est terrible. Les voilà partis le long de la mer tous les deux.

Et en partant le long de la mer comme ça, il y avait des fruits, c'est épouvantable. Ils mangent tout ce qu'ils veulent le long de la mer et ils couchent ensemble tous les deux le long de la mer et il y a rien de plus *plaisir* pour eux autres de se voir rendus au bord de la mer. Et puis autant de fruits comme ça.

Et un bon jour comme ça, en marchant tous les deux comme ça, – ça faisait – ils arrivent pas mal à l'endroit là où ce que la vieille était, la vieille fée Sossio qu'on va dire. Ils cognent à la porte encore de la vieille cabane.

— Bonjour, elle dit, mes petits enfants!
— Bonjour, ma bonne grand-mère!

Elle dit: «Où ce que vous allez?»

— Ah! bonne grand-mère, on est partis pour déclarer fortune. On est partis en voyage de même. Mon père est bien pauvre puis ma mère. On est partis pour essayer *à* déclarer fortune, *à* trouver quelque chose. C'est pour ça qu'on est dans la forêt. Ça fait plusieurs jours qu'on vit de même dans la forêt puis qu'on combat avec les bêtes féroces du bois, puis tout. Un bon moment donné, on *ressourd* à la mer et ça fait une couple de jours qu'on marche. Et voici, on arrive à votre grotte.
— Mes petits enfants, vous êtes beaux tous les deux, c'est terrible! Vous avez-*ti* encore de la galette à me donner? J'ai faim, je me meurs.

— Mais oui! On n'en a plus rien que trois, quatre, ma bonne grand-mère mais, tiens, mangez-les! En tous les cas, on mangera ce qu'on pourra nous autres. On vous donne tout ce qu'on a.

— Bien, vous êtes tellement charitables, c'est épouvantable!

La bonnefemme prend une petite canne puis elle leur donne:

— Cette petite canne-là, vous lui demanderez ce que vous voudrez, vous allez l'avoir par la vertu de la petite canne. C'est tout ce que je peux vous donner, mais je m'en vais garder votre galette.

— Ah oui, ma bonne grand-mère!

Il lui donne les quatre galettes qu'il avait puis lui, il prend la petite canne puis il part. Il souhaite le bonsoir à la bonne grand-mère et les voilà partis le long de la mer.

Et ils pensent à rien, là. Il a la petite canne, mais ils ont dit: «Cette petite canne-là, c'est pas grand-chose, on sait bien!»

Ils partent puis ils marchent puis ils filent. Ils font un bon bout. Quand ça vient rendu au soir, ils se couchent tous les deux. La petite fille se met à penser à ça.

Elle dit: «Écoute, mon petit frère! La petite canne que la vieille fée nous a donnée, là, elle nous a dit: tout ce qu'on demanderait qu'on l'aurait! Pourquoi qu'on l'essaierait pas?»

— Bien, tu me fais penser à ça! Bien sûr, on peut l'essayer!

Toujours, il donne un petit coup de canne après une petite branche. Tout d'un coup, ce qui *ressourd*? Un génie terrible!

— Ce que vous voulez, maître?

Il dit: «Ce que je veux: on est auprès de la mer, là. Je voudrais avoir un beau château bâti sur quatre chaînes d'or, *dret* ici auprès de la mer, là; un beau château bâti sur quatre chaînes d'or puis que je réserve qu'il y ait rien que moi puis ma princesse qui *peux* monter avec une échelle en or pour monter au château. Personne a droit de monter à part qu'il faudrait mettre une échelle.»

Ce qui fut dit fut fait. Le château est bâti puis ils sont tous les deux dans le château. L'échelle en or est montée là, après le château. Ils prennent l'échelle puis ils la montent puis ils sont tout seuls dans le château. Personne, personne peut monter.

On va dire qu'un bon jour, le jeune homme, lui, il mettait l'échelle à terre, elle *glissait* l'échelle puis son petit frère partait. Il partait; tous les jours il partait.

Un bon jour, il s'en allait le long de la mer. Tout d'un coup, tout en marchant le long de la mer comme ça, il arrive un pigeon et le pigeon s'en vient se *jouquer* sur son épaule.

Bien surpris de voir un beau pigeon blanc qui vient se trouver sur son épaule, il dit: «Dis-moi donc quoi ce que ça veut dire?»

Il se met à regarder après les pattes du pigeon: il voit un papier. Il prend la patte du pigeon puis il défait le papier qu'il y a après la patte du pigeon. Et après la patte du pigeon, il y avait une clé. Il prend cette clé-là.

— Dis-moi donc comment ça se fait?

Il prend la clé puis il la met dans sa poche puis il prend le papier puis il se met à lire ça.

Ça dit: «Ti-Jean, je vois rien que toi! Je suis prise pour mourir. C'est moi qui *est* la fée Sossio. Je suis prise pour mourir et j'ai envoyé un prince en pleine mer dans un coffre. Dans ce coffre-là, il y a trois œufs en or et il y a un pigeon: c'est le beau prince qui est en pigeon puis je suis prise pour mourir puis je me trouve en conscience de ça. Je vois rien que toi, Ti-Jean, que tu es capable d'aller chercher le coffre. Je l'ai tiré dans le fond de la mer. Je te donne la clé pour le coffre.»

C'est tout ce qu'elle lui marque. Ti-Jean vivre de bord, comme de raison, puis il s'en va à son château. Quand sa petite sœur le voit venir, elle glisse l'échelle en or et ensuite il embarque sur l'échelle puis il monte au château. Puis il dit ça à sa petite sœur. Il lui montre le papier.

— Mon Dieu! Comment ce que tu vas faire pour aller chercher ça au fond de la mer? Tu vois toujours bien, Ti-Jean, que t'es pas capable! C'est impossible!

Il dit: «Ma petite sœur, là c'est la fée Sossio, c'est la fée *qu*'on lui a donné des galettes, là, l'autre jour. Puis tu vois, elle m'envoye un pigeon avec un papier qu'elle est en conscience de voir qu'elle a souhaité ce prince-là dans la mer, puis il est vivant! Puis elle m'a dit qu'il y avait trois œufs en or là-dedans, dans le coffre, que c'était un coffre terriblement riche. Puis elle voit rien que moi pour aller le chercher. Ma petite sœur, écoute! En tous les cas, je m'en vais essayer. Je m'en vais me souhaiter un habit de *rubber*, un habit impossible pour plonger, comme de raison.»

Il se *trime* un habit de plongeur et il s'habille en plongeur. Puis la petite fille descend l'échelle, comme de raison, et lui, il s'envoye à la mer.

Rien qu'à l'entendre partir, la petite fille dit: «Écoute, Jean! Je reste seule dans la vie si par cas, par malheur, tu te *noierais*. J'en ferais une belle, moi, toute seule ici. Je serais misérable le restant de mes jours. Tu devrais pas faire une affaire de même.»

Il dit: «*Souffre-toi pas!*»

Elle s'appelait Julie, sa sœur.

Il dit: «*Souffre-toi pas*, Julie, que je serai pas longtemps. Je m'en vais plonger. Si je suis capable, O.K.! Si je suis pas capable, bien, je m'en vais remonter.»

On va dire qu'il s'envoye dans la mer. Il cherche dans le fond de la mer où ce qu'elle a envoyé le coffre: c'était trouver l'endroit où ce que le coffre était tombé. Finalement, il cherche à quatre pattes puis il fouille partout. Il aperçoit une petite affaire claire qui était à peu près grande comme la main, qui reluisait. Il se met à frotter ça puis il se met à déterrer ça. Il s'aperçoit: c'est le coffre! Il était calé dans la terre presque et toujours il s'aperçoit, c'est le coffre. Il vient à bout de déterrer ça: il s'aperçoit que c'est le coffre.

Quand il voit que c'est le coffre, il travaille pour le sortir. Il était tellement pesant, c'était un coffre en or, c'était tellement pesant! On va dire qu'il le prend de même par en dessous du bras et ensuite il s'envoye en remontant par la mer. Comme il arrive à *effleurement* de l'eau, il fait une méchante affaire: finalement, il échappe le coffre. Le coffre *revire* de bord puis il s'en va encore au fond de la mer tel où ce qu'il était.

Il remonte sur l'eau puis sa petite sœur, en le voyant *ressourdre*, elle lui présente l'échelle et il monte.

Il dit: «J'ai été malheureux. J'arrivais, je commençais à voir le jour, puis j'ai fait une méchante manœuvre: j'ai échappé le coffre et le coffre est tombé encore au fond de la mer. C'est un coffre qui est terriblement pesant. Mais écoute, Julie. Il n'y a pas à dire, il faut que j'y retourne. Je m'en vais me reposer une couple de jours puis je vais y retourner chercher le coffre. Il y a pas à dire, bon gré mal gré, il faut que j'essaye *à* le trouver.»

Toujours, il se repose une couple de jours.

Puis, au bout d'une couple de jours, il met son habit puis il dit: «Julie, *astheure*, je te souhaite le bonjour. Puis moi, là, je plonge pour aller chercher le coffre!»

Elle dit: «Pauvre enfant! Si tu peux pas te noyer toujours! Je te souhaite du bonheur!»

Toujours, finalement, il s'enfile à l'eau et il plonge et il s'en va au fond de la mer. Il y avait à peu près quatre, cinq cents pieds d'eau, je suppose, dans la mer. C'était pas une mer ordinaire! Toujours, il plonge, il descend, il descend puis il descend puis un bon moment donné, il arrive au coffre. Et le coffre, comme de raison, là, il était pas enterré de terre. Il aperçoit son coffre.

Il dit: «C'est bien le coffre que j'ai ramassé hier! C'est bien lui.»

Il prend le coffre et là il s'était emporté un *gallon* avec lui, une amarre. Et il commence à se ceinturer après lui et il le prend sous son bras pour tâcher de pas le manquer et ensuite il s'envoye en remontant.

Comme de fait, toujours, à force de travailler puis de nager, il vient à bout de sortir de l'eau. Quand sa sœur le voit sortir de l'eau, rien de plus pressé de présenter l'échelle. Puis il avait le coffre sous son bras. Elle lui présente l'échelle et ensuite il vient à bout de monter dans l'échelle en or dans son petit château.

Rendu dans le château, il met le coffre à terre et il était rendu presque à bout. Là, il ne peut plus toucher au coffre ni rien; il était rendu tellement à bout d'haleine qu'il pensait de mourir.

Il dit: «Julie, je pense que je vais mourir! C'est effrayant, je suis *resté* à bout, à bout! Laisse faire le coffre là et puis donne-moi un lit que je me couche. Il faut absolument que je me repose.»

Il se repose. Ah! en se couchant, il tombe mort! Julie est là qui le regarde. Elle croit pas s'il est mort ou bien vivant, c'est pas mêlant à force qu'il dormait d'un profond sommeil. On va dire qu'elle le laisse faire de même jusqu'à la nuit. Rendue à la nuit, elle s'en va le réveiller.

Elle dit: «Jean, t'es-*ti* mort ou bien vivant?»

— Non, Julie, je suis bien vivant et ensuite je suis pas mal reposé. *Astheure*, on va aller voir le coffre.

Elle dit: «Le coffre est tel là où ce que tu l'as mis à terre. Il est resté là; il est tellement pesant. Je suis pas capable de le *grouiller*, moi seulement; c'est terrible, vraiment pesant.»

Il dit: «J'ai la clé.»

Là, il se met à chercher la clé. Il cherche la clé que la bonnefemme lui avait donnée pour ouvrir le coffre. Il savait plus où ce qu'il l'avait mise. Il fouille dans toutes ses poches puis il vient à bout, à force, ça lui prend quasiment une heure, il vient à bout de trouver la clé que la bonnefemme lui avait donnée. Il avait mis ça dans sa poche de veste. Il vient à bout de trouver la clé.

Venant à trouver la clé, il s'approche auprès du coffre et ensuite il débarre le coffre. En débarrant le coffre, le coffre se *rouvre*. Ce qui sort? Un pigeon! Un beau pigeon bien vivant qui *ressourd*, qui sort du coffre.

Le pigeon, en sortant, il dit: «Bonjour, Jean!»

— Comment, tu parles?

Il dit: «Oui, je parle. Vite Jean, t'as plus rien... c'est toi qui m'as sauvé la vie, t'as plus rien que... coupe-moi le cou au plus vite!»

— Je peux pas te couper le cou, c'est impossible! Un si beau pigeon comme toi, c'est impossible! Je peux pas te couper le cou.
— Vite, retarde pas, Jean! Pour l'amour de Dieu, dépêche-toi, coupe-moi le cou au plus vite!

Et Julie dit: «Mon Dieu, Jean, fais donc tel comme il te dit! Tout ce qu'il veut: coupes-y le cou, envoye!»

Toujours, il prend un couteau, monsieur, puis il coupe le cou du pigeon. En coupant le cou du pigeon, il tombe en beau prince, le plus beau prince du jour.

— Tiens, Jean, tu m'as *démorphosé*! La vieille fée Sossio qui m'a souhaité de même dans la mer enveloppé dans ce maudit coffre et voilà plusieurs années que je suis là-dedans dans le fond de la mer, et vivant comme je suis là. Et tu vois comme elle est terrible! Mais regarde dans le coffre, Jean. T'as trois œufs en or. Ça, ça vaut n'importe pas quelle affaire! Et l'or, ça, le coffre est en or. Ça, t'as ta richesse tu sais pas *qui* n'en faire à force que t'es riche de ça. Moi, je suis tombé heureux de voir que tu m'as délivré et puis de voir que tu as une si belle petite sœur avec toi.

Il dit: «Oui, beau prince! Puis ma petite sœur, je vous la présente, beau prince, comme votre femme. On est trois. C'est ma petite sœur. Et je vous estime: vous êtes un beau prince. Je vous présente ma petite sœur pour vous *fiancer*.»

— Bien, Jean, c'est justement ce que je désire.

On va dire comme de raison, il reste là, mais il fallait qu'ils se marient. Un bon jour, dans le château, ils sont dans le château tous les trois et ils ont de l'agrément puis du plaisir; ils jouent. On va dire qu'un bon jour, ils voient venir un bateau sur l'eau. C'est un petit bateau blanc qui s'en venait tranquillement pas vite. Le petit bateau arrive, monsieur, puis toujours, ce qui débarque à bord. Elle s'aperçoit: il avait un grand crucifix dans le cou et elle s'aperçoit que c'était un Père.

— Mon Dieu, Jean, je crois que c'est un Père qui arrive! Regarde le grand crucifix qu'il a dans le cou!

Elle présente son échelle. Ils étaient arrêtés, eux autres, auprès du château. Elle lui présente son échelle en or et elle fait signe au Père de monter. Le Père monte. Quand elle voit monter le Père, comme de raison, c'est pas qu'un petit bonjour! Quand il est rendu sur la galerie, elle lui présente la main.

— Bonjour, mon Père!
— Bonjour, ma petite fille! Comment ça se fait que vous êtes rendus ici *sur* un château si beau et bâti sur quatre chaînes d'or? Un si beau château! Comment ça se fait?

— Bien, ça se fait de même! Vous savez, mon Père, on a été chanceux. C'est une vieille qui nous a mis aussi riches comme on peut l'être. C'est la vieille fée Sossio. On peut remercier la fée Sossio. Aujourd'hui, la fée Sossio a lâché son dernier soupir. Elle est morte. Puis quand elle a donné des clés à Ti-Jean pour le coffre, c'était le dernier soupir qu'elle lâchait.

On va dire qu'ils sont *fiancés* par le Père, tous les deux.

Et un bon jour, Ti-Jean se trouvait seul dans la vie ni plus ni moins. Il savait que son père était terriblement pauvre puis sa mère.

Il dit à Julie: «*Astheure* que t'es *fiancée*, puis vous, le beau prince, vous avez un prince qui est terriblement riche!»

Il dit: «Oui, mon père est fortuné puis moi, je suis fils unique.»

Il dit: «Pourquoi qu'on se souhaiterait pas rendus auprès de nos parents pour être tranquilles, vivre heureux?»

— Mais Jean, est-ce que t'as le pouvoir de nous souhaiter dans une place semblable?
— Oui, beau prince!

Il prend sa petite canne et il frappe trois coups. Ce qui *ressourd*? Un génie!

Il dit au génie: «Je prétends d'être rendu auprès du château du beau prince avec notre château pour demeurer le restant de nos jours.»

On va dire que ce qui fut dit fut fait. Ils sont partis de là. Ils se réveillent transportés, rendus dans *changement* de province, dans leur château *qu'*ils dormaient dans un profond sommeil, tous les deux, sans être dérangés, rien en tout.

Le lendemain matin, ils se réveillent, ils sont tout dépaysés. Ils s'aperçoivent qu'ils sont auprès du château de leur père.

— Tiens, Julie, c'est tel que j'avais demandé. J'ai demandé d'être auprès du château de votre père, le beau prince. Regardez, prince, c'est votre château.
— Oui, c'est mon château, c'est bien trop vrai! C'est mon château.

Il dit: «Julie, on va s'en aller au royaume de mon père pour lui souhaiter le bonjour.»

Et ils ont vécu heureusement tous ensemble de leur vie.

Puis moi, bien *coudon*, j'ai passé par là puis ils étaient encore heureux. C'est tout.

LA PRINCESSE ENLEVÉE PAR UN SINGE

Bien étrange histoire que ce récit fabriqué par Joseph Patry. Le singe, selon les conventions du genre, aurait dû être un prince métamorphosé. Mais non! C'est sa propre nature, ce qui ne l'empêche aucunement d'avoir un comportement anthropomorphe. Dès lors, toute tentative de procéder à un désenchantement est impossible. Le singe restera singe jusqu'à sa mort par noyade. «*Dans sa peau mourra le crapaud*», soutient un dicton populaire.

Ce sujet ne laisse pas de rappeler le film *King Kong* et, sous certains aspects, le conte *La Belle et la Bête* de Madame Leprince de Beaumont, adapté pour le cinéma par Jean Cocteau et pour le dessin animé par les héritiers de Walt Disney.

Ce récit n'est pas sans référer à de nombreux éléments mythologiques où des amours entre un animal et un être humain produisent des fruits souvent monstrueux, comme dans le cas du Minotaure. Mais sous l'apparence d'animaux se camouflent souvent des divinités qui abusent de leurs créatures, tout en espérant échapper à l'œil investigateur de quelque épouse jalouse. Zeus s'est, à plusieurs reprises, mis dans cette situation abracadabrante.

Au thème des amours animales peut s'ajouter celui des enfants sauvages, mieux connus sous le nom d'enfants loups, dont l'anthropologie possède des cas bien documentés, ne serait-ce que par les observations faites au jour le jour de deux créatures, Amala et Kamala, arrachées à une meute de loups en 1920 par le révérend Singh lors de son séjour en Inde[3]. La louve défendit au prix de sa vie les deux enfants qu'elle avait recueillis puis adoptés. Ceux-ci se montrèrent même plus agressifs envers leurs «sauveteurs» que les louveteaux dont ils partageaient le gîte.

La fin du conte laisse perplexe. La princesse, qui retourne au monde civilisé, jure une éternelle mémoire à son singe et déclare ne vouloir vivre désormais que pour le bonheur de ses deux enfants singes.

La princesse enlevée par un singe correspond aux motifs B611.6 [*Singe par amour*] et B630 [*Progéniture d'un humain avec un animal*].

LA PRINCESSE ENLEVÉE PAR UN SINGE

C'est bon de vous dire, c'était un roi. Ce roi-là avait la plus belle princesse du jour. Et puis elle, elle était fille unique. Et un bon jour, elle avait un beau tapis rouge et un beau chemin de fait pour aller à un petit étang, là où ce qu'elle se baignait tous les matins. Tous les jours du bon Dieu que le bon Dieu emmenait, la princesse allait se baigner.

Laissons-la là, elle; elle va se baigner tous les matins. Revenons à un singe qui restait à peu près, ah! mon Dieu! peut-être bien à trois, quatre et cinq jours de marche, on va dire, de là. Ce

---

3. Geneviève Carbone, *La peur du loup*, Paris, Gallimard [Coll. *Découvertes*], 1991, pp. 160-163.

singe-là s'était bâti une grotte après une butte de terre. À force de travailler puis de creuser, il était venu à bout de se faire une grotte. C'était pas une grotte, c'était presque une maison, c'était terrible. Il avait tout *trimé* ça en beau sapin, puis propre! On va dire qu'il travaillait, c'était une affaire épouvantable.

Un bon jour, tout en travaillant comme ça, – il était tout seul, il s'ennuyait – il part puis il s'en va faire un tour sur le bord de la mer. Une fois parti, il fait un bout, il continue, il marche puis il marche puis il marche. Il voulait *revirer*, mais il continue, monsieur: il marche deux jours de temps le long de la mer. Il mangeait ce qu'il pouvait attraper, toutes sortes de choses, et un bon jour, il laisse le bord de la mer et il commence à prendre le bord du bois.

Il arrive justement à l'étang, au petit étang là où ce que la princesse était après se baigner. Il se cache au bord du bois et puis il la regarde faire. Elle se baignait flambant nue comme de raison; elle était toute seule, personne la voyait.

On va dire qu'elle monte à terre. Et puis lui, il était caché tout près de son butin puis il grouillait pas *pantoute, pantoute, pantoute* et la laisse s'habiller. Il dit pas un mot, il la laisse habiller comme il faut. Une fois qu'elle est bien habillée, il sort puis il la saisit.

En la saisissant, elle se met à crier, mais il lui met la main sur la bouche puis il lui fait signe de ne pas crier, qu'il ne lui ferait pas de mal. Et ensuite, en tous les cas, il est pas longtemps là, il la prend par la main: il faut bien qu'elle le suive, il a une force énorme. Et puis quand elle voulait pas le suivre par la main, bien, il la *poignait* par le milieu du corps et ensuite il partait avec.

On va dire, ça lui prend deux jours là, lui, de marche avant de gagner sa grotte. Il vient à bout de gagner sa grotte. En gagnant sa grotte, comme de raison, il *rentre* sa princesse dans la grotte. Et il avait un beau lit de *sapinages* et tout ça, un vrai beau lit, puis lui, c'était propre là-dedans. Il *rentre* la princesse là-dedans.

Il dit en lui-même: «Tiens, t'as pas besoin d'avoir peur!»

En lui-même. Il lui fait toutes sortes de *signals* comme de raison qu'il lui ferait pas de mal, puis il la couche de même sur le lit.

Et elle, elle en avait tellement peur, c'est épouvantable. Elle a été trois, quatre ans sans qu'il lui touche: elle avait peur vraiment. Il couche avec, mais elle voulait pas *pantoute*.

Toujours, un bon moment donné, elle s'est décidée de se laisser faire. Finalement, elle a eu deux petits singes. Ces deux petits singes-là, elle a été assez contente quand elle a eu ces deux petits singes-là, elle les a élevés puis elle en a eu soin. Tout petits, elle partait puis elle s'en allait le long de la mer puis elle les lavait à l'eau. Et il y avait toutes sortes de choses qu'il avait trouvées le long de la mer: des cuves, toutes sortes de boîtes, puis il emmenait tout ça à son foyer, lui, tout, tout ça, tout ce qu'il pouvait trouver, il emmenait ça là.

On va dire que lui, un bon moment donné, il était parti pour aller faire, chercher: il courait partout dans le bois. Elle, elle s'en va avec ses deux petits pour les laver à la mer et tout d'un coup, elle voit venir un bateau. Et le bateau en avait eu connaissance: il avait eu le temps de la voir. Quand elle voit le bateau, elle, elle prend ses deux petits vitement puis elle se sauve à la grotte. Et en se sauvant à la grotte, les gars la voyent bien, eux autres, comme de raison, ils la voyent aller.

Et ils s'en vont à terre; ils arrivent à terre, ils débarquent et ils s'en vont. Il [le singe] avait fait la porte avec toutes sortes de *sapinages*, tout ça, une belle porte qui fermait la grotte. Et eux autres, ils *rouvrent* la porte.

— Bonjour, belle princesse!
— Bonjour, messieurs! Mon Dieu, allez-vous-en au plus vite! Si mon mari arrive, – c'est un énorme singe épouvantable! – si mon mari arrive, vous êtes morts! Vous seriez aussi bien de vous en aller immédiatement, tout de suite!

Ils ont dit: «Non, madame! On vient pour vous chercher, vous allez embarquer avec nous autres et ensuite on va vous sauver de cet animal-là. Venez-vous-en!»

Elle dit: «C'est impossible! Voyez-vous, j'ai deux petits enfants là: c'est mes deux petits enfants, mes deux petits singes. Puis mon mari, je l'aime beaucoup. Allez-vous-en, je veux pas!»

Bon gré ou mal gré, ils prennent la femme et ensuite ils l'emmènent à bord du bateau. Comme la femme est embarquée à bord du bateau, voilà le singe qui arrive. Les petits criaient au meurtre, ils sautaient tout à pic à terre, mais ça fait rien, ils embarquent pareil.

On va dire, comme le bateau part, lui, il arrive et il a pas le temps de faire bien long, là, il va voir à la grotte. Quand il voit que sa princesse est partie, il gagne la mer, monsieur, puis il s'envoye à la nage. Ils avaient une couple d'arpents de faits, monsieur, mais il nageait tellement vite, puis il avait des *battoirs* épouvantables et chaque coup qu'il donnait, il levait de terre, c'est pas mêlant!

Et ils ont commencé à tirer dessus avec plusieurs cartouches. Ils tiraient dessus, mais lui, il plongeait. Et la femme leur faisait mal aux bras puis elle leur tirait la carabine puis elle leur parlait comme de raison. Elle se défendait pour pas qu'ils le tuent.

On va dire, quand ils ont fini leurs cartouches, elle dit: «Écoutez! Vous êtes bien mieux d'arrêter puis de le faire embarquer parce que vous êtes pas capables de vous sauver de lui. S'il met une patte à bord du bateau, vous êtes certains de mourir. Arrêtez! Moi, je vais faire mon possible pour pas qu'il vous fasse mal.»

— C'est correct!

Toujours, ils ont *modéré*, mais lui, le singe, il a embarqué à bord du bateau. En embarquant à bord du bateau, il était enragé c'est bien court, il *croquait* des dents, il faisait tout à force qu'il était fâché contre eux autres. Elle, elle lui saute au cou puis elle le tient bien.

Elle dit: «Écoute! Comprends-moi! Fais-leur pas mal, on va se faire débarquer à terre, là. Je vais leur dire qu'ils nous débarquent à terre, puis une fois rendus à terre, bien, on s'en ira.»

Ça fait, comme de fait, elle va trouver le capitaine.

Elle dit: «Écoutez, capitaine! Débarquez-nous à terre au plus vite parce que s'il faut que je lâche mon singe, vous allez mourir ça va prendre une minute. C'est un animal féroce. Là, je le tiens puis je lui fais comprendre avec son bon génie que vous allez nous débarquer à terre et ensuite qu'on s'en ira tous les deux.»

Ils ont dit: «C'est correct, belle princesse! Tout de suite!»

Ils avaient peur en *maudit* de mourir! Comme de raison qu'ils gagnent terre. Et en gagnant terre, il prend sa princesse par le milieu du corps puis il saute à terre, monsieur, puis il fait des bye bye à la chaloupe, monsieur, puis les voilà partis le long de la mer.

Les petits, eux autres, ils avaient débarqué de l'eau puis ils s'en venaient, comme de raison, du côté que la chaloupe s'en allait, en criant puis ils faisaient toutes sortes de *steps* qu'ils faisaient comme de raison le long de la mer, puis voir que leur mère était partie puis leur père. Puis les enfants, comme de raison, ils avaient de la peine, c'est pareil comme du monde.

Ils arrivent auprès d'une grosse épinette. Ils étaient *restés*; ils se mettent un chaque bord de l'épinette, monsieur, puis ils se pleurent puis ils se lamentent, puis ils pleurent puis ils se lamentent.

On va dire, dans l'intervalle, le singe s'en vient avec la princesse. Et tout d'un coup, en s'en venant de même sur le bord de la mer, ils entendent plaindre puis ils entendent lamenter. Ils par-

tent puis ils s'en vont voir: ils aperçoivent leurs deux petits enfants qui étaient au pied de l'épinette, monsieur, qui étaient presque découragés puis *restés* de courir. Ils prennent leurs petits enfants: c'est un bonjour épouvantable. Ils sautent au cou de leur
mère, monsieur, puis ils l'embrassent puis c'est épouvantable,
une *connaissance* terrible!

On va dire qu'ils viennent à bout, tout en marchant, de se
rendre à la grotte. Là, ils restent dans leur grotte. Ils sont cinq, six
jours tranquilles. Personne est *bâdré* et lui, il *watche* tout le temps;
il sort pas à la porte, monsieur, puis il a une peur que la princesse
parte. Il se tient là.

Puis un bon moment donné, au bout de cinq, six jours, il dit:
«Il viendra pas personne comme de raison!»

Puis elle, elle allait tous les jours à la mer laver ses petits
enfants. Puis elle pareil, elle se lavait puis lui pareil, le père, il
allait se laver au besoin.

Toujours, un bon jour, elle, elle regarde pas sur la mer, ni
cercle, ni branche, ni rien, elle s'en va avec ses petits puis elle est
après laver ses petits. Tout d'un coup, elle se lève la tête: elle
aperçoit un bâtiment qui s'en vient. Il avait des longues-vues, il
s'en vient direct sur eux autres.

Là, j'en passe un peu, là, un peu. Le petit bateau, là, il a filé,
lui, bon. Et il s'en va justement à deux... Ça prenait deux jours de
marche à gagner le royaume du roi là où ce que la princesse
s'était jetée à l'eau. Ils savaient pas si c'était là, ce roi-là ou
ailleurs. Mais en tous les cas, ils *rentrent* dans le quai du roi et là
ils partent puis ils s'en vont lui dire, au roi, quoi ce qui s'était
passé.

Ils ont dit au roi: «Vous avez-*ti* une princesse qui a été volée?»

Il dit: «Oui, j'ai une princesse qui a été volée, mais ça fait bien
des années. Ça fait dix ans de ça que la princesse a été volée.»

— Bien, votre princesse, elle est entre les mains d'un singe, le plus gros singe qu'on n'a jamais vu. C'est une bête terriblement féroce. Si vous voulez aller chercher votre princesse, bien, nous autres, on peut vous guider et vous dire à peu près l'endroit où ce qu'elle est.

Le roi a engagé les deux gars, et ensuite, il s'est *trimé* un bâtiment épouvantable et avec des armes et puis des soldats et ils ont levé les gens qui *ont* parti pour aller à la recherche de leur princesse.

On va dire que les deux gars qui avaient vu la princesse étaient à bord du bateau et ensuite ils filent.

C'est comme je viens de vous dire, la princesse était après laver ses petits puis un bon moment donné, ce bateau-là arrive. Elle, elle prend ses petits vitement puis elle se sauve dans la cabane puis elle ferme la porte. Mais ils avaient eu le temps de la voir avec des longues-vues; ils avaient eu le temps de voir la princesse.

Comme de raison qu'en voyant la princesse, ils filent eux autres au port de mer. Ils arrivent, comme de raison, ils laissent leur bateau là et ils débarquent et ensuite ils s'en vont à la cabane. Rendus à la cabane, ils *rouvrent* la porte, monsieur, et ils sont armés: les revolvers à chaque main, ils sont armés, épouvantable!

Ils *rentrent*: «Bonjour, belle princesse!»

Elle dit: «Bonjour, mes chers messieurs! S'il vous plaît, allez-vous-en! S'il faut que mon mari arrive, vous êtes tous morts.»

— Ah! belle princesse! Regardez les armes qu'on a là. Votre mari peut pas nous faire rien. On vient vous chercher. Embarquez puis venez-vous-en avec nous autres!

Elle dit: «C'est impossible! Mon prince, je l'aime terriblement, mon singe! Il y a rien pour me l'ôter, surtout mes deux petits!

Regardez les deux beaux petits que j'ai! Puis je partirai pas d'ici sans avoir mes deux petits. En tous les cas, si vous voulez absolument m'emmener, il me faut mes deux petits enfants!»

Ils prennent la princesse, en tous les cas, puis ils emmènent les deux petits, les deux petits singes avec eux autres. Ils embarquent à bord du bateau. Et comme ils sont embarqués à bord du bateau puis qu'ils lèvent les ancres pour partir, voilà le singe qui arrive. Il s'en va vitement voir à la grotte, mais il voit plus que sa femme est partie, ni ses enfants, il n'y a plus rien.

Il s'en va à la mer à la course. Le bateau avait à peu près deux ou trois perches, deux ou trois arpents de faits, monsieur. Là, il s'envoye à la nage. Et là, il nage, il nage. Il approchait le bateau puis le bateau lève les ancres puis il s'envoye plus vite comme de raison pour le laisser.

Puis elle, la femme, pleure puis elle crie: «Mon Dieu! Mon mari va se noyer! Tâchez donc d'arrêter pour le faire embarquer!»

Puis elle pleure puis les autres continuent pareil. On va dire qu'un bon jour, ils s'aperçoivent, à force de marcher puis de voyager, ils s'aperçoivent que le singe commence à caler. Ils lui voyent plus la tête puis il *courageait* puis, un bon moment donné, il a disparu dans l'eau.

Ils ont dit: «Il est noyé! Soyez plus inquiète, votre mari est noyé, c'est final!»

Faut bien qu'elle se console! Comme de raison, elle a ses deux petits singes avec elle et puis elle file. Ils arrivent au royaume du prince.

Rendus au royaume de son père, comme de raison, ils la débarquent et son père la reconnaît, et c'est un bonjour épouvantable.

— Bien, écoute! Dis-moi donc comment ça se fait que tu as déserté?

On va dire que la princesse lui conte son aventure à peu près comme je vous l'ai contée.

Et là, ils ont dit: «Ce que tu vas faire de ces deux petits-là?»

Elle dit: «Ces deux petits enfants! Je veux que vous bâtissiez une espèce de petit château auprès du vôtre, que mes petits enfants soient là-dedans et que j'en aie soin moi-même! Il faut absolument! Je me marierai jamais à part... Jamais de ma vie, c'est final! D'abord, mon mari, c'était la meilleure personne du jour. J'ai été bien heureuse avec mon singe. Bien, *astheure*, j'ai plus rien que mes petits enfants, je vais en avoir soin le restant de mes jours.»

Et j'ai passé par là puis elle avait encore ses deux petits singes.

CONTE-TYPE 470 A

Le pendu est un conte littéraire – entendez par là que le conteur l'a entendu lire puis l'a mémorisé pour le raconter – qui semble tirer son origine de la littérature allemande, ne serait-ce que par le nom de la ville où se situe l'action.

Ici s'instaure, entre un noceur irrévérencieux et un pendu, un dialogue vigoureux qui constitue l'essentiel du récit. Joseph Patry y atteint à des accents pathétiques et émouvants. La langue est colorée et énergique.

Ce dialogue entre un vivant et la Mort, représentée par un squelette, n'est pas sans rappeler une œuvre particulièrement populaire qui date du XVe siècle allemand. Elle est de Johannes von Telp et s'intitule *Der Ackermann aus Böhmen* [*Le laboureur de Bohème et son procès contre la Mort*]. Le thème est simple: un laboureur ayant perdu son épouse cite la Mort à procès. Elle ne manque pas de venir et engage la dispute. Elle profère une maxime tirée de l'Évangile et qu'on retrouve dans la bouche de

Joseph Patry: «*Les vivants avec les vivants, les morts avec les morts*»[4].

Ce récit, pour littéraire qu'il soit par sa provenance, se rattache néanmoins, par le thème, à la tradition orale. Il gravite autour du conte-type 470 [*Amis dans la vie et dans la mort*], dont il est lui-même une modalité: type 470 A.

Quant au motif du cadavre exposé aux fourches patibulaires pour inspirer une crainte salutaire aux passants, la tradition n'en est que très réelle. Qu'on pense – pour mémoire – au sort posthume de Marie-Josephte Corriveau, pendue au début du Régime anglais et exposée dans une cage en fer. Ce sinistre épisode donna lieu à une légende célèbre dont Philippe Aubert de Gaspé s'est fait l'écho dans son roman *Les anciens Canadiens*.

Un cas plus dramatique encore nous est venu de Baie Saint-Paul. Le curé du lieu interdit qu'on recouvre de terre le cadavre d'une jeune fille morte des suites d'un avortement. Le cadavre «*décompose plusieurs mois, répandant horreur et odeur fétide*»[5].

Les légendes populaires rapportent plusieurs cas semblables à l'épisode du bébé qui oppose une barrière infranchissable de pureté et de vertu aux forces démoniaques, notamment dans le cycle du *Diable à la danse*.

LE PENDU

C'est bon de vous dire: une fois ça se trouvait dans une ville de Remscheid. Ça se trouvait dans les vieux pays, ça. Et cette ville-là, c'était terriblement méchant. C'était terrible comme il y avait des tueurs épouvantables. À toutes les semaines, ils tuaient

---

4. Claude Sutto, *Le sentiment de la mort au Moyen Âge*, Montréal, Aurore, 1979, pp. 148-149.
5. Serge Gagnon, *Plaisir d'amour et crainte de Dieu*, Québec, Presses de l'Université Laval, 1990, p. 49.

des morts, puis ils trouvaient des morts puis toutes sortes de choses à toutes les semaines. Ils étaient obligés d'en pendre à toutes les semaines.

Et on va dire que le Conseil s'est assemblé puis ils ont passé un marché.

Ils ont dit: «Il y a toujours une limite. Ça fait peut-être bien trente ans que ça arrive, ça. À tout bout de champ, il faut en pendre un puis il faut en pendre un. Il y a pas moyen: il faut s'organiser pour tâcher de *dompter* le monde.»

Il y en avait un qu'ils avaient pendu, ça faisait à peu près trois ans.

Ils ont dit: «Celui-là, on va aller le voir, voir comment ce qu'il est. S'il est bien décomposé, si on n'a plus rien que les os, on va essayer à faire quelque chose.»

Ils s'en vont voir et ils déterrent le gars. Ça faisait trois ans qu'il était enterré. C'était un pendu. Et ils le déterrent et il avait plus rien que les os secs. Quand ils ont vu ça, le Conseil s'est assemblé.

Et ils ont dit: «Il faut le passer tout dans de la broche!»

Ils ont mis deux hommes et ils ont tout ramassé les os, puis ils ont tout passé ça dans de la broche. Et ensuite, ils ont fait une tour à peu près de quatre pieds de grandeur.

Et ils ont dit: «On va l'accrocher au coin d'une rue puis on va le suspendre là avec une virole. Il faut qu'il vire au vent et qu'il batte pour faire l'exemple au monde de prendre garde à leur avenir que ça va être à leur tour bien vite.»

On va dire que la tour est faite et le pendu est passé dans de la broche. Puis là, ils lui ont fait une virole au-dessus de la tête et c'est pris bien *amanché* avec de la broche. Et ils avaient accroché ça en l'air au-dessus de la tour. Et le pendu virait au vent, comme de raison, puis c'était pour montrer. Tous les gens qui passaient au coin de la rue voyaient le pendu.

On va dire que d'un bon jour, ça faisait plusieurs années que ce pendu-là était pendu, c'était venu que le monde était pour être bien meilleur, c'était épouvantable! Ça avait fait un bien terrible. Et tout chacun qui passait, voyait le pendu et trouvait que ça leur faisait une horreur terrible.

On va dire que ça faisait à peu près trente-cinq, quarante ans, on va dire plutôt cinquante ans qu'il était pendu, le voleur, qu'il était au coin des rues, qu'il battait au beau vent. On va dire qu'un bon jour, il y avait un jeune homme qui se mariait. C'était le samedi soir. Et il part avec son *suivant*. Et c'était un de ses cousins, le *suivant*. Il part pour aller en ville.

Il fallait qu'ils passent, comme de raison, au coin de cette rue-là pour aller en ville. Et ils vont s'acheter de la boisson puis ils s'en vont se *trimer* pour les noces, le lundi. Il était pour se marier le lundi matin.

On va dire, quand il s'en revient, le marié, lui, il commence à prendre un coup. Il prend un coup.

Son cousin a beau lui dire: «Hey! Écoute! Prends-en pas trop! Garde ta raison! Ça n'a pas de bon sens de boire comme ça!»

— Ah!

Il ne s'occupait pas de son *suivant* puis c'était deux cousins. On va dire qu'ils étaient à cheval, comme de raison; ils étaient avec un cheval, en voiture tous les deux. Quand ils viennent à arriver auprès du pendu de la tour, le gars, lui, qui était bien *chaud*, le marié, il colle son cheval auprès de la tour. Et il prend son fouet. Il commence à maudire le pendu puis le blasphémer à coups de fouet. Chaque coup de fouet qu'il donnait au pendu, il faisait deux, trois tours. Et là, il l'invite en sacrant puis en le blasphémant, il invite le pendu pour aller à ses noces le lundi soir.

— Si tu viens pas, tu vas être une *maudite vache*! Je t'invite puis il faut que tu viennes! Si tu viens pas, je viendrai te chercher!

Le *suivant* a la dernière de ces peurs, lui, son cousin.

Il dit: «Écoute, Rémi! Les morts avec les morts puis les vivants avec les vivants! Tu sais pas ce que tu fais là! T'es *chaud* puis prends garde! Fais pas des affaires de même, ça peut t'arriver grave! Prends garde! Laisse-le donc tranquille, le pauvre diable! Il est mort pour son crime; ça fait assez longtemps qu'il montre l'exemple à tout le monde, qu'il est pendu là. Pour *qui* faire que tu le maudis puis que tu le blasphèmes? Tu fais complètement mal.»

Le *suivant* avait sa raison, lui. Il avait pas pris un seul coup. On va dire que le marié, ah! il envoye son *suivant* quasiment chez le diable puis, ensuite, ils viennent à bout de laisser le pendu puis ils s'en vont.

Ils arrivent chez eux. On va dire qu'ils se couchent puis la nuit se passe, le dimanche, tout ça. Puis le lundi matin, il faut qu'il se marie.

On va dire que le lundi matin, bien, il se *trime* bien pour aller se marier. On va dire qu'il se marie. Et lui, il pense pas plus long *pantoute, pantoute*! Là, le souper se passe, tout ça puis il invite tous les gens des noces et voilà la veillée qui commence. Et, comme de raison, la veillée en commençant, personne savait, aucun était averti ni cercle, ni branche, ni rien!

Lui, le pendu, quand il voit, là, que c'est l'heure de vers huit heures, il descend de sa tour et ensuite il prend sa tour sous son bras, il la *vire* sur le côté puis il part. Il s'en va justement où ce qu'il avait été invité aux noces. Il met sa tour à terre et ensuite il cogne à la porte.

— Ouvrez!

C'est quand ils voient *rentrer* le pendu! C'est bien court, le

monde, ça tombe sans connaissance; les femmes, ça crie; ça passe
par les châssis puis c'est une affaire épouvantable! Le pendu reste
bien surpris de voir une affaire de même!

— Comment! il dit au gars.

Le gars reste là, quasiment tout seul dans la maison à *piquer*; il
a la dernière de ces peurs, lui *itou*.

— Comment! T'as pas averti ton monde! Tu viens me maudire puis me blasphémer dans ma tour *que* je suis bien tranquille!
Que je *suis* mort pour mon crime, je le sais! Ça fait presque cinquante ans que je suis pendu là puis tu viens me maudire puis
me blasphémer! Puis tu m'invites pour tes noces puis t'es pas
assez généreux pour avertir ton monde que je vais venir à soir!
T'aurais dû leur dire! Tu savais toujours bien, après l'invitation
que tu m'as faite, que tu m'as maudit puis que tu viendrais me
chercher si je ne venais pas: je suis venu! Tu vois tout ton monde,
ils sont *sacrement* sans connaissance! Ça passe par les châssis puis
ça se comprend pas! Écoute, mon ami, demain soir, moi, mardi
soir, demain soir, moi j'en fais des noces. Moi, je t'invite dans mes
noces puis il faut que tu viennes à mes noces à part de ça! Si tu
viens pas, moi par exemple, je viendrai te chercher. T'as été assez
grossier de me maudire puis de me blasphémer après! Tu vois ce
que t'as fait? J'étais pour aller trouver le bon Dieu; j'avais plus
rien que trois jours à faire puis j'allais trouver le bon Dieu. Il faut
que je recommence encore cinquante autres années! C'est tout de
ta faute *que* t'as fait ça! Tu vois, il faut que je m'en aille encore
dans les flammes rien que par rapport à toi! Écoute! Demain soir,
moi, j'en fais des noces puis il faut que tu viennes!

Le pendu dit: «Salut, la compagnie! Excusez si je vous ai in-
sultés!»

Il prend la porte puis il prend sa tour puis il part puis il s'en
va. Puis le pendu est encore à la même place! On va dire que le
pendu passe la journée dans sa tour comme de coutume. Personne a connaissance de ça.

Le monde, ça avait crié! Toutes les femmes, sans connaissance, elles ont jamais eu l'heur de revenir, tu comprends! Là, les
noces étaient finies d'en par là.

Et lui, le lendemain matin, comme de raison, avec la mariée, il
était pas rougeaud: la mariée avait perdu connaissance. Là, il passe la
journée du mardi. Mais il savait, lui, qu'il avait été invité à des noces.
Il lui a dit; il l'avait bien invité. Là, il avait sa connaissance, là.

Il dit: «Hier soir, [le pendu a dit que] c'était [pour] demain
soir! À soir, tu sais, il faut absolument que j'aille aux noces. J'ai
été invité.»

Il savait pas comment faire.

— Si j'y vais, il va me tuer! Je vais mourir certain! C'est pas
allable!

Il s'en va voir le curé puis il conte ça au curé tel qu'il avait
fait.

Il dit: «Méchant que tu es! T'aurais jamais dû faire une affaire
de même! Le pauvre malheureux qui a été pendu pour son crime,
ça fait peut-être bien cinquante ans qu'il est là, qu'il fait exemple
à tout le monde, puis tu passes avec ton fouet puis tu l'abreuves
de sacres puis tu l'invites pour les noces! Puis t'es trop bête pour
avertir ton monde que le pendu allait venir! Tu savais qu'il allait
venir après avoir été maudit puis blasphémé comme tu l'as blasphémé! Comme de raison que le pendu, il fallait absolument qu'il
y aille! Puis toi?»

— Moi, monsieur le curé, il m'a invité pour y aller puis c'est
justement à soir. Il faut que j'y aille.
— Bien, écoute là! T'es pas guère mieux que mort! Mais il y a
rien qu'une affaire que je pense: tu sais pas où ce que tu pourrais
trouver un petit enfant?
— Oui! Il y a une de mes cousines qui a eu *acheté* un petit
bébé, il y a à peu près trois mois.

— Bien, en tous les cas, si elle veut prêter son bébé, là, prends-le, va trouver le pendu puis mets pas ton bébé à terre. Prends bien garde à toi! Si elle veut te le prêter, prends l'enfant, mais je te défends bien de le mettre à terre! Prends-le sur toi puis garde-le sur toi! Mets-le pas à terre. Si tu le mets à terre, t'es fini!

— Merci, monsieur le curé!

Toujours, il part puis il s'en va trouver sa cousine. Sa cousine, c'est pas aisé pour sa cousine de prêter son enfant pour aller dans une affaire de même.

Elle dit: «Mon Dieu! Tout d'un coup...! C'est pas aisé; mon enfant qui a trois mois puis un bel enfant! Comment tu vas faire? Je veux bien croire, ç'a quasiment pas de bon sens!»

— Bien, il dit, fais pas la folle, prête-moi-le, je t'en réponds! Je le mettrai pas à terre puis il n'aura pas de mal. Je te jure sur mon âme qu'il n'aura pas de mal! Moi, je vais mourir certain si j'y vais! C'est le curé qui m'a enseigné ça. Tâche de me rendre ce service-là!

Toujours, à force de lui en dire, la cousine lui prête son bébé. Elle l'enveloppe comme il faut. Rendu le soir, il l'avait invité pour neuf heures, lui.

Rendu le soir vers neuf heures, il se *trime* puis il part pour aller tout seul avec son cheval, il part puis il s'en va à la tour du pendu. Le pendu était descendu de sa tour à neuf heures puis il était accoté sur sa palissade comme ça, puis il attendait après le gars.

On va dire que le gars arrive.

Il [le pendu] dit: «Ah tiens! Salut! Te voilà arrivé?»

Et il *rouvre* la barrière, ensuite il le fait *rentrer*. Et c'était assez grand là où ce qu'il était, là. Sa tour, c'était sur la belle herbe.

Il dit: «*Astheure*, t'es arrivé! À neuf heures précises, moi là, j'invite mon monde. Mon monde va *ressourdre*, tu vas voir. Il faut que tu mettes cet enfant-là à terre! Moi, d'abord, ils vont danser, il faut que tu danses! Ils vont danser tous puis tu vas voir, j'ai tout organisé.»

Toujours, le pendu prend un sifflet qu'il avait et lâche un coup de sifflet. En lâchant un coup de sifflet, c'est comme si le firmament *se serait* ouvert. Ça vient, tu comprends, quasiment tout en flammes puis ensuite, là, il commence à voir descendre ça. Lui, il t'a la dernière de ces peurs! C'est bien court, il tremble comme une feuille, lui. Et ce qui arrive? Tous des gens en flammes! Et ensuite, ils arrivent puis il *rouvre* la barrière, le pendu, puis il les fait tous *rentrer*. Et ils étaient en flammes puis la graisse tombait sur l'herbe, puis ça faisait «crich crich». Puis, lui, il voyait tout faire ça. C'est bien court, il est sans connaissance de peur.

On va dire que le pendu va le trouver.

Il dit: «Mets ton enfant à terre! C'est pas tout, ça! Il faut danser. Il faut absolument danser!»

Et il y avait un gars avec un fouet, puis il y avait un joueur de violon. Et ils commencent à commencer à danser le *brandy* et il commence, le fouet, et puis ils sont une *gang* pour danser le *brandy* puis ils dansent le *brandy* sur l'herbe. Et il les voit faire. Lui, il a tellement peur qu'il tremble comme une feuille et ensuite il se sent presque mort.

Là, ils ont dansé deux danses. Après que les deux danses ont été dansées, le gars dit: «*Astheure*, mes amis, tous mes amis, vous allez vous en aller puis je vous souhaite le bonsoir. Adieu! On en a assez fait pour à soir. Toi, t'as pas voulu mettre ton enfant à terre, mais ça fait rien!»

Toujours, les gars, ils ont tous disparu; en lâchant un coup de sifflet, ils ont tous disparu. Et ensuite, lui, il s'en va le trouver.

— Tu vois là! Regarde ce que tu as fait! Ça fait cinquante ans que je suis comme ceux-là, moi, là. Puis il faut que je recommence encore la même affaire pour tes blasphèmes que tu m'as dits. Tu m'as maudit, blasphémé, il faut que je recommence ça encore cinquante autres années. T'es responsable de tout ça! Écoute, mon ami! T'as bien fait de pas mettre ton enfant à terre! Tu serais parti comme ces gars-là, misérable que tu es! T'as bien fait que t'aies eu un enfant qui est sain puis qui a été baptisé au nom de Dieu. Sans ça, tu serais mort, tu serais fini, toi, là. Je te souhaite le bonsoir!

Il *rouvre* la barrière puis il dit: «Va-t'en puis que ça t'arrive jamais de maudire un mort! Les morts avec les morts puis les vivants avec les vivants! Prends garde à toi, oublie pas la parole que je te dis là parce qu'un jour, il t'arrivera malheur!»

On va dire que le gars est parti. Il s'est en allé chez *eux*. Et le lendemain matin, il avait les cheveux blancs comme de la *filasse*, c'est pas mêlant! Il ne pouvait plus manger, il ne pouvait plus rien faire à force qu'il avait eu tellement peur. Les sangs lui avaient quasiment changé, de peur.

On va dire qu'il a promis de jamais blasphémer les morts. Et aujourd'hui, bien, je ne sais pas comment ce que ça va, mais il était correct en tous les cas. Il s'était dompté du coup!

C'est tout.

LA LAMPE MERVEILLEUSE

Ce conte est le dernier que j'ai recueilli de Joseph Patry. Autour du thème connu d'*Aladin et la lampe merveilleuse* [conte-type 561, *Aladin*], le conteur brode et construit une histoire dense, enchevêtrée, au style touffu, où se mêlent des épisodes d'enlèvement, de voyage initiatique, d'obtention d'un objet magique qui ne sert vraiment qu'une fois les protagonistes tirés d'affaire avec leurs propres ressources. En somme, la magie de la lampe n'opère que pour le superflu: la construction d'un château.

Joseph Patry aborde également un thème à la fois épique et mythologique: les enfances du héros et ses années d'apprentissage.

Le lecteur remarquera avec quel plaisir Joseph Patry se complaît dans les mondanités. De la bouche des personnages sortent des torrents de paroles qui, malgré un style un peu rude, confinent à la préciosité.

Dans ce dernier geste de conteur, Joseph Patry administre la preuve de nombreuses fois réitérée qu'il a été un locuteur éloquent au verbe abondant, puissant et efficace.

LA LAMPE MERVEILLEUSE

Il est bon de vous dire, une fois, c'était dans la ville de Wawacaniwawa. Il y avait un roi et ensuite il y avait des cultivateurs. Ce cultivateur-là, il avait eu beaucoup d'enfants et le dernier de la famille, c'était un garçon, et il l'avait fait baptisé sous le nom de Paul.

Et cet enfant-là, il était tellement intelligent, c'était épouvantable! Rendu à ce qu'il a l'âge de quinze ans, – il avait été aux études depuis son jeune âge – il y avait plus aucun maître d'école capable de lui en montrer. Il était terriblement savant.

Un bon jour, il dit à son père: «Écoutez, il dit, moi, l'école, j'en ai assez. Si vous voulez, *m'as* aller m'engager *sur* le roi. Moi, mon métier, ça serait d'apprendre l'arme blanche et apprendre à cultiver les bouquets, les roses puis les fleurs.»

Son père dit: «Mon garçon, t'as beau faire comme tu voudras. On est beaucoup de serviteurs *icitte*, j'ai beaucoup d'enfants. En tous les cas, t'es libre. Fais comme tu voudras, Paul. Pour moi, j'ai pas besoin de toi, pas du tout. Travaille pour toi, pense pour toi.»

— C'est correct, il dit, mon père, je vous remercie.

On va dire qu'il se bride un cheval et il le selle puis il s'en va s'engager *sur* le roi. Et à tous les soirs, il venait coucher chez *eux* comme de raison, comme d'habitude. Et il travaillait à l'arme blanche dans l'avant-midi, dans l'après-midi et, à part de ça, le temps qu'il avait, il commençait à arroser les bouquets puis à avoir soin des bouquets *sur* le roi. Tout était *fleurissant* depuis que Paul était rendu là. Le roi l'aimait une affaire épouvantable! Et Paul continue l'arme blanche de même jusqu'à l'âge de dix-sept ans à travailler pour le roi.

Un bon jour, il s'en va chez *eux* et son père avait une jument qui avait eu un petit poulain. Et Paul, c'était pas qu'une petite affaire, son poulain! Il était flambant noir et le plus beau petit poulain qu'il y avait pas.

Son père dit: «Paul, tiens! Je t'ai jamais fait de cadeau; ce poulain-là, c'est à toi. Fais-en ce que tu voudras. *Dompte*-le de la manière que tu voudras. Fais-en ce que tu voudras.»

On va dire que Paul est bien content. Vous savez que le poulain, bien, il le laisse *profiter*; il commence pas tout de suite. Quand le poulain a un an, Paul le commence. Il allait travailler *sur* le roi, puis il s'en revenait le soir puis il commençait à travailler après son poulain. Il lui montrait toutes sortes de choses imaginables.

Le poulain était tellement intelligent, aussi intelligent comme Paul pouvait l'être. C'était terrible!

On va dire qu'un bon jour, Paul est rendu à l'âge de vingt-deux ans. Là, le poulain était rendu à cinq ans. On va dire que le poulain, rendu à cinq ans, il a pas mal sa grosseur et Paul lui avait fait faire toutes sortes de choses dans sa vie, que tout ce que Paul il voulait lui faire faire, il le faisait.

On va dire qu'un bon jour, Paul, rendu à l'âge de vingt-deux ans, il dit au roi, là où ce qu'il travaillait, il dit: «Sire mon roi, je vous souhaite le bonjour. *Astheure*, je suis rendu à vingt-deux ans puis je veux faire un voyage. Si vous voulez me *lâcher*, je suis bien content; je vous remercie, j'ai été très bien payé et tout ce que j'ai appris, je suis bien content de l'avoir appris. *Astheure*, j'ai appris mon métier: jouer de l'arme blanche comme il y a pas un soldat et je *trime* mes bouquets et mes fleurs comme il y en a point. En tous les cas, je vous remercie, Sire mon roi, et puis je vous souhaite le bonjour. Pour moi, là, c'est final. Il faut que je fasse un voyage puis je peux plus revenir.»

— Bien, il dit, écoute, Paul. Avant de partir, *m'as* te faire un cadeau. Le cadeau que je peux te faire, je m'en *vas* te donner un habit de soldat comme t'as jamais vu.

Là, le roi l'habille d'un bout à l'autre en soldat, la baïonnette et le sabre.

— Tiens, il dit, *astheure*, Paul, c'est tout ce que je peux te faire. T'as été très bien payé, je te remercie de tout ton ouvrage que tu as fait pour moi.

Il dit: «Bonsoir, Sire mon roi, adieu!»

Et voilà Paul qui saute à cheval et s'en va chez *eux*.

Rendu chez *eux*, il dit à son père: «Écoutez, mon père, me voilà rendu à l'âge de vingt-deux ans, et vous savez qu'*astheure* il faut que je pense pour moi. J'ai beaucoup d'argent de ramassé et je *m'as* faire un voyage. Il faut absolument que je parte.»

Et son petit cheval qu'il avait *dompté*, il s'appelait Tout-Petit. Et il était pas bien gros et il était tellement intelligent, c'était épouvantable. Il l'appelait Tout-Petit. Et le poulain, tout ce qu'il voulait lui faire faire, il le faisait.

On va dire que Paul, un bon moment donné, il se *trime* son bagage, son butin puis tout, et ensuite il dit à son père puis sa mère, il dit: «Je serai pas longtemps sans revenir, c'est tout proba-ble. Je vous promets que je viendrai vous revoir. Moi, en tous les cas, je vous souhaite le bonjour. *M'as* prendre mon Tout-Petit puis je m'en *vas* le brider et le seller et je pars avec mon petit cheval.»

— C'est correct, son père dit, je l'ai donné en pur don. C'est à toi, fais-en ce que tu voudras.

On va dire qu'il bride le Tout-petit puis il le selle et je vous mens pas qu'il était sellé à part de ça! Et il prend son bagage et il embarque sur le dos de son petit cheval et ensuite il souhaite le bonsoir à sa mère puis le voilà parti.

On va dire que, pas bien loin de là, à peu près, je suppose, une journée de marche, là il y avait encore un roi qui résidait encore dans une petite ville. C'était pas mal la même ville, mais en tous les cas, il était à peu près une couple de vingt milles de *entre* puis c'est tout.

On va dire qu'il prend le chemin. Rendu au soir, il arrête *sur* un cultivateur. Il dit ou demande à la femme – la femme s'en vient le recevoir: «Mon Dieu, elle dit, *rentrez* mon cher monsieur – en cognant à la porte. Mon Dieu, elle dit, mon cher monsieur, que vous êtes bel homme, c'est épouvantable! Vous êtes vraiment frappant!»

— Ah! il dit, Reine... ma chère dame, je ne suis pas si beau que ça. C'est impossible! Mais en tous les cas, je veux vous demander un petit conseil.
— Quoi ce que vous voulez?

Il dit: «On est-*ti* bien loin, *icitte*, de la ville? Y a-t-il un roi qui peut résider par *icitte*?»

Elle dit: «Oui, c'est à peu près un mille à faire encore. Puis vous allez arriver à un roi.»

— Pensez-vous qu'il va pouvoir engager des jeunesses comme moi puis un homme comme moi, je suppose? Je suis capable de tout faire.

— Ah! elle dit, oui. Le roi, il en demande des jeunes hommes. Je sais pas au juste, mais, en tous les cas, rendez-vous là, puis beau prince comme vous êtes, vous êtes certain de vous placer.

Et c'était pas un prince, mais ils le prenaient tous pour un prince *par* son allure puis son habit. C'était terrible ce qu'il était beau puis qu'il était aimable.

On va dire, comme de raison, il saute sur son Tout-Petit puis ensuite, le voilà parti.

Et il se rend *sur* le roi. Comme la *brin* du soir, il est rendu *sur* le roi. Il y avait des domestiques à la porte. Et ensuite, il saute à terre, il salue les domestiques en leur présentant la main.

Il dit: «Je voudrais voir le roi s'il y avait moyen.»

Les domestiques disent: «Oui! Le roi, il est pas mal âgé, par exemple. Il a une soixantaine d'années. Mais quand même, on va y aller voir. Si le roi veut se déranger pour venir vous recevoir, on va aller le chercher.»

Ils partent puis ils s'en vont *signaler* le roi. Le roi s'en vient avec plaisir; il s'en vient recevoir le jeune homme.

— Bonjour, il dit, mon jeune homme!
— Bonjour, Sire mon roi! en se mettant un genou à terre, en lui maintenant la main.
— Ah! il dit, mon jeune homme, t'es bien poli! Tu es prince?
— Non, il dit, pardon, Sire mon roi! Je suis loin d'être un prince. Je suis seulement un fils de cultivateur. Seulement, j'ai travaillé *sur* le roi et mon métier, Sire mon roi, moi, c'est l'arme blanche. Je suis un vrai soldat. Il y a pas aucun soldat qui est capable de me *vainquier*. Et, à part de ça, j'ai appris à arroser les fleurs et à avoir soin des bouquets, toutes les *bouquetteries*, tout ce qu'il y a.
— Bon, il dit, c'est justement l'homme *que* j'ai besoin. Dans le jardin, ça commence à être pauvre pas mal. J'ai besoin d'un homme qui connaît ça. Paul, en tous les cas... ton nom, c'est Paul?

Il dit: «Oui, mon nom, c'est Paul. Puis tout ce que j'ai à vous dire: craignez rien, vous allez me connaître! Je suis un homme assez intelligent. Vous allez voir que vous aurez pas de troubles avec moi, Sire mon roi. Puis vos bouquets, donnez-moi un mois, et au bout d'un mois, vous viendrez voir le changement qu'il pourra y avoir dans votre jardin. Vous allez voir quand on est accoutumé, qu'on est habitué de cultiver les fleurs, il y a une grosse différence.»

Le prince dit: «Écoute – le roi dit – Paul! Vous êtes le jeune homme le plus beau du monde, je pense. Moi, j'ai une princesse *icitte*, la plus belle princesse du jour. Mais ma princesse, elle est libre! Vous allez la voir: elle est toujours en culottes, habillée sous la *formance* d'un soldat comme vous. Et belle! Des veillées, des soirs, des veillées qu'elle passait avec les beaux princes: elle a jamais voulu se *fiancer*. Elle est âgée de vingt-quatre ans. C'est la plus belle princesse du jour. Mais elle veut pas se *fiancer*: elle veut rester avec nous pour nous enterrer même *sur nos vieux jours*.»

— Ah! Paul dit, ç'a du bon sens, Sire mon roi, je la félicite! Puisqu'elle veut pas se *fiancer*, c'est très bien!

On va dire que Paul, tout en parlant au roi comme ça, la veillée se passe et il se couche. Et le lendemain matin, il se lève. Il est *sur* son ouvrage. Le roi vient lui montrer son ouvrage. Et là, il commence à arroser les bouquets puis tout dans la journée et, ensuite, le soir, il était tranquille. Il passait la veillée avec les domestiques. Il avait du vraiment plaisir avec eux autres. Et la reine était tellement aimable aussi et le vieux roi!

Et tout en travaillant dans le jardin comme ça, un bon jour, la princesse arrive. Et elle s'en vient *rentrer* dans le jardin, tout habillée en soldat, la même manière que Paul pouvait être habillé. Et Paul s'en vient à sa rencontre.

— Bonjour, belle princesse!
— Bonjour, elle dit, Paul!

Elle dit: «Votre nom, c'est Paul?»

Il dit: «Oui, mon nom, c'est Paul!

— Mon Dieu, elle dit, que vous êtes joli, c'est terrible!

Il dit: «Vous pareillement, belle princesse! Vous êtes assez belle que c'est terrible. Vous me surprenez!»

— Bien, elle dit, moi pareil! J'ai vu bien des princes qui sont venus me voir. Je suis rendue à vingt-quatre ans. J'ai jamais voulu me *fiancer* mais, elle dit, Paul, votre visage est tellement aimable, vous êtes vraiment un charmeur, c'est terrible. Je pourrais jamais, d'après moi, me chasser l'idée de vous, sans se *fiancer* tous les deux.
— Bien, il dit, écoutez princesse, pas si vite! Je m'en *vas* travailler pendant un mois *icitte*, vous allez me voir et vous allez me connaître. Et quand vous m'aurez connu là, bien, on va faire amis tous les deux et on va faire un voyage tous les deux. Il faut absolument pas rester *icitte*, au royaume; il faut faire un voyage. Si vous voulez être fidèle comme je le suis, moi, on va faire un voyage tous les deux et on s'embrassera seulement quand on n'aura pas touché à la face de l'église, mariés par un prêtre en catholiques. Moi, je suis un vrai catholique. Puis ma parole, belle princesse, c'est la parole d'un roi. J'ai toujours dit rien qu'une parole. Ça passe par là! Si on part tous les deux, on va partir tous les deux en amis, mais tranquilles tous les deux jusqu'au temps qu'on trouve un prêtre pour nous *fiancer*.
— C'est correct, elle dit, Paul! J'accepte. Quand tu voudras faire le voyage, t'auras rien que la peine de me *signaler* et ensuite on se *trimera* tous les deux et on partira.

Il dit: «Princesse, j'ai un cheval qui est terriblement fin. Il lui manque rien que la parole.»

Et tout en parlant comme ça, le roi, la vieille reine voyaient parler Paul avec la princesse dans le jardin. Rien de plus pressé qu'ils sortent tous les deux. Ils s'en vont les trouver.

Ils ont dit: «Bonjour, Paul et bonjour, belle princesse! Vous avez l'air amoureux tous les deux!»

— Oui!

Paul dit: «*Tant qu*'à moi, je suis bien décidé d'être amoureux *pour* votre princesse.»

Et la princesse dit pareil.

Elle dit: «Moi, j'ai jamais trouvé un homme si charmant de ma vie. Mon père, c'est terrible! Il est charmant, il est vraiment aimable.»

Et Paul dit: «Vous allez voir, Sire mon roi! Vous connaissez pas mon petit cheval? Je m'en *vas* vous montrer mon cheval comme il est intelligent.»

Il *rouvre* la porte, la barrière du jardin, il lâche [un cri].

Il dit: «Tout-Petit, à moi! Viens-t'en, Tout-Petit!»

Étant à l'herbe, Tout-Petit s'en vient grand train trouver Paul. Il *rouvre* la barrière du jardin et il *rentre* dans le jardin.

En *rentrant* dans le jardin, il [Paul] dit: «Écoute, Tout-Petit! Tu sais que c'est que je t'ai montré? Je t'ai montré comment faire "être poli", puis faire comme on doit faire. Tu dois te comprendre, tu me comprends? Fais comme on doit faire!»

Le petit cheval *rentre* dans le jardin et il se met un genou à terre et s'en va saluer le roi et il fait pareil à la vieille reine. Puis il se met le nez sur l'épaule du roi et le roi flatte le petit poulain, le petit cheval. Monsieur, le roi, il était vraiment *démonté*.

Il dit: «C'est épouvantable, un cheval si fin! »

Et il s'en va trouver la reine et puis c'est la même chose. Et la reine, la vieille reine a presque peur. Il se met un genou à terre puis ensuite, il la salue. Il se lève et il s'en va se coller le nez près du visage de la reine et la reine l'embrasse sur le nez.

Le cheval lâche un petit hennissement en disant: «Merci, Reine!»

Ils trouvent le petit cheval tellement fin que ça avait plus de bout.

On va dire que, quand ils ont fini leurs cérémonies, il dit: «*Astheure*, Tout-Petit, viens voir ma princesse! T'as pas salué ma princesse!»

Et le cheval fait pareil: il se met un genou à terre et ensuite il s'en va embrasser la princesse et la princesse le prend par le cou. Puis il y a pas un sourire même qu'elle fait pas, puis une joie épouvantable *contre* le petit cheval.

On va dire, quand ils ont fini leurs cérémonies, il *rouvre* la barrière puis il dit: «*Astheure*, Tout-Petit, va-t'en et – on va dire – *astheure*, quand j'aurai besoin de toi, Tout-Petit, tu seras là!»

Le cheval part puis il s'en va. Et on aurait dit qu'en partant qu'il hennit et il se vire envers eux autres en leur disant bonsoir. Il hennit, ensuite il prend son trot et il s'en va à l'herbe.

On va dire que dans les contes ça va bien vite, quand un mois est passé. Un bon jour, Ti-Paul s'en va trouver le roi.

Il dit: «Sire mon roi, venez voir votre jardin. Là, vous savez, le mois est fini. On s'est proposé un voyage, moi puis votre princesse, et on va partir, certain, au commencement du mois, partir pour huit à dix jours. Venez voir, avant de partir, comment est mon jardin.»

La vieille reine et le vieux roi sortent du château et s'en vont voir le jardin. C'était terrible: les roses étaient vermeilles au prix [que] de coutume, le jardin s'en allait quasiment à la *finition*.

Mais là, il dit: «Oh!»

Le roi fait une *émention* épouvantable même à Paul.

Il dit: «Paul, t'es terrible, t'es épouvantable!»

— Bien, il dit, *astheure*, Sire mon roi, tout ce qu'on a à faire, on va partir pour un voyage, moi et votre princesse. Êtes-vous consentant?

Il dit: «Écoute, Paul! Tu sais, t'es pas *noblesse*, mais t'es tellement aimable! Puis ma princesse, quand elle parle de toi, c'est terrible! Je peux pas faire autrement. Mais t'es non *noblesse*!»

Il dit: «Oui, Sire mon roi, ça, c'est vrai! J'ai pas le nom de *noblesse*. Mon père, c'est rien qu'un cultivateur seulement puis c'est tout. Je suis loin d'être un roi. Mais, en tous les cas, si vous voulez, moi, comme votre princesse a l'air à m'estimer terriblement, en tous les cas, si ça vous fait rien, je suis prêt à partir avec, un voyage avec une princesse et on s'est promis, tous les deux, qu'on se *fiancera quand* la première église qu'on va trouver: on va se *fiancer* tous les deux.

— C'est correct, le roi dit! Paul, j'accepte! Prends ma princesse et fais ce que tu voudras avec. Pour moi, elle t'aime terriblement. Je peux pas faire autrement que de vous lâcher libres tous les deux.

On va dire qu'un bon jour, ils se *triment* le bagage, Paul puis la princesse, et en se prenant la main tous les deux et ils font presque un serment tous les deux: ils se *fianceront* rien que devant un prêtre puis c'est tout, pas plus que ça!

On va dire, comme de raison, ils partent tous les deux. Ils souhaitent le bonsoir au roi.

— Craignez rien, il dit, on sera *icitte* dans une dizaine de jours, c'est tout probable, huit à dix jours pas plus que ça! Et ensuite, bien, vous allez voir comment ce qu'on va arriver dans notre voyage.

Toujours, ils souhaitent le bonsoir au roi puis à la reine puis ils prennent le chemin du roi.

On va dire qu'ils font un bout dans le chemin du roi et ensuite, il y avait un vieux chemin qui était habité par les cultivateurs qui voulaient aller chercher du bois bien loin. Ils prennent ce chemin-là tous les deux puis leurs chevaux. Et ensuite ils s'en allaient l'un par en arrière de l'autre, puis ça marche! Ils marchent de même. Rendus au bout du chemin, là il y en a plus comme de raison.

On va dire que le petit cheval à Paul prend le bois et ça file! Quand ils arrivaient dans des places qu'il y avait bien vilaines, *qu*'ils pouvaient pas passer, Paul sautait haut en bas de son petit cheval et ensuite il prenait son sabre et il faisait un bout de chemin en coupant les branches et la reine le suivait en arrière. Quand il avait beau, il sautait à cheval et ensuite il filait!

On va dire que, comme de raison, ils sont deux jours dans la forêt, comme ça, à combattre avec les serpents et les tigres puis toutes sortes de choses. On va dire qu'un bon jour, en s'en allant à peu près dans l'après-midi de la deuxième journée, ils arrivent: il y avait cinq lions qui étaient là. Ils étaient [voyons, *mausus*, toi là!⁶] arrivés tout d'un coup sur un nid de lions, ni plus ni moins; ils étaient cinq.

Les lions se mettent après à vouloir les étrangler. Mais il était tellement armé puis le petit cheval à Paul était tellement malin, c'était épouvantable! Et il mordait même *sur* les lions puis il leur virait le derrière puis il *leur* ruait, monsieur! Il était enragé ni plus ni moins. S'il l'avait pas eu, Paul, je pense qu'il se serait fait étrangler. Mais avec leurs baïonnettes puis le petit cheval, ils

---

6. Trou de mémoire du conteur.

viennent à bout de *séparer* les lions. Ils ont combattu à peu près une demi-heure avec ces lions.

Finalement que Paul est venu à bout de fourrer sa baïonnette dans la gueule d'un lion et ensuite il a lâché un beuglement épouvantable. Et il a viré de bord et il s'est mis à partir et quand il a vu que les autres l'ont vu à partir, ils *ont* parti en arrière.

On va dire, comme de raison, que les lions se sont tous en allés et ils étaient bien contents de voir que les lions partent. Et ça commençait [à être] fatigués tous les deux!

On va dire que Paul puis la princesse se prennent par le cou et s'embrassent tous les deux en disant: «C'est terrible! Et on a fait pas qu'une petite bataille!»

— *Astheure*, Paul dit, on va continuer.»

On va dire que là, ils sautent à cheval et ils continuent. La troisième journée, en marchant dans la forêt, tout d'un coup, il arrive un petit étang. Dans ce petit étang-là, il y a l'eau, [qui] était claire comme de l'eau de roche. La princesse arrête.

Elle dit: «Paul, pourquoi qu'on se baignerait pas? Il fait chaud terriblement. Pourquoi qu'on n'ôterait pas nos habits puis qu'on [se] baignerait pas tous les deux dans le petit étang?»

Paul dit: «T'as bien raison, belle princesse!»

Elle se déshabille puis ensuite il attache leurs chevaux là, et il se déshabille. Elle, elle part la première et elle s'envoye à l'eau. En s'envoyant à l'eau – Paul était un peu en arrière d'elle et tout d'un coup il entend un *barda* terrible puis il se jette à l'eau. Ce qu'il voit? C'est un *agator* qui s'en vient, c'est pas qu'une petite affaire! Un animal!

Et il dit en lui-même: «C'est terrible!»

La princesse, quand elle voit venir cet animal pour venir l'étrangler, elle prend sa course en criant: «Paul! Seigneur! Regarde ce qui vient là!»

Mais Paul *revire* pas. Il prend son épée en partant de terre, il prend sa course, il s'envoye à l'eau et il s'en va au-devant de cet animal-là! On va dire qu'il se met à combattre avec, et là l'eau vient tellement brouillée, c'était épouvantable! Il combat quasiment une demi-heure avec le gros *agator*, c'est épouvantable! C'était un animal épouvantable! Toujours, il vient de combattre. À tous les coups de sabre qu'il lui donnait, il s'apercevait qu'il saignait.

Il va venir pourtant à venir à l'amollir!

— Jamais je croirai qu'il va venir à plier!

Puis Paul travaillait de tout son cœur pour tâcher de l'abattre.

On va dire, tout en bataillant tous les deux, il vient à bout de lui piquer son sabre au cœur de l'animal. C'était un animal épouvantable, terriblement féroce. Et les dents! Il avait la gueule [pleine de dents]. C'était épouvantable, les dents! Et Paul avait vraiment peur de ça.

Un bon moment donné, il pique son sabre au cœur de l'*agator* et ensuite il lève sur l'eau. Et il le tient bien tant qu'il aura pas lâché le dernier soupir. Quand il voit qu'il est vraiment mort, il arrache son sabre et ensuite il s'en va trouver Blanche. Et la princesse, j'avais oublié de vous dire qu'elle s'appelait Blanche. Et c'était la plus belle princesse du jour!

Et lui, Paul, il s'en va trouver sa princesse.

— Tiens, il dit, Blanche, là, j'ai combattu, je suis presque *resté*. C'est épouvantable comme il est fort. C'est terrible! C'était un animal épouvantable!

On va dire qu'ils parlent une *escousse* tous les deux et ensuite, ils prennent un café tous les deux.

Et on va dire qu'ils continuent. Quand ça vient dans l'après-midi, ils arrivent, ils commencent à voir des branches cassées.

Il dit: «On dirait des pistes de monde!»

Ils ont dit: «Dis-moi donc!»

Paul se met à dire à Blanche: «Blanche, il dit, on dirait qu'il y a des personnages qui *ont* passé *icitte*. Regarde! On voit des pistes et c'est des pistes de monde. Je sais pas ce que ça veut dire ça. En tous les cas!»

Ils commencent à voir le petit chemin qu'ils avaient débarrassé. Il y a l'air [à avoir] plusieurs pistes qui *avaient* passé là. Et ensuite, ils continuent à suivre ces petites pistes-là. Tout d'un coup, ils arrivent à une petite grotte.

— Hey! Tiens, Paul dit, Blanche! Voilà encore une petite bâtisse!

[C'était] une petite grotte qui était bien basse, toute garnie de mousse, monsieur! Ça paraissait! Ça fait peut-être bien des années et des années que c'était bâti. C'était épouvantable! Et c'était tout garni de fleurs alentour de la petite bâtisse.

Toujours, Paul cogne à la porte. Mais ça répond. Il y a une petite voix mourante qui lui répond. On va dire que Paul *rentre*. Ce qu'il voit? Une vieille qui est couchée sur un lit de feuillage.

— Mon Dieu! – elle se lève la tête un peu – mon Dieu les deux beaux jeunes hommes, les deux beaux personnages qui arrivent là! C'est terrible! Comme vous êtes beaux tous les deux! Puis c'est terrible: voir que moi j'en ai plus rien que peut-être bien deux, trois heures à vivre, je le sais pas! Moi, je suis assez contente de vous voir que je *vas* mourir avec vous autres! Parce que là je m'en *vas* lâcher le dernier soupir bien vite. Je m'en *vas* mourante! J'ai toujours fait du mal dans ma vie, moi! Mais avant de mourir, *m'as* vous faire un cadeau. Tiens, voilà une petite lampe *icitte*. Ça cette lampe, on l'appelle la lampe merveilleuse. Ça, cette lampe-là, elle éclaire rien qu'à peine à y toucher. Et c'est tout fait automatiquement. En *y* touchant, elle va éclairer; en *y* touchant, elle va s'éteindre. Et vous demandez ce que vous voudrez par la vertu de la petite lampe, vous allez l'avoir!

Et la dernière parole que la bonnefemme dit: «Écoutez! Puisque vous êtes tous les deux, vous allez m'enterrer puis vous partirez quand vous m'aurez enterrée comme il faut. Je veux pas que mon corps *seye* trouvé par les bêtes féroces. Enterrez-moi et tout ce que je peux vous donner: la lampe pour vous récompenser et bonsoir!»

La bonnefemme lâche le soupir quasiment en le disant. La bonnefemme est morte.

On va dire qu'eux autres, ils restent là avec le corps de la bonnefemme. Faut bien qu'ils l'enterrent tel qu'elle leur avait dit. Là ils prennent – ils avaient pas de pelle ni rien – un bout de bois puis ils commencent à travailler, comme de raison, dans la terre tous les deux. Ils viennent à bout de creuser un trou assez [profond] pour laisser disparaître un corps de *sur* la terre. On va dire qu'ils enterrent la bonnefemme comme ils peuvent et ensuite quand, un bon moment donné, quand la femme est enterrée, ils prennent le chemin.

On va dire, il faut [qu']ils couchent dehors encore dans la tête des arbres, encore tous les deux, ce soir-là, monsieur! Puis il y avait des serpents puis des tigres, c'était épouvantable! Mais ils peuvent quasiment pas dormir de la nuit.

Le lendemain matin, ils sautent haut en bas de l'arbre et Paul disait à sa princesse: «Blanche, c'est terrible hein! On n'a pas dormi de la nuit et aujourd'hui, bien, il faut continuer notre chemin.»

On va dire qu'ils continuent le chemin. En continuant le chemin comme ça, ils arrivent dans une *baisseur*. Ils s'aperçoivent que ç'a été habité, qu'il y a quelque chose: il y a des pistes de monde puis des pistes, des ravages. Ils voyaient des branches coupées puis ils commencent à le [le chemin] suivre. Plus qu'ils marchaient, plus qu'ils s'aperçoivent que c'était habité et [ils] commencent à voir de l'ouvrage.

Ils ont dit: «Dis-moi donc quels personnages qu'il y a *icitte*?»

Paul dit: «Je me semble, je pense bien que c'est quelques Sauvages terribles qu'il peut y avoir *icitte*, des Indiens c'est tout probable. Blanche, on peut faire quelques rencontres terribles!»

En disant ça, il manque pas le coup, il y avait des Sauvages de cachés là. Et ils sont saisis par une dizaine de Sauvages. Et en lâchant un cri, monsieur, il en vient peut-être bien vingt-cinq [autres]! Ils étaient pas loin, ils arrivaient au bord d'un fort de Sauvages, épouvantable. Et là, ils sont saisis. Ils ont beau en tuer quelques-uns avec leurs baïonnettes: les chevaux se sauvent, mais eux autres, Paul puis la princesse, sont pris tous les deux.

Ils les emmènent au fort des Sauvages. Et ils prennent la princesse et la mettent dans une tente. Puis elle était tellement belle et tellement fine! Elle s'est pas débattue ni rien. Elle était mieux de suivre comme bon gré mal gré. Et puis elle se tenait sans défense.

On va dire qu'elle faisait belle *face* aux Sauvages et les Sauvages la trouvaient belle, c'était terrible. Ils la *rentrent* dans une tente et ils l'attachent pas ni rien. Mais Paul, ils l'attachent. Ils le *rentrent* dans une tente et ensuite ils lui attachent les pieds, les mains. Et la reine, bien, elle est *lousse*, elle.

On va dire que la reine est *lousse* de même pendant deux jours de temps dans la tente. Ils lui apportent à manger. Paul, ils le font manger, mais il est attaché. Et il travaillait de rage: c'était un homme de force puis capable pour essayer *à* s'arracher les mains dans ses câbles et essayer *à* se détacher.

Et il s'apercevait que les amarres commençaient à *slaquer* puis il travaillait tout le temps de rage pour tâcher de se détacher.

Un bon jour, la princesse était *après* lire un soir, et sa lampe, on *y* avait mis sa lampe merveilleuse *contre* elle. Et elle, quand elle voulait voir clair, elle avait rien qu'à peine de toucher la lampe comme la bonnefemme lui avait dit et la lampe éclairait. Quand elle voulait la *tuer*, bien elle *y* touchait et ensuite elle *s'éteindait*.

On va dire qu'elle avait allumé la lampe puis elle était après lire. Elle prend un livre. [Elle lit] Dans les livres toute seule, tranquille.

Il y avait la vieille reine des Sauvages qui était *tentée* pas bien loin d'elle. Elle dit en elle-même – c'est jaloux, vous savez, les Sauvages, c'est d'une *jalouserie* terrible – elle dit: «Cette belle princesse-là, je suis certaine qu'elle va prendre ma place comme reine dans le pays des Sauvages. Bien, *m'as* essayer de la faire mourir.»

Elle a pris un des serpents dans une cage. Elle a pris un serpent et elle l'a envoyé dehors, *lousse*. Et elle savait que le serpent allait aller là. C'était la tente voisine de la reine, et le serpent, le voilà parti. La princesse était après lire, elle, puis elle avait un bout de cuisse à l'air. Et le serpent sort d'en dessous du *farbana* de la tente et il s'en vient. Il darde la princesse sur la cuisse.

Elle lâche un cri de mort. Elle était éclairée par sa lampe merveilleuse et elle était *après* lire dans les livres. Le Sauvage qui guettait à la porte, lui, comme de raison, à la porte de [la] tente – il y avait toujours un Sauvage qui était debout là qui *watchait* la tente – il entend crier. Il *rouvre* la tente vitement puis il voit le serpent. Il a pas le temps de le tuer seulement. Il prend son couteau vitement, lui. Il connaissait ça. Il coupe un peu la cuisse de la princesse avec son couteau. Et la princesse veut l'envoyer, mais il lui fait signe de se *tiendre* tranquille et ensuite il suce le sang. Il a sauvé la princesse net!

On va dire qu'après qu'il a eu sucé le sang deux, trois fois, il lui met comme une feuille de plantain là-dessus, monsieur, puis ensuite, il lui souhaite une bonne nuit puis le voilà parti!

Elle, comme de raison, après qu'elle avait eu veillé, ça lui fait mal, épouvantable! Mais en tous les cas, ça s'endure. On va dire, quand elle a fini, que le Sauvage est parti, elle éteint sa lampe puis elle reste à la noirceur.

Et Paul travaille, lui, et à la nuit comme autrement; la nuit comme autrement, il travaille. À force de travailler, il vient à bout de se *slaquer* une main. Et quand il a *slaqué* une main, il vient à bout de s'arracher une main dans son câble, dans ses amarres, et ensuite, à même l'autre main, il vient à bout de détacher l'autre. Et ensuite, il se détache les pieds et ensuite, là, il se passe en dessous du *farbana*.

Et on va dire... *venons* au petit cheval, lui, Tout-Petit, qui était intelligent comme il y avait pas de bout. Tout-Petit se tenait tout près des tentes, lui, pour pas réveiller les Sauvages ni rien. Mais il se tenait tout proche des tentes puis l'autre cheval suivait Tout-Petit. Ils étaient tous les deux, les chevaux, intelligents, et ils approchaient la tente puis ils regardaient, voir s'ils pourraient pas sauver quelqu'un.

On va dire que Paul vient à bout de sortir en dessous du *farbana* de la tente. Et les Sauvages, eux autres, ils avaient combattu tous les deux: ils étaient deux, ils avaient pris le sabre de Paul puis la baïonnette et le sabre de Blanche, la reine. Ils commencent à combattre tous les deux.

Ils connaissaient pas ça. Le premier coup de sabre: il y en a un qui abat l'autre. Ils ont eu tellement peur qu'ils ont mis les sabres là et ils ont plus combattu. Ça, c'était mortel pour eux autres absolument quand ils ont vu qu'il y avait pas moyen de jouer avec ça. Ils connaissaient pas ça.

On va dire, comme de raison, qu'ils mettent leurs sabres là.

Paul, à force de chercher, il vient à bout de trouver les sabres là où ce qu'ils les avaient mis là. Il ramasse les sabres, la baïonnette puis le sabre, et ensuite, là, il était bien en peine.

Il dit: «Vous savez pas comment ce que je *pouvais* faire pour trouver mon petit cheval?»

Il pensait jamais que le cheval était auprès de la tente, qu'il était aussi fin comme ça. On va dire qu'il gagne la tente de la reine. En gagnant la tente de la reine, à la noirceur le soir, il prend son sabre et il fend la tente en deux avec son sabre. Et ensuite il *rouvre* la tente. Et la princesse dormait d'un profond sommeil. Et tout de suite, il s'en va et voit les pieds de la reine qui étaient auprès de lui. Et à la noirceur, il prend les pieds, commence à lui *brasser* les pieds.

Elle lâche un cri. Elle pensait que c'était encore un serpent.

Et Paul dit: «Criez pas, belle princesse! C'est moi, c'est Paul! Princesse, s'il vous plaît, levez-vous au plus vite et parlez pas un mot et prenez votre lampe qu'on *peuve* s'éclairer toujours avec la lampe, du moins. Et la lampe, oubliez pas votre lampe. Et le restant, occupez-vous-en pas! Venez vite! J'ai votre sabre, j'ai tout ce qu'il faut. Vite, on va sortir de la tente, on va prendre le bois! Peut-être que nos chevaux sont peut-être bien pas loin. On peut peut-être bien rencontrer nos chevaux. En tous les cas, belle princesse...»

Toujours, on va dire, qu'il fend la tente en deux et ensuite la princesse sort avec Paul. Et ils prennent le bois. Et en prenant le bois, tout d'un coup, ils entendent un petit hennissement. Le cheval leur fait signe qu'il est là. Et c'était Tout-Petit qui leur criait de venir à lui, qu'il était prêt à les recevoir. On va dire que le cheval se faufile tranquillement au travers du bois, sans *mener* aucun bruit, et il s'en va trouver Paul puis la princesse. Et l'autre cheval qui était en arrière suivait Tout-Petit. Et il était aussi fin presque que Tout-Petit. Ils embarquent sur leurs chevaux et les voilà partis.

Et ils s'éloignent tant qu'ils peuvent des Sauvages, comme de raison, au plus vite, là, à cheval. Puis au travers du bois, ça va pas absolument vite, mais, en tous les cas, ils s'éloignent. Ils marchent une couple d'heures à la noirceur. Et ils savaient pas trop où ce qu'ils allaient.

On va dire, comme de raison, que les Sauvages, eux autres, rendu au matin, rien de plus pressé... Le Sauvage était endormi dans un profond sommeil quand Paul *a* parti avec la reine. Il a pas eu connaissance de rien. Et il se réveille et il s'en va voir dans la tente. Il voit que la tente est fendue en deux et ils sont partis tous les deux.

Les Sauvages, on ne demande pas, qu'ils lâchent un cri de mort tous ensemble. Voilà tous les Sauvages enragés et les voilà partis en fureur pour courir après Paul puis la princesse.

Mais c'était inutile. Ils étaient rendus assez loin. C'était impossible de les trouver dans cet endroit qu'ils avaient pris. On va dire que Paul, après avoir marché jusqu'au jour, le matin, il dit à Blanche: «*Astheure*, il fait jour, on va se reposer.»

La princesse dit: «Paul, c'est terrible! *Voire*, tu te rappelles-*ti*, Paul, que la vieille bonnefemme, la vieille fée là, qu'elle nous a dit: "Faites ce que vous voudrez avec la lampe. C'est la lampe merveilleuse. *Faisez* ce que vous voudrez; demandez ce que vous voudrez, vous l'aurez." Pourquoi – on a de la misère – qu'on essayerait pas la lampe! Tu vois, en *y* touchant, elle éclaire; en *y* touchant, elle est éteinte. Pourquoi? Des fois, on sait pas, on s'est jamais demandé voir, on n'a jamais parlé avec la lampe. Tout d'un coup qu'on se servirait de la lampe, qu'on pourrait peut-être bien se secourir, quelque chose!»

Paul dit: «Mais c'est facile, Blanche! Demande ce que tu voudras!»

La reine, elle prend la lampe.

Elle dit: «Lampe!»

Elle frotte la lampe. Ce qui *ressourd?* Un homme qui a peut-être bien six pieds à eux autres. Blanche fait un saut terrible.

— Ce que vous voulez, maître?
— Bien, elle dit: «Ce que vous voulez» – c'est la lampe qui parle – ce que je veux! Je voudrais être rendue auprès du château de mon père, moi puis mon ami Paul et nos deux chevaux.

Ce qui fut dit fut fait! Et ça, c'est comme un rêve qui leur a passé dans la cervelle. Et ils sont rendus tous les deux devant le château de leur père, on va dire, comme le jour, le matin.

On va dire, monsieur, les domestiques sont découragés de voir arriver Paul puis la princesse. Et le bonhomme, le roi, et la vieille reine, ça sort, monsieur, tout *blousés* et c'est un bonjour épouvantable!

Et comme de raison qu'ils sont reçus dans le château, on parle pas de ça. Ça faisait une dizaine de jours qu'ils étaient partis. Ils avaient eu beaucoup de misère. Et la princesse, sa jambe lui faisait un peu mal encore, mais c'était égal. En tous les cas, elle boitait pas, elle avait enduré son mal. Et Paul, c'est terrible qu'il trouvait, [que] c'était bien de valeur!

Mais en tous les cas, il dit: «Elle boitait pas, elle était pas infirme, il dit. En tous les cas, c'est égal, ça va se passer à l'avenir.»

On va dire qu'ils sont dans le château tous les deux. Et la lampe merveilleuse qui était si bonne qu'ils auraient pu avoir tout ce qu'ils voulaient, il met sa lampe là puis ensuite ils ont de l'agrément dans le royaume. Il pensent pas à la lampe *pantoute.*

On va dire qu'un bon jour, [comme ils se retrouvent] tous les deux, il dit: «Écoute, Blanche! Tu sais ce qu'on s'est promis tous les deux? On s'est promis qu'on se *fiancerait* tous les deux quand on arriverait. Aujourd'hui, on est rendus dans la ville. Pourquoi qu'on n'irait pas à l'église tous les deux et qu'on se *fiancerait?*»

— Bien, elle dit, écoute, Paul! J'attendais ta parole. Puisque tu le veux, je suis consentante. Si tu veux, on va mettre les bans à l'église puis ensuite on va se marier.

On va dire, comme de raison, qu'ils vont mettre les bans à l'église tous les deux et, au bout de huit jours, on va dire qu'ils se marient.

Ils font des noces épouvantables. Et quand ils sont mariés tous les deux, comme de raison, dans le château, il y avait des valets puis des servantes dans le vieux château.

La princesse dit à Paul, elle dit: «Écoute, Paul! Tu sais, t'es pas *noblesse*. Pourquoi qu'on se bâtirait pas un château? En se bâtissant un beau petit château, tous les deux, tu serais roi. Tu es pas du sang royal, mais ça fait rien. En tous les cas, tu serais prince et tu serais roi. Pourquoi qu'on se bâtirait pas un petit château? Avec la lampe merveilleuse, on peut faire tout ce qu'on veut. Paul, t'es-*ti* consentant?»

— Oui, il dit, Reine! Fais ce que tu voudras, Blanche. Moi d'abord, ce que tu feras, ça sera bien fait pour moi, puis c'est correct!

Elle, elle prend la lampe puis elle frotte la lampe. En frottant la lampe, il *ressourd* encore un homme.

Elle dit: «Écoutez! Je veux avoir un château de bâti auprès de celui-là de mon père, bâti puis tout, rien qui manque dans le château.»

Ce qui fut dit fut fait! La lampe merveilleuse était terrible. Et ce qui fut dit fut fait. Le château est bâti et Paul est *rentré* dedans avec sa princesse, monsieur, puis il est content. Ça marche! C'est bien court, c'est terrible!

On va dire que le vieux roi se lève le matin et il se met à regarder. Il s'aperçoit – il pensait qu'il était aveugle puis il se frotté les yeux – le château reluisait, c'était terrible. [Il] Va chercher sa vieille reine. Le roi est bien *blousé* de voir le château bâti si vite que ça auprès de lui. Il comprenait pas cette histoire-là.

Mais il était pas question de la lampe merveilleuse *pantoute*. Le bonhomme savait pas. Ils avaient pas montré au bonhomme leur pouvoir, la lampe ni rien en tout. Le bonhomme connaissait rien, le roi connaissait rien.

On va dire qu'un bon jour, eux autres, pendant qu'ils sont heureux, la princesse – dans les contes, ça va bien vite – la princesse a un gros garçon au bout d'un an et un jour. Et ils l'appellent François. Ce petit bébé-là était tout petit. Et son nom, c'est François.

On va dire, comme de raison, que cet enfant-là, ils le font baptiser et quand l'enfant a à peu près deux, trois mois, Paul dit, *astheure*, à sa Blanche, il dit: «Écoute, Blanche! *Astheure* que t'es bien, qu'on a notre petit bébé, moi, il faudrait que j'*irais* voir mes parents. On va partir tous les deux et ensuite on va aller rendre visite à mon père puis à ma mère. Certain, ils sont joliment vieux, et certain qu'ils pensent encore à moi.»

On va dire, Blanche dit: «Paul, si tu veux me faire plaisir, c'est ça que je désire. J'aimerais connaître ton père, ta mère et toute ta famille. Il me semble que je me sentirais heureuse de connaître ta famille.»

— Bien, il dit, Blanche, c'est ce qui va arriver. On va aller les voir.

On va dire qu'ils partent tous les deux et ensuite ils vont voir son père et sa mère.

Et c'est un bonjour épouvantable une fois qu'ils sont rendus là. Et ils passent deux, trois jours *sur* son père puis sa mère. Et ensuite ils s'en retournent à son royaume.

On va dire que *pendant* plusieurs années, dans le royaume, le beau prince, le beau roi et la vieille reine meurent. Et c'est Paul qui est obligé de les enterrer, et Blanche.

On va dire qu'ils sont morts tous les deux. Quand ils sont morts, le bonhomme et la bonnefemme, ils [Paul et Blanche] sont restés heureux tous les deux dans le château. Ils avaient deux châteaux et ils étaient millionnaires tous les deux.

J'ai passé par là puis ça va très bien tous les deux.

Bon, c'est tout. O.K.!

Ils vécurent heureux...

«Seigneurs, les bons trouvères d'antan,
Béroul et Thomas, et monseigneur Eilhart
et maître Gottfried, ont conté ce conte
pour tous ceux qui aiment, non pour les autres.
Ils vous mandent par moi leur salut.
Ils saluent ceux qui sont pensifs
et ceux qui sont heureux,
les mécontents et les désireux,
ceux qui sont joyeux et ceux qui sont troublés,
tous les amants.
Puissent-ils trouver ici consolation
contre l'inconstance,
contre l'injustice,
contre le dépit,
contre la peine,
contre tous les maux d'amour!»

Joseph Bédier
Le roman de Tristan et Iseut, p. 185.

GLOSSAIRE

A

A: ai
À: de
A: est
A [arrivé]: est arrivé
A [parti]: est parti
A [rentré]: est rentrée
Abandon [mettre à l']: oublier
Acheté: accouché
Adon: adj.: désirable, subst.. hasard
Adon: fatigant; embêtant
Adon [être d']: être aimable; intéressante
Adonnait [s']: se présentait; allait
Adonne: fait bonne impression
Adonne [s' ... à arriver]: arrive par hasard
Affilé: affûté
Agator: alligator
Allable [pas]: impraticable (dans le cas d'une route)
Amanchait [s']: s'organisait
Amanche: organise
Amanché: organisé
Amanche [s']: passe un accord
Amancher: organiser

Amarres: liens
Amorphosé: métamorphosé
Après: en train de
As: es
Astheure: maintenant
Au travers: parmi
Aulnages: aulnes
Avait: était
Avait [arrivé]: était...
Avait [retombé]: était...
Avoir [s'... ramassé]: s'être ramassé
Avec: et; à

B

Bâdré: ennuyé
Baisseur: dépression de terrain
Barda: vacarme; bruit
Batèche: juron; atténuation de baptême
Batte: partie mobile du fléau qui frappe le grain
Battoirs: bras; mains
Batture: rivage.
Bébite: bœuf
Bed: lit
Bétails: monstres de la forêt
Beurrées: tartines
Bibite: monstre
Bleu [avoir son]: être congédié
Blousé: excité
Blousés: excités
Bonnet carré: barrette
Bolle: cuvette
Boss: patron
Bottes: connotation érotique: faire l'amour
Bouette: boue
Bouquetteries: massifs de fleurs
Bourre [se]: se gave
Brandy: danse traditionnelle

Brasser: agiter
Brin [du soir]: crépuscule
Broue [faire de la]: chercher noise; bavarder
Brun: crépuscule
Bûche: frappe
Bûchant: frappant
Buck: orignal mâle
Butteron: élévation de terrain

C

Cacaillaient: caquetaient
Cachettement: à la cachette, en cachette
Campe: maison en bois rond
Canard: bouilloire
Cante [se]: se couche
Cas que [en]: au cas où
Casque: casquette
Cenne: centime; cent
Cennes: centimes; menue monnaie; cents
Chambre des privés: les toilettes
Changement [de province]: aller dans une autre province
Chaud: saoul
Comment: combien
Connaissance: retrouvailles
Contre: à l'endroit de; près
Coppeurses: malfaiteurs
Corps mort: tronc d'arbre renversé
Coudon: forme contractée de «écoute donc!»
Coulée: dépression de terrain au fond de laquelle passe un cours d'eau
Coupe: terrain déboisé
Courageait: manifestait du courage et de l'endurance
Couverte: couverture
Craquage: craquement
Craqué: fendillé
Créatures: femmes
Crisse: juron
Croquait: claquait

D

Dans: devant
De sur la terre: de terre
Décolle: part en campagne
Degré: trône
Démonté: étonné
Démorphosé: repris (redonné) forme humaine
Désert: espace défriché
Déserté: défriché
Désertent: défrichent
Dompte: dresse
Dompté: dressé; corrigé
Dompter: corriger
Dompter [le monde]: réformer les mœurs
Dret: droit
Drill: art militaire

E

Eau d'endormi: somnifère
Écart [se prendre l'oreille en]: tendre l'oreille
Effleurement: affleurement
Embarque: monte
Embrancher: enfourcher; empaler
Embrancheras: enfourcheras; empaleras
Émention: montre sa surprise
Émeute: armée
En: à la; dans la
Enligne [s']: se plante; se poste
Ennuités: se faire prendre par la nuit
Entre [de...]: distance
Envoieras: enverras
Épeurant: apeurant
Équipé: favorisé par la nature
Es: sois
Esclave [en]: esclavage
Escousse: laps de temps

Esquelette: squelette
Est: suis
Éteindait: éteignait
Eux [chez...]: lui; elle

F

Face: figure
Faisants mal: malcommodes; délinquants
Faisez: faites
Farbana: tapis de tente
Farouche: peureux
Ferais: fasses
Fiancée: mariée
Fiancer: se marier avec une princesse
Fiancera: mariera
fiancerait: marierait
Fianceront: marieront
Fiancés: mariés
Fianciez: mariez
Filasse: fil de lin
Finance: vaillance
Finition: à sa fin
Flambant: bien affûté
Flambes: flammes
Fleau: fléau
Fleurissant: florissant; tout était fleuri
Formance: forme
Fret: froid

G

Gagner: battre
Gallon: récipient de 4,5 litres
Gang: bande; troupe
Genses: habitants
Genses [grandes]: hautes personnalités

Glissait: remontait
Godendard: longue scie maniée par deux bûcherons
Grafigne: égratignure
Grafigne [il le]: il le griffe
Greyé: muni; levé une armée; mis; dressé
Greye [se]: s'habille; se munit
Greyent: se munissent
Greyer: équiper; se refaire
Greyés: munis
Griffe: attrape; empoigne
Griffer [se... la main]: attraper par la main
Grotter: se construire
Grouillait: bougeait
Grouille: bouge
Grouillé: bougé
Grouiller: soulever

I

Icitte: ici
Intertorses: bottes
Introduire: présenter quelqu'un à quelqu'un d'autre
Introduit: présenté
Irais: aille
Itou: aussi

J

Jalouserie: jalousie
Job: tâche
Jouquer: jucher

K

Kik: béguin

L

Lâcher: laisser partir
Le: au
Les: nous
Leur ruait: se ruait sur eux; les ruait
Liqueur [eau de]: narcotique; somnifère
Lousse: libre

M

M'as: je vais
Magané: défait, malmené; blessé
Maganés: mal en point
Mais que: quand
Masse [en]: grande quantité; à plein
Matériel: marchandise
Maudit: juron
Maudit [au plus...]: au plus vite
Maudit [bout]: un grand bout
Maudit [en...]: intensément; terriblement
Maudit [fou]: espèce de...
Maudit [il le ... dans un sac]: verbe: mettre dans un sac vigoureusement
Maudite: juron
Maudite [peur]: grande
Maudite [vache]: fieffé paresseux
Maudite: grande; terrible
Mausus: juron; atténuation de maudit
Menait: allait vite
Mener: conduire; porter
Mener du bruit: faire du bruit
Mener le diable: commettre du désordre
Modéré: ralenti
Montagnes: meulons
Moudait: moulait
Moyens [être en...]: fortuné

N

Navots: navets
Noblesse: noble
Noierais: noyais

O

Once: unité de mesure anglaise équivalant à 28 grammes
Ont: sont
Ont [commencé]: a commencé
Ont [parti]: sont partis
Ont [venu]: sont venus

P

Pantoute: pas du tout
Par: à cause de
Parer: sauver
Pendant: après
Peuve: puisse
Peux: pouvons
Piastres: dollars
Pick-up: camionnette
Piquer: frapper d'horreur
Plaisir: plaisant
Planche: espace plan et défriché; plaine
Plancher d'haut: plafond
Plumait: prélevait; écorchait
Plume: prélève
Plumer: prélever
Plumera: prélèvera
Poignait: prenait
Poigne: agrippe; prend; prenne
Poigné: battu
Poignent: ramassent
Poigner: agripper

Poigner: atteindre; attraper
Pour: de
Pouvais: pourrais
Profiter: grandir, croître

Q

Qu': à qui; où que: si
Qu'ils donnent: pendant
Qu'ri: quérir; aller chercher
Quand: à
Quarts: tonneaux
Que: dont; où; quand
Quêteux: mendiant
Qui: quoi

R

Rachever: achever
Rapproche: approche
Ras [à...]: auprès de; près de
Renfermé: enfermé
Renfermée: enfermée
Rentrant: entrant
Rentrée: entrée
Rentrent: accostent
Rentrer: entrer
Rentrez: entrez
Repoignaient: reprenaient
Ressort [coup de...]: hisser quelqu'un; tirer pour faire sortir
Ressourd: apparaît; arrive; sort
Ressourdre: émerger
Resté: épuisé; fatigué
Restés: épuisés
Réussir [bon]: annonce sa réussite
Revenger: venger
Revire: retourne; revient

Revirer: revenir; retourner
Rince: volée de coups
Rough: téméraire, sans peur; difficile
Rouvrait: s'ouvrait
Rouvre: ouvre
Rouvrent: ouvrent
Rubber: caoutchouc
Runner: donner des ordres

S

Sacraient: donnaient
Sacre [dans]: jette
Sacre [dehors]: jette dehors
Sacre [le feu]: met le...
Sacre [se... de]: s'en moque
Sacre [ton camp]: va-t'en
Sacre [un coup]: donne un...
Sacre [une]: donne une
Sacré [à l'eau]: jeté...
Sacré [son camp]: est parti
Sacrement: juron avec connotation superlative
Sacrer à l'eau: jeter par-dessus bord
Sacrerez: jetterez
Sanglant [en...]: ensanglanté
Sapinages: branches de sapin
Sapre [une *rince*]: donne une volée de coups
Sapré [dehors]: jeté...
Saprez: variante de sacrez
Satchel: sac
Se: nous
Secousse: laps de temps
Séparer: vaincre
Serait [se]: s'était
Seulement [en]: toutefois, cependant
Seye: soit
Signaler: avertir
Signals: signaux

Slaqué: délié
Slaquer: délier; défaire
Smat: gentil
Somme: énorme
Souffre-toi pas: ne te fais pas de bile
Souloureux: triste, peiné
Soupage: souper
Steps: sauts
Suis: sois
Suivant: garçon d'honneur
Sur: chez; dans; à
Sur les: les; aux
Sur nos vieux jours: dans nos vieux jours

T

Tandis: pendant
Tannant: fatigant
Tannante: fatigante
Tannée: épuisée, fatiguée
Tant qu': quant à
Tentée: dont la tente était installée
Ti: particule interrogative
Tiendre: tenir
Timba: tomba
Tirer: traire
Toffer: résister; endurer
Travers [au...]: parmi
Trécarré: ligne de bornage d'un terrain; [de trait carré]
Trime: habille; prépare; s'occupe
Trimé: préparé; habillé
Trimé un bâtiment: armé un...
Triment: préparent
Trimer: habiller
Trimer [se]: monter
Trimera [se...]: se préparera
Trimez: préparez
Trouvait: préparait

Tu: particule interrogative
Tuer: éteindre

V

Vache: fainéant; paresseux
Vainquier: vaincre
Varge: frappe
Varger: frapper
Vargez: frappez
Vas: vais
Veilloches: veillottes; meulons
Venons: revenons
Venu: devenu
Viarge: juron
Vide [ses seaux]: les penche pour les emplir
Vieux jours [nos...]: vieillesse
Virait: retournait
Viraient: tournaient
Vire: tourne
Viré: changé
Vire alentour: lac
Virer: se transformer
Voire [...que]: dire que
Voiture d'eau: embarcation
Voitures: automobiles
Volée: coups
Voudriez: vouliez

W

Waboche: avec rien
Watchait: surveillait
Watche: surveille
Watcher: guetter; surveiller

Y

Y: lui

NOTICES BIOGRAPHIQUES

BERGERON, Aimé: né le 6 mai 1890 à Sainte-Agnès, comté de Charlevoix. Il s'est installé au Lac-Saint-Jean au début de la Première Guerre mondiale. Il s'est établi au rang 7 de la municipalité de Saint-Bruno. Il est décédé en juillet 1976. Colonisateur, cultivateur et conteur.

GAUTHIER, Mme Joseph: née Gagnon le 13 mars 1908 aux Éboulements en Charlevoix. Elle a déménagé d'abord à Saint-Ambroise puis à Bégin où elle s'est éteinte le 24 juin 1976.

LAFOREST, Philippe: natif de Saint-Joseph d'Alma le 7 juin 1895. Il habitait un embranchement du rang 4 de Saint-Nazaire qui porte son prénom: le rang Saint-Philippe. Colonisateur, cultivateur, entrepreneur forestier, poète, orateur et conteur. Il est décédé en 1982.

PATRY, Joseph: né le 24 août 1891 à la Grande Baie. Il a résidé tour à tour à Saint-Cyriaque, Saint-Léonard, Jonquière, Saint-Ludger de Milot et Notre-Dame d'Hébertville. Il s'est éteint à l'âge de 96 ans et 10 mois en 1988, au Centre hospitalier de Métabetchouan. Colonisateur, cultivateur, cuisinier dans les chantiers de bûcherons, conteur émérite.

BIBLIOGRAPHIE

Aarne, Antti et Thompson, Stith. *The types of the folk-tale.* Helsinki, Suomalainen Tiedeakatemia, 1961. FFC, 184. 588 p.

Actualité (L'), 15 mai 1992.

Alter, Claude. *Claudel.* Paris, Seghers, 1968. 191 p.

Bédier, Joseph. *Le roman de Tristan et Iseut.* Paris, Casterman, 1981. 189 p.

Bergeron, Bertrand. *Les Barbes-bleues,* Montréal, Quinze, 1980. 260 p.

Bettelheim, Bruno. *Psychanalyse des contes de fées.* Paris, Laffont, 1976. 576 p.

Boulle, Pierre. *La planète des singes.* Paris, Livre de Poche, 1987. 190 p.

Campbell, Joseph. *Les mythes à travers les âges.* Montréal, Éditions du Jour, 1993. 286 p.

Campbell, Joseph. *Puissance du mythe.* Paris, J'ai lu [Coll. *New Age*], 1991. 374 p.

Camus, Albert. *La chute.* Paris, Livre de Poche, 1968. 160 p.

Carbone, Geneviève. *La peur du loup.* Paris, Gallimard [Coll. *Découvertes*], 1991. 176 p.

Cendrars, Blaise. *Anthologie nègre.* Paris, Livre de Poche, 1972. 415 p.

Chiasson, Anselme. *Le diable Frigolet.* Moncton, Éditions d'Acadie, 1991. 224 p.

Cocteau, Jean. *Lettres de l'Oiseleur.* Paris, Du Rocher, 1989. 228 p.

Dupont, Jean-Claude. *Contes de bûcherons.* Montréal, Quinze, 1980. 215 p.

Dupont, Jean-Claude. *Le légendaire de la Beauce.* Québec, Garneau, 1974. 149 p.

Duvignaud, Jean. *Le don du rien*. Paris, Stock, 1977. 314 p.

Eysenck, Hans et Michael. *L'esprit nu*. Paris, Mercure de France, 1985. 223 p.

Fréchette, Louis. *Les contes de Jos Violon*. Montréal, Aurore, 1974. 143 p.

Gagnon, Serge. *Plaisir d'amour et crainte de Dieu*. Québec, Presses de l'Université Laval, 1990. 202 p.

Garner, James Finn. *Politiquement correct*. Paris, Grasset, 1994. 107 p.

Giraudoux, Jean. *La guerre de Troie n'aura pas lieu*. Paris, Livre de Poche, 1964. 252 p.

Gougaud, Henri. *L'arbre aux trésors*. Paris, Seuil [Coll. *Points*], 1987. 390 p.

Guérette, Charlotte. *Peur de qui? Peur de quoi?* Montréal, HMH, 1991. 141 p.

Guitton, Jean. *Dieu et la science*. Paris, Grasset, 1991. 195 p.

Hagège, Claude. *L'homme de paroles*. Paris, Gallimard [Coll. *Folio/Essais*], 1985. 410 p.

Hawking, Stephen. *Une brève histoire du temps*. Paris, Flammarion, 1988. 236 p.

Jean, Georges. *Le pouvoir des contes*. Paris, Casterman, 1990. 233 p.

Jousse, Marcel. *Le style oral*. Paris, Fondation Marcel Jousse, 1981. 350 p.

Kipling, Rudyard. *La plus belle histoire du monde*. Paris, Gallimard [Coll. *Folio*], 1974. 312 p.

Laborit, Henri. *Les bases biologiques des comportements sociaux*. Saint-Laurent, Fides, 1994. 59 p.

Labrecque, Jacques. *Contes et légendes*. Les Éboulements, Éditions du Patrimoine, 1990.

Lacourcière, Luc. *Trois contes populaires*. Montréal, Sono, 1975. 79 p.

La Fontaine, Jean de. *Fables*. Paris, Garnier-Flammarion, 1966. 382 p.

Laforte, Conrad. *Menteries drôles et merveilleuses*. Montréal, Quinze, 1978. 287 p.

Laplante, Laurent. *Le suicide: les mythes, les tendances, les enjeux*. Québec, I.Q.R.C., 1985. 125 p.

Laye, Camara. *Le maître de la parole*. Paris, Plon, 1978. 315 p.

Lemay, Pamphile. *Contes vrais*. Montréal, Fides, 1980. 276 p.

Lemieux, Germain. *Les jongleurs du billochet*. Montréal, Bellarmin, 1972. 134 p.

Lévi-Strauss, Claude. *La pensée sauvage*. Paris, Plon, 1969. 393 p.

Maillet, Antonine. *Pélagie-la-Charrette*. Montréal, Leméac, 1979. 351 p.

Marcel, Jean. *Jacques Ferron malgré lui*. Montréal, Éditions du Jour, 1970. 221 p.

Pascal, Blaise. *Pensées*. Paris, Le livre de poche, 1966. 445 p.

Pascal, Jani. *Contes à dire et à écouter*. Montréal, Guérin, 1988. 294 p.

Perrault, Charles. *Contes*. Paris, Le monde en 10/18, 1965. 314 p.

Planck, Max. *Autobiographie scientifique*. Paris, Albin Michel, 1960.

Revel, Jean-François. *La connaissance inutile*. Paris, Grasset, 1988. 403 p.

Rousseau, Jean-Jacques. *Essai sur l'origine des langues*. Paris, Garnier-Flammarion, 1993. 277 p.

Russell, Bertrand. *Science et religion*. Paris, Gallimard [Coll. *Idées*], 1971. 187 p.

Science et vie. Octobre 1992, no 901.

Séguin, Robert-Lionel. *La civilisation traditionnelle de l'«habitant» aux 17e et 18e siècles*. Montréal, Fides, 1967. 701 p.

Soriano, Marc. *Les contes de Perrault, culture savante et traditions populaires*. Paris, Gallimard [Coll. *Tel*], 1977. 281 p.

Sutto, Claude. *Le sentiment de la mort au Moyen Âge*. Montréal, Aurore, 1979. 284 p.

Thompson, Stith. *Motif-Index of folk-literature*. Bloomington, Indiana, Indiana University Press, 1955-1958. 6 volumes.

Thuillier, Pierre. *Le petit savant illustré*. Paris, Seuil, 1980. 120 p.

Varagnac, André. *Civilisation traditionnelle et genres de vie*. Paris, Albin Michel, 1948. 402 p.

Voyages aux pays de Nulle Part. Paris, Laffont [Coll. *Bouquins*], 1990. 1284 p.

Yates, Frances A. *L'art de la mémoire*. Paris, Gallimard [Coll. *Bibliothèque des Histoires*],1975. 434 p.

Zumthor, Paul. *Écriture et nomadisme*. Montréal, L'Hexagone, 1990. 163 p.

Zumthor, Paul. *Introduction à la poésie orale*. Paris, Seuil, 1983. 263 p.

Zumthor, Paul. *La lettre et la voix*. Paris, Seuil, 1987. 350 p.

INDEX DES TYPES
SELON LA CLASSIFICATION
AARNE-THOMPSON

AVANT DE REFERMER

«Au diable la postérité!
Moi, j'écris pour le passé.»

Charles Lamb

Dis-moi, grand-père ou toi, grand-mère,
Un beau conte du temps passé.
Raconte-moi pour oublier
Mes deuils, mes peines, mes misères.

Je me souviens, c'était hier,
Aujourd'hui ou demain peut-être.
Le temps abaisse sa bannière:
Le conteur s'en est rendu maître.

Que sont devenus Jean de l'Ours
Et la princesse aux cheveux d'or
Qu'on dit plus belle que le jour?
Où sont passées leurs voix sonores?

— Hé! toi la Belle! Où est la Bête?
— C'était un homme, un pauvre hère!
Et Cendrillon tourne la tête
En chaussant son soulier de verre.

Où êtes-vous, de mon enfance,
Nains, lutins et vous, belles fées
Dont les baguettes enchantées
Tiraient les héros de l'errance?

Et Blanche-Neige aux cheveux noirs
Fréquente encore la forêt.
Je l'ai vue tout près d'un marais
Ou était-ce dans ma mémoire?

S'il est un temps pour raconter
C'est qu'il en est un pour se taire
S'ouvrir l'esprit pour écouter
Les voix qui recréent le mystère.

Toi, conteur, qu'es-tu devenu?
Tu ne sèmes plus à la ronde
Dans la grisaille des jours tue
Les mots qui savent mettre au monde.

Berger, où est donc ton troupeau?
Il s'éparpille dans la nuit.
Tu n'as plus que des oripeaux
Pour habiller ton rêve enfui.

Les gens de peu tournent le dos
Et le brouhaha du non-dit
Te clôt le bec, te congédie.
Tu ne transmets plus ton dépôt.

Un monde meurt, un autre naît
Pour le meilleur ou pour le pire.
Moi, j'aimais mieux les farfadets
Aux films d'horreur et de vampires.

On me renvoya de la fête
Pour venir vous la raconter.
Vécurent-ils heureux? La quête
N'en finit pas d'avoir été!

Samedi, 24 avril 1993

DISTRIBUTEURS EXCLUSIFS

Distributeur pour le Canada et les États-Unis
LES MESSAGERIES ADP
MONTRÉAL (Québec)
Téléphone: (514) 523-1182 ou 1 800 361-4806
Télécopieur: (514) 521-4434

Distributeur pour la France et les autres pays
HISTOIRE ET DOCUMENTS
CHENNEVIÈRES-SUR-MARNE
Téléphone: (1) 45 76 77 41
Télécopieur: (1) 45 93 34 70

Distributeur pour la Belgique et le Luxembourg
VANDER
BRUXELLES
Téléphone: (2) 762 98 04
Télécopieur: (2) 762 06 62

Distributeur pour la Suisse
TRANSAT S.A.
GENÈVE
Téléphone: 022/342 77 40
Télécopieur: 022/343 46 46

———————————

Dépôts légaux
4e trimestre 1996
Bibliothèque nationale du Canada
Bibliothèque nationale du Québec

imprimerie gagné ltée

IMPRIMÉ AU CANADA